PUSHKIN. GÓGOL. TURGUÉNEV. TÓLSTOI
LA TORMENTA DE NIEVE Y OTROS GRANDES CUENTOS RUSOS

astria

LA TORMENTA DE NIEVE Y OTROS GRANDES CUENTOS RUSOS
PUSHKIN. GÓGOL. TURGUÉNEV. TÓLSTOI

©Colección Erandique
Supervisión Editorial: Óscar Flores López
Diseño de portada: Andrea Rodríguez
Administración: Tesla Rodas—Jessica Cordero
Director Ejecutivo: José Azcona Bocock
Primera Edición
Tegucigalpa, Honduras—Febrero de 2026

RESUMEN DE CUENTOS

ALEKSANDR PUSHKIN
La dama de las espadas

Un oficial obsesionado con el secreto infalible del juego sacrifica amor y humanidad por el azar. Su ambición lo conduce a una revelación fatal donde la razón se quiebra y la superstición se impone.

El disparo

Un hombre vive años esperando el momento exacto para vengarse de una ofensa de honor. Cuando finalmente lo enfrenta, descubre que el tiempo ha transformado tanto al rival como a sí mismo.

La tormenta de nieve

Un amor juvenil frustrado por el azar parece perderse para siempre, hasta que el destino, caprichoso y burlón, revela que nada ocurrió como los amantes creían.

El jefe de estación

La historia silenciosa de un padre humilde abandonado por su hija, narrada con ternura y resignación, donde el dolor no grita, pero permanece.

NIKOLÁI GÓGOL
La nariz

Un burócrata despierta para descubrir que su nariz ha adquirido vida propia y rango social superior. Una sátira feroz sobre la identidad, el poder y lo absurdo.

Diario de un loco

Un empleado mediocre registra su progresiva caída en la locura, convencido de ser rey de España. El relato expone la fragilidad de la mente frente a la humillación.

La avenida Nevski
Dos historias paralelas revelan cómo la ciudad seduce y destruye. La apariencia triunfa siempre sobre la verdad.

La terrible venganza
Un brujo traidor, preso por vender su tierra a los enemigos, manipula a su hija Katerina para escapar y desencadena una cadena de desgracias que arrasa su hogar y consume su culpa.

IVÁN TURGUÉNEV
Mumú
Un sirviente sordomudo se ve obligado a sacrificar a su perro por orden de su ama. Un relato devastador sobre la obediencia y la crueldad del poder.

La muerte
Durante una jornada de caza, el narrador presencia la muerte de un capataz aplastado por un árbol y, a partir de ese hecho, encadena recuerdos y escenas que muestran cómo el campesino ruso afronta el final con sobriedad, resignación y una calma casi ritual.

Un incendio en el mar
Durante un incendio en un vapor rumbo a Lübeck, un joven narrador vive el caos, el miedo y lo absurdo de una catástrofe colectiva.

LEV TOLSTÓI
La muerte de Iván Ilich
Un juez exitoso enfrenta la muerte y descubre que su vida fue superficial. La agonía se convierte en revelación moral.

Después del baile
Un joven idealiza a una familia hasta presenciar un acto de brutalidad que destruye su fe en el orden social.

Cuánta tierra necesita un hombre

La ambición lleva a un campesino a buscar más tierras de las que puede poseer. Al final, solo necesita el espacio de una tumba.

El prisionero del Cáucaso

Dos soldados cautivos reaccionan de forma opuesta ante la adversidad. La libertad interior se revela más poderosa que las cadenas.

ALEXANDR PUSCHKIN[1]

---

[1] Aleksandr Serguéievich Pushkin. Poeta, dramaturgo y novelista ruso. Nacimiento: 6 de junio de 1799, Moscú, Rusia Fallecimiento: 10 de febrero de 1837, San Petersburgo, Rusia. Obras destacadas: la novela en verso Eugenio Oneguin, la novela en prosa La hija del capitán, el poema narrativo El jinete de bronce, el poema épico Ruslán y Liudmila y el drama Borís Godunov.

LA DAMA DE LAS ESPADAS

Un día en casa del oficial de la Guardia Narúmov jugaban a las cartas. La larga noche de invierno pasó sin que nadie lo notara; se sentaron a cenar pasadas las cuatro de la mañana. Los que habían ganado comían con gran apetito; los demás permanecían sentados ante sus platos vacíos con aire distraído. Pero apareció el champán, la conversación se animó y todos tomaron parte en ella.

—¿Qué has hecho, Surin? —preguntó el amo de la casa.

—Perder, como de costumbre. He de admitir que no tengo suerte: juego sin subir las apuestas, nunca me acaloro, no hay modo de sacarme de quicio, ¡y de todos modos sigo perdiendo!

—¿Y alguna vez no te has dejado llevar por la tentación? ¿Ponerlo todo a una carta?... Me asombra tu firmeza...

—¡Pues ahí tenéis a Guermann! —dijo uno de los presentes señalando a un joven oficial de ingenieros—. ¡Jamás en su vida ha tenido una carta en las manos, nunca ha hecho ni un pároli, y, en cambio, se queda con nosotros hasta las cinco a mirar cómo jugamos!

—Me atrae mucho el juego —dijo Guermann—, pero no estoy en condiciones de sacrificar lo imprescindible con la esperanza de salir sobrado.

—Guermann es alemán, cuenta su dinero, ¡eso es todo! —observó Tomski—. Pero si hay alguien a quien no entiendo es a mi abuela, la condesa Anna Fedótovna.

—¿Cómo?, ¿quién? —exclamaron los contertulios.

—¡No me entra en la cabeza —prosiguió Tomski—, cómo puede ser que mi abuela no juegue!

—¿Qué tiene de extraño que una vieja ochentona no juegue? —dijo Narúmov.

—¿Pero no sabéis nada de ella?

—¡No! ¡De verdad, nada!

—¿No? Pues, escuchad:

«Debéis saber que mi abuela, hará unos sesenta años, vivió en París e hizo allí auténtico furor. La gente corría tras ella para ver a*la Vénus moscovite*; Richelieu estaba prendado de ella y la abuela asegura que casi se pega un tiro por la crueldad con que ella lo trató.

«En aquel tiempo las damas jugaban al faraón. Cierta vez, jugando en la corte, perdió bajo palabra con el duque de Orleáns no sé qué suma

11

inmensa. La abuela, al llegar a casa, mientras se despegaba los lunares de la cara y se desataba el miriñaque, le comunicó al abuelo que había perdido en el juego y le mandó que se hiciera cargo de la deuda.

«Por cuanto recuerdo, mi difunto abuelo era una especie de mayordomo de la abuela. Le temía como al fuego y, sin embargo, al oír la horrorosa suma, perdió los estribos: se trajo el libro de cuentas y, tras mostrarle que en medio año se habían gastado medio millón y que ni su aldea cercana a Moscú ni la de Sarátov se encontraban en las afueras de París, se negó en redondo a pagar. La abuela le dio un bofetón y se acostó sola en señal de enojo.

«Al día siguiente mandó llamar a su marido con la esperanza de que el castigo doméstico hubiera surtido efecto, pero lo encontró incólume. Por primera vez en su vida la abuela accedió a entrar en razón y a dar explicaciones; pensaba avergonzarlo, y se dignó a demostrarle que había deudas y deudas, como había diferencia entre un príncipe y un carretero. ¡Pero ni modo! ¡El abuelo se había sublevado y seguía en sus trece! La abuela no sabía qué hacer.

«Anna Fedótovna era amiga íntima de un hombre muy notable. Habréis oído hablar del conde Saint—Germain, de quien tantos prodigios se cuentan. Como sabréis, se hacía pasar por el Judío errante, por el inventor del elíxir de la vida, de la piedra filosofal y de muchas cosas más. La gente se reía de él tomándolo por un charlatán, y Casanova en sus *Memorias* dice que era un espía. En cualquier caso, a pesar de todo el misterio que lo envolvía, SaintGermain tenía un aspecto muy distinguido y en sociedad era una persona muy amable. La abuela, que lo sigue venerando hasta hoy y se enfada cuando hablan de él sin el debido respeto, sabía que Saint—Germain podía disponer de grandes sumas de dinero, y decidió recurrir a él. Le escribió una nota en la que le pedía que viniera a verla de inmediato.

«El estrafalario viejo se presentó al punto y halló a la dama sumida en una horrible pena. La mujer le describió el bárbaro proceder de su marido en los tonos más negros, para acabar diciendo que depositaba todas sus esperanzas en la amistad y en la amabilidad del francés.

«Saint—Germain se quedó pensativo.

«—Yo puedo proporcionarle esta suma —le dijo—, pero como sé que usted no se sentiría tranquila hasta no resarcirme la deuda, no querría yo abrumarla con nuevos quebraderos de cabeza. Existe otro medio: puede usted recuperar su deuda.

«—Pero, mi querido conde —le dijo la abuela—, si le estoy diciendo que no tenemos nada de dinero.

«—Ni falta que le hace —replicó Saint—Germain—: tenga la bondad de escucharme.

«Y entonces le descubrió un secreto por el cual cualquiera de nosotros daría lo que fuera...

Los jóvenes jugadores redoblaron su atención. Tomski encendió una pipa, dio una bocanada y prosiguió su relato:

—Aquel mismo día la abuela se presentó en Versalles, *au jeu de la Reine*. El duque de Orleáns llevaba la banca; la abuela le dio una vaga excusa por no haberle satisfecho la deuda, para justificarse se inventó una pequeña historia y se sentó enfrente apostando contra él. Eligió tres cartas, las colocó una tras otra: ganó las tres manos y recuperó todo lo perdido.

—¡Por casualidad! —dijo uno de los contertulios.

—¡Esto es un cuento! —observó Guermann.

—¿No serían cartas marcadas? —añadió un tercero.

—No lo creo —respondió Tomski con aire grave.

—¡Cómo! —dijo Narúmov—. ¿Tienes una abuela que acierta tres cartas seguidas y hasta ahora no te has hecho con su cabalística?

—¡Qué más quisiera! —replicó Tomski—. La abuela tuvo cuatro hijos, entre ellos a mi padre: los cuatro son unos jugadores empedernidos y a ninguno de los cuatro les ha revelado su secreto; aunque no les hubiera ido mal, como tampoco a mí, conocerlo.

«Pero oíd lo que me contó mi tío el conde Iván Ilich, asegurándome por su honor la veracidad de la historia. El difunto Chaplitski —el mismo que murió en la miseria después de haber despilfarrado sus millones—, cierta vez en su juventud y, si no recuerdo mal, con Zórich, perdió cerca de trescientos mil rublos. El hombre estaba desesperado. La abuela, que siempre había sido muy severa con las travesuras de los jóvenes, esta vez parece que se apiadó de Chaplitski. Le dio tres cartas para que las apostara una tras otra y le hizo jurar que ya no jugaría nunca más. Chaplitski se presentó ante su ganador; se pusieron a jugar. Chaplitski apostó a su primera carta cincuenta mil y ganó; hizo un pároli y lo dobló en la siguiente jugada, y así saldó su deuda y aún salió ganado...

«Pero es hora de irse a dormir: ya son las seis menos cuarto.

En efecto, ya amanecía: los jóvenes apuraron sus copas y se marcharon.

II

La vieja condesa *** se hallaba en su tocador ante el espejo. La rodeaban tres doncellas. Una sostenía un tarro de arrebol; otra, una cajita con horquillas, y la tercera, una alta cofia con cintas de color de fuego.

La condesa no pretendía en lo más mínimo verse hermosa, su belleza hacía tiempo que se había marchitado, pero conservaba todos los hábitos de sus años jóvenes, seguía rigurosamente la moda de los setenta y se vestía con la misma lentitud, con el mismo esmero de hace sesenta años. Junto a la ventana se sentaba ante su labor una señorita, su pupila.

—Buenos días, *grand'maman* —señaló, mientras entraba un joven oficial—. *Bonjour, mademoiselle Lise. Grand' maman,* he venido a pedirle un favor.

—¿Qué, *Paul?*

—Quisiera presentarle a uno de mis compañeros para que lo invite usted a su baile el viernes.

—Tráelo directamente a la fiesta y allí me lo presentas. ¿Estuviste ayer en casa de ***?

—¡Cómo no! Fue una fiesta muy alegre; bailamos hasta las cinco. ¡Yelétskaya estuvo encantadora!

—¡Qué dices, querido! ¡Qué tiene de encantadora esa muchacha? Ni comparar con su abuela, la princesa Daria Petrovna... Por cierto, ¿la princesa Daria Petrovna se verá muy envejecida?

—¿Cómo, envejecida? —respondió distraído Tomski—, si se murió hará unos siete años.

La señorita levantó la cabeza e hizo una seña al joven. Éste recordó que a la vieja condesa le ocultaban la muerte de las mujeres de su edad y se mordió el labio. Pero la condesa escuchó la noticia, nueva para ella, con gran indiferencia.

—¡Ha muerto! —dijo—. Y yo sin saberlo. Pues cuando nos hicieron damas de honor a las dos, su majestad...

Y por centésima vez empezó a contar la anécdota a su nieto.

—Bien *Paul* —dijo luego—, ahora ayúdame a levantarme. Liza, ¿dónde está mi tabaquera?

La condesa se dirigió con sus doncellas detrás del biombo para acabar de arreglarse y Tomski se quedó con la señorita.

—¿A quién le quiere presentar? —preguntó en voz baja Lizaveta Ivánovna.

—A Narúmov. ¿Lo conoce?

—¡No! ¿Es militar o civil?

—Militar.

—¿Ingeniero?

—No. De caballería. ¿Y por qué ha creído usted que era ingeniero?

La señorita se rió, pero no dijo ni palabra.

—¡*Paul!* —gritó la condesa desde detrás del biombo—, mándame alguna novela nueva, pero, por favor, que no sea de las de ahora.

—¿Cómo es eso, *grand'maman?*

—Quiero decir, una novela en la que el héroe no estrangule a su padre o a su madre, y en la que no haya ahogados. ¡Tengo un pánico terrible a los ahogados!

—Novelas así hoy ya ni existen. ¿No querrá una novela rusa?

—¿Pero es que hay novelas rusas?... ¡Pues mándame una, querido, te lo ruego, mándamela!

—Le ruego que me excuse, *grand'maman:* tengo prisa... Perdone, Lizaveta Ivánovna. Pero, ¿por qué ha pensado usted que Narúmov era ingeniero?

Y Tomski abandonó el tocador.

Lizaveta Ivánovna se quedó sola: abandonó su labor y se puso a mirar por la ventana. Al poco, a un lado de la calle, desde la casa de la esquina, apareció un joven oficial. Un rubor cubrió las mejillas de la señorita, que retornó a su labor e inclinó la cabeza hasta la misma trama. En este momento entró la condesa ya del todo arreglada.

—Liza —se dirigió a la señorita—, manda que enganchen la carroza, vamos a dar un paseo.

Liza se levantó y se puso a recoger su labor.

—¡Pero, por Dios, chiquilla, ¿estás sorda?! —gritó la condesa—. Manda que enganchen cuanto antes la carroza.

—¡Ahora mismo! —respondió con voz queda la señorita y echó a correr hacia el recibidor.

Entró un sirviente y entregó a la condesa unos libros de parte del príncipe Pável Aleksándrovich.

—¡Bien! Que le den las gracias —dijo la condesa—. ¡Liza, Liza! Pero ¿adónde vas corriendo?

—A vestirme.

—Ya tendrás tiempo, chiquilla. Siéntate aquí. Abre el primer tomo; lee en voz alta...

La señorita tomó el libro y leyó varias líneas.

—¡Más alto! —dijo la condesa—. ¿Qué te pasa, chiquilla? ¿Has perdido la voz, o qué?... Espera; acércame el banco un poco más... ¡más cerca!

Lizaveta Ivánovna leyó dos páginas más. La condesa bostezó.

—Deja ese libro —dijo—, ¡qué estupidez! Devuélvele eso al príncipe Pável y di que se lo agradezcan de mi parte... Pero, ¿qué pasa con la carroza?

—Ya está lista —dijo Lizaveta Ivánovna lanzando una mirada hacia la ventana.

—¿Y qué haces que no estás vestida? —dijo la condesa—. ¡Siempre hay que esperarte! Chiquilla, esto resulta insoportable.

Liza corrió a su habitación. No pasaron ni dos minutos que la condesa se puso a tocar la campanilla con todas sus fuerzas. Las tres doncellas entraron corriendo por una puerta, y el ayuda de cámara, por otra.

—¿Qué pasa que no hay modo de que vengáis cuando se os llama? —les dijo la condesa—. Decidle a Lizaveta Ivánovna que la estoy esperando.

Entró Lizaveta Ivánovna, con la capa y el sombrero.

—¡Por fin, muchacha! —dijo la condesa—. ¡Qué emperifollada! ¿Para qué?... ¿A quién quieres engatusar?... ¿Y el tiempo, qué tal? Parece que haga viento.

—¡De ningún modo, excelencia! ¡Todo está en calma! —replicó el ayuda de cámara.

—Siempre habláis sin ton ni son. Abrid la ventanilla. Lo que yo decía: ¡hace viento! ¡Y helado!

¡Que desenganchen la carroza! No vamos a salir, Liza, te está bien por disfrazarte tanto.

«¡Qué vida!», pensó Lizaveta Ivánovna.

En efecto, Lizaveta Ivánovna era una criatura desdichada. Amargo sabe el pan ajeno, dice Dante, y pesados los escalones de una casa extraña, ¿y quién mejor que la pobre pupila de una vieja aristócrata para conocer la amargura de la dependencia? La condesa *** no tenía mal corazón, por supuesto, pero era antojadiza, como toda mujer mimada por la alta sociedad, avara y llena de frío egoísmo, como toda la gente mayor, que tras haber agotado en su tiempo el amor, hoy vive de espaldas al presente. Participaba en todas las vanidades del gran mundo, asistía a los bailes, donde se sentaba en un rincón, con la cara pintada y vestida a la vieja moda, igual que un ornamento deforme e imprescindible del salón; los invitados al llegar se le acercaban entre profundas reverencias, como si lo mandara el ceremonial, pero luego ya nadie se ocupaba de ella. Recibía en su casa a toda la ciudad, observando la más rigurosa etiqueta y no reconocía a nadie por la cara. Su numerosa servidumbre, que engordaba y encanecía en su antesala y en el cuarto de las doncellas, hacía lo que le venía en gana y desplumaba a cuál más a la moribunda anciana.

Lizaveta Ivánovna era la mártir de la casa. Ella servía el té y recibía las reprimendas por el excesivo gasto de azúcar; leía en voz alta las novelas y era la culpable de todos los errores del autor; acompañaba a la vieja en sus paseos y respondía del tiempo y por el estado del empedrado.

Se le había asignado un sueldo que nunca le acababan de pagar; en cambio, se le exigía que fuera vestida como todas, es decir, como muy pocas. En sociedad desempeñaba el papel más lamentable. Todos la conocían, pero nadie notaba su presencia; en las fiestas sólo bailaba cuando faltaba alguien para un *vis—à—vis* y las damas se la llevaban del brazo siempre que, para recomponer algo de sus atuendos, debían ir al tocador. Tenía mucho amor propio, se apercibía vivamente de su condición y miraba a su alrededor esperando con impaciencia a su salvador. Pero los jóvenes calculadores en su despreocupada vanidad, no le prestaban atención, aunque Lizaveta Ivánovna era cien veces más hermosa que las descaradas y frías muchachas casaderas en cuyo derredor aquellos revoloteaban. ¡Cuántas veces, tras abandonar imperceptiblemente el aburrido y suntuoso salón, se retiraba a llorar a su modesto cuarto con un biombo empapelado, una cómoda, un pequeño espejo y una cama pintada, y donde la vela de sebo ardía mortecina sobre una palmatoria de bronce!

En cierta ocasión —esto sucedía a los dos días de la velada descrita al comienzo del relato y una semana antes de la escena en que nos hemos detenido—, Lizaveta Ivánovna, sentada junto a la ventana con su bastidor, miró casualmente a la calle y vio a un joven oficial de ingenieros que inmóvil mantenía fija la mirada en su ventana. La joven bajó la cabeza y retornó a su labor; al cabo de cinco minutos miró de nuevo: el joven oficial seguía en el mismo lugar. Como no tenía costumbre de coquetear con cualquier oficial, dejó de mirar al exterior y estuvo bordando cerca de dos horas sin levantar la cabeza. Llamaron a comer. La joven se levantó, comenzó a recoger el bastidor y, al echar un vistazo casual a la calle, de nuevo vio al oficial. El hecho le pareció bastante extraño. Después de comer se acercó a la ventana con sensación de cierto desasosiego, pero el oficial ya no estaba, y se olvidó de él... Al cabo de dos días, al salir con la condesa a tomar la carroza, lo vio de nuevo. Estaba justo delante del portal, con la cara cubierta con un cuello de piel de castor: sus ojos negros centelleaban bajo el gorro. Lizaveta Ivánovna, ella misma sin saber por qué, se asustó y subió a la carroza con un temblor inexplicable.

Al regresar a casa, corrió a la ventana: el oficial estaba donde siempre, con la mirada fija en ella. La joven se apartó venciendo la curiosidad, turbada por un sentimiento completamente nuevo para ella.

Desde entonces no había día en que el joven, a la misma hora, no apareciera bajo las ventanas de la casa. Entre ambos se estableció una relación inadvertida. Sentada junto a su labor, ella notaba su llegada, levantaba la cabeza y lo miraba cada vez más largo rato. El joven parecía estarle agradecido por ello: la muchacha, con la aguda mirada de la juventud, veía cómo un repentino rubor cubría las pálidas mejillas del oficial cada vez que sus miradas se encontraban. Al cabo de una semana ella le sonrió...

Cuando Tomski vino a pedir permiso a la condesa para presentarle a su amigo, el corazón de la pobre muchacha latió con fuerza. Pero, al enterarse de que Narúmov no era un oficial de ingenieros, sino de caballería, lamentó que con aquella indiscreta pregunta hubiera descubierto al alocado Tomski su secreto.

Guermann era hijo de un alemán afincado en Rusia que había dejado a su hijo un pequeño capital. Firmemente convencido como estaba de la necesidad de afianzar su independencia, Guermann no tocaba siquiera los intereses del dinero, vivía de su paga y no se permitía el menor de los caprichos. Pero dado su carácter reservado y ambicioso, sus compañeros rara vez tenían ocasión de burlarse de su desmedido sentido del ahorro. Era un hombre de fuertes pasiones y con una desbocada imaginación, pero su entereza lo había salvado de los acostumbrados extravíos de la juventud. Así, por ejemplo, siendo en el fondo de su alma un jugador, nunca había tocado unas cartas, pues estimaba que su fortuna no le permitía (como solía decir) *sacrificar lo imprescindible con la esperanza de salir sobrado,* y, entretanto, se pasaba noches enteras en torno a las mesas de juego y seguía con frenesí febril cada una de las evoluciones de la partida.

La anécdota de las tres cartas impresionó poderosamente su imaginación y en toda la noche no le salió de la cabeza.

«¡Qué pasaría si la vieja condesa me descubre su secreto! —pensaba en la tarde del día siguiente vagando por Petersburgo—, ¡o si me indica las tres cartas de la suerte! ¿Por qué no puedo yo probar fortuna?... Podría presentarme a ella, ganarme su favor, tal vez convertirme en su amante; aunque para todo esto se necesita tiempo, y la vieja tiene ochenta y siete años, puede morirse en una semana, ¡o dentro de dos días!... Y la historia misma... ¿Se puede creer en ella?... ¡No! ¡Las cuentas claras, la moderación y el amor al trabajo: éstas son mis tres cartas de la suerte! ¡Esto es lo que triplicará, lo que multiplicará por siete mi capital y me permitirá alcanzar el sosiego y la independencia!»

Pensando de este modo se encontró en una de las calles principales de Petersburgo, ante una casa de estilo antiguo. El paseo estaba abarrotado de coches, las carrozas se detenían una tras otra ante el iluminado portal. De ellas a cada instante asomaba o la esbelta pierna de una bella joven, o una estruendosa bota, ya una media a rayas, ya los botines de un diplomático. Abrigos de piel y capotes se deslizaban ante un majestuoso portero. Guermann se detuvo.

—¿De quién es esta casa? —preguntó al guardia de la garita de la esquina.

—De la condesa *** —contestó el de la garita.

Guermann se estremeció. De nuevo en su imaginación se dibujó la asombrosa historia. Se puso a rondar junto a la casa pensando en su dueña y en su mágico don. Regresó tarde a su humilde rincón, tardó mucho en dormirse, y cuando le venció el sueño se le aparecieron unas cartas, una mesa verde montañas de billetes y montones de monedas. Tiraba una carta tras otra, doblaba las apuestas con decisión, ganaba sin parar, recogía el oro a manos llenas y atestaba de billetes los bolsillos.

Al despertar, tarde ya, suspiró ante la pérdida de su fantástica fortuna, se marchó a vagar de nuevo por la ciudad y otra vez se encontró ante la casa de la condesa ***. Al parecer, una fuerza invisible lo atraía hacia el lugar. Se detuvo y se puso a mirar a las ventanas. En una de ellas vio una cabecita de cabellos morenos, inclinada seguramente sobre algún libro o una labor. La cabecita se alzó. Guermann vio un rostro fresco y unos ojos negros. Aquel instante decidió su suerte.

III

No había tenido tiempo Lizaveta Ivánovna de quitarse la capa y el sombrero que ya la condesa la había mandado llamar para ordenarle que engancharan de nuevo los caballos. En el preciso momento en que dos lacayos levantaban a la vieja y la introducían a través de las portezuelas en la carroza, Lizaveta Ivánovna vio junto a la misma rueda a su ingeniero; él la asió de la mano, ella no pudo reaccionar del susto, y el joven desapareció: en la mano de la muchacha quedó una carta. La escondió dentro del guante y durante todo el paseo ni vio ni oyó nada.

En la carroza la condesa tenía la costumbre de hacer preguntas sin parar: ¿quién es ese que se ha cruzado con nosotros?, ¿cómo se llama este puente?, ¿qué dice ese anuncio? En esta ocasión Lizaveta Ivánovna contestaba sin ton ni son y a destiempo a las preguntas y enojó a la condesa.

—¡¿Qué te ocurre, chiquilla?! ¿O es que te ha dado un pasmo? ¿Qué pasa, no me oyes o no me entiendes?... ¡Gracias a Dios que no soy tartamuda ni he perdido la razón!

Lizaveta Ivánovna no la escuchaba. De regreso a casa corrió a su cuarto, sacó del guante la carta: no estaba sellada. Lizaveta Ivánovna la leyó. La nota contenía una declaración de amor: unas palabras tiernas, respetuosas y tomadas letra por letra de una novela alemana. Pero Lizaveta Ivánovna no sabía alemán y quedó muy satisfecha.

Y, sin embargo, la carta, que ella había aceptado, la dejó sumamente preocupada. Era la primera vez que entablaba una relación secreta y estrecha con un hombre joven. El atrevimiento de éste la horrorizaba. Se reprochaba su imprudente conducta y no sabía qué hacer: ¿dejar de sentarse junto a la ventana y, con su desdén, enfriar en el joven oficial su afán de proseguir con el acoso?, ¿devolverle la carta?, ¿o bien responderle en tono frío y decidido? No tenía a quién pedir consejo, ni una amiga, o mentora. Lizaveta Ivánovna optó por contestar.

Se sentó a la mesa del escritorio, tomó pluma y papel y se puso a pensar. Comenzó la carta varias veces y la rompió otras tantas: unas su tono le parecía demasiado condescendiente, otras en exceso cruel. Por fin logró escribir varias líneas de las que se sintió satisfecha:

Estoy convencida de que sus intenciones son honestas —escribía— *y que con este paso irreflexivo no ha querido usted ofenderme; pero nuestro trato no debería dar comienzo de este modo. Le devuelvo la carta esperando no tener motivos para lamentar en el futuro una inmerecida falta de respeto por su parte.*

Al día siguiente, al ver pasar a Guermann, Lizaveta Ivánovna se levantó abandonando su labor, entró en la sala, abrió la ventanilla y, confiando en la destreza del joven oficial, arrojó la carta a la calle. Guermann se lanzó hacia el lugar, recogió el sobre y entró en una confitería. Arrancando el sello encontró su carta y la respuesta de Lizaveta Ivánovna. Era justo lo que esperaba, y muy absorto en su intriga regresó a su casa.

Tres días después, una mademoiselle jovencita y de ojos vivarachos trajo de una tienda de modas una nota para Lizaveta Ivánovna. Ésta la abrió preocupada temiendo encontrarse con algún pago que le reclamaban, pero, de pronto, reconoció la letra de Guermann.

—Se ha equivocado usted, jovencita —dijo—; esta nota no es para mí.

—No. ¡Es para usted, seguro! —respondió la valiente chica sin esconder una sonrisa maliciosa—. ¡Tenga la bondad de leerla!

Lizaveta Ivánovna recorrió la hoja de papel. Guermann le pedía una cita.

—¡No puede ser, no puede ser! —señaló Lizaveta Ivánovna asustada tanto por lo apremiante de la petición como por el método empleado para hacerla—. ¡Seguro que no es para mí! —y rompió la carta en pequeños pedacitos.

—Si no era para usted, entonces ¿por qué ha roto la carta? —dijo la mademoiselle—. Se la habría devuelto a quien la ha mandado.

—Le ruego, jovencita —replicó Lizaveta Ivánovna ruborizándose ante aquella observación—, que en adelante no me traiga más notas. Y a quien la envía dígale que debería darle vergüenza...

Pero Guermann no se dio por vencido. Lizaveta Ivánovna, de un modo o de otro, recibía notas suyas cada día. Ya no eran cartas traducidas del alemán. Guermann las escribía inspirado por la pasión, hablaba con sus propias palabras: en ellas se expresaba tanto lo irrenunciable de su deseo, como el desorden de su desbocada imaginación. Lizaveta Ivánovna abandonó la idea de devolver las cartas: se embriagaba con ellas; comenzó a contestarlas, y sus notas por momentos se tornaban más largas y más tiernas. Por fin le arrojó por la ventanilla la carta siguiente:

Hoy se celebra un baile en casa del embajador de ***. La condesa irá. Nos quedaremos hasta las dos. He aquí la ocasión para verme a solas. En cuanto la condesa se haya marchado, lo más probable es que los sirvientes también se vayan; en el zaguán se queda el conserje, pero acostumbra a encerrarse en su cuartucho. Venga usted hacia las once y media. Diríjase directamente a la escalinata. Si se encuentra a alguien en el recibidor pregunte usted si la condesa está en casa. Le dirán que no y, ¡qué le vamos a hacer!, deberá usted marcharse. Pero es probable que no encuentre usted a nadie. Las doncellas se recluyen todas en su alcoba. Del recibidor diríjase hacia la izquierda, siga todo recto hasta el dormitorio de la condesa. Allí, tras el biombo verá usted dos pequeñas puertas. La de la derecha da al despacho, donde la condesa no entra nunca; la de la izquierda, a un pasillo, allí verá una estrecha escalera de caracol. La escalera conduce a mi cuarto.

Guermann se estremecía como un tigre, en espera del momento señalado. A las diez de la noche ya se encontraba ante la casa de la condesa. El tiempo era horroroso: aullaba el viento, una nieve húmeda caía a grandes copos, las farolas ardían mortecinas, las calles estaban desiertas. De vez en cuando se arrastraba un coche de alquiler con su flaco jamelgo en busca de algún cliente rezagado. Guermann permanecía de pie, sólo con su levita, sin notar ni el viento ni la nieve.

Por fin apareció la carroza de la condesa. Guermann vio cómo los lacayos sacaron a la encorvada dama llevándola del brazo, envuelta en un abrigo de marta cebellina, y cómo, tras ella, cubierta por una capa liviana, con la cabeza adornada de flores naturales, se deslizó su pupila. Se cerraron las portezuelas. La carroza arrancó pesadamente por la fláccida nieve. El conserje cerró la puerta. La luz de las ventanas se apagó.

Guermann echó a andar junto a la casa vacía; se acercó a una farola, miró el reloj, eran las once y veinte. Se quedó junto a la farola con los ojos clavados en la aguja del reloj esperando que transcurrieran los minutos restantes.

Justo a las once y media Guermann pisó el porche de la condesa y subió al zaguán brillantemente iluminado. El conserje no estaba. Guermann subió corriendo por la escalinata, abrió la puerta y vio a un criado que dormía bajo la lámpara en un sillón vetusto y manchado. Con paso ligero y firme Guermann pasó junto a aquel. El salón y el recibidor estaban a oscuras. La lámpara los iluminaba débilmente desde la entrada.

Guermann entró en el dormitorio. En el rincón de los iconos, repleto de imágenes antiguas, ardía tenue una lamparilla de oro. Unos desteñidos sillones y divanes damasquinos con cojines de plumas y dorados desgastados se disponían en triste simetría junto a las paredes cubiertas de seda china. En una de ellas colgaban dos retratos pintados en París por madame Lebrun. Un cuadro representaba a un hombre de unos cuarenta años, sonrosado y grueso, con uniforme verde claro y una estrella; el otro, a una joven belleza de nariz aguileña, las sienes peinadas hacia arriba y una rosa en el empolvado cabello. Por todas partes asomaban pastorcillas de porcelana, un reloj de mesa obra del célebre Leroy, cofrecillos, yoyós, abanicos y diversos juguetes de señora inventados a finales del siglo pasado a la par que el globo de los Montgolfier y el magnetismo de Mesmer.

Guermann se dirigió detrás del biombo. Tras éste se encontraba una pequeña cama de hierro; a la derecha se veía una puerta que conducía al despacho; a la izquierda, otra, que daba a un pasillo. Guermann la abrió y vio la estrecha escalera de caracol que conducía al cuarto de la pobre pupila… Pero regresó y entró en el oscuro despacho.

El tiempo pasaba lentamente. Todo estaba en silencio. En el salón sonaron doce campanadas; en todas las habitaciones, uno tras otro, los relojes dieron las doce, y de nuevo todo quedó en silencio. Guermann esperaba de pie, apoyado en la fría estufa. Estaba sereno, su corazón latía acompasado, como el de un hombre decidido a una empresa peligrosa, pero necesaria.

Los relojes dieron la una, luego las dos de la madrugada, y el joven oyó el lejano ruido de la carroza. Le dominó una emoción incontenible. La carroza se acercó a la casa y se detuvo. Guermann oyó el ruido del estribo al bajar.

La casa se puso en movimiento. Los criados echaron a correr, sonaron voces y la casa se iluminó. Entraron corriendo en la habitación las tres viejas doncellas, y apareció la condesa que, más muerta que viva, se dejó caer en el sillón Voltaire. Guermann miraba a través de una rendija: Lizaveta Ivánovna pasó a su lado. Guermann oyó sus apresurados pasos subiendo por la escalera. En su corazón brotó y se apagó de nuevo algo parecido a un remordimiento. El joven estaba petrificado.

La condesa comenzó a desvestirse ante el espejo. Le desprendieron las agujas de la cofia adornada de rosas; le quitaron la empolvada peluca de su cabeza canosa y de pelo muy corto. Los alfileres volaban como una lluvia a su alrededor. El vestido amarillo, bordado de plata, cayó a sus pies hinchados. Guermann era testigo de los repugnantes misterios de su tocador; por fin la condesa se quedó en camisón y gorro de dormir; con este atuendo, más propio de sus muchos años, parecía menos horrorosa y deforme.

Como toda la gente mayor, también la condesa padecía de insomnio. Una vez desvestida, se sentó junto a la ventana en su sillón Voltaire y despidió a las doncellas. Se llevaron las velas y de nuevo la habitación quedó sólo iluminada con la mariposa. La condesa, toda amarilla, sentada en su sillón, meneaba sus labios fláccidos balanceándose a izquierda y derecha. En su turbia mirada se reflejaba la ausencia de todo pensamiento; al verla se podría pensar que el balanceo de la espantosa vieja, más que deberse a su propia voluntad, era fruto de un oculto galvanismo.

De pronto su rostro muerto se alteró de manera indescriptible. Sus labios dejaron de moverse, la mirada cobró vida: ante la condesa se encontraba un desconocido.

—¡No se asuste, por Dios, no se asuste! —dijo éste con voz clara y queda—. No tengo la intención de hacerle daño; he venido a implorarle que me conceda una merced.

La vieja lo miraba en silencio y parecía como si no lo oyera. Guermann pensó que era sorda e, inclinándose hasta casi tocar su oreja le repitió las mismas palabras. La vieja seguía callada.

—Usted puede hacerme feliz para el resto de mi vida —prosiguió Guermann—, y no le va a costar nada: yo sé que usted puede adivinar tres cartas seguidas...

Guermann calló. La condesa, al parecer, comprendió lo que querían de ella; se diría que buscaba las palabras para responder.

—¡Aquello fue una broma! —dijo al fin—. ¡Se lo juro! ¡Una broma!

—¡Con cosas así no se bromea! —replicó enojado Guermann—. Acuérdese de Chaplitski, al que ayudó usted a recuperar su deuda.

La condesa pareció turbarse. Los rasgos de su cara reflejaron una poderosa emoción en su alma pero en seguida la anciana se sumergió en la impasividad de antes.

—¿Puede usted indicarme estas tres cartas seguras? —añadió Guermann.

La condesa seguía callada; Guermann prosiguió:

—¿Para quién quiere usted guardarse su secreto? ¿Para los nietos? ¿Qué falta les hace si ya son ricos? Si ni siquiera conocen el valor del dinero. A manirrotos como ellos sus tres cartas no les serán de ayuda. Quien no sabe cuidar de la herencia paterna, por muchas artes diabólicas que tenga a su alcance, de todos modos ha de morir en la miseria. Pero yo no soy un derrochador; yo sé el valor del dinero. Conmigo sus tres cartas no caerán en saco roto. ¡¿Y bien?!...

Guermann calló y esperó anhelante la respuesta. La condesa callaba; Guermann se arrodilló.

—Si alguna vez —dijo— su corazón ha conocido el sentimiento del amor, si recuerda usted cuánta emoción el amor depara, si ha sonreído siquiera una vez ante el primer llanto de su hijo recién nacido, si algún sentimiento humano ha palpitado en su pecho, le imploro a usted, por su amor de esposa, de amante y de madre, por lo más sagrado que haya en este mundo, ¡no rechace mi súplica! ¡Descúbrame su secreto! ¿Qué más le da a usted?... ¿Quizá el secreto entrañe un pecado horrible, la pérdida de la dicha eterna, un pacto con el diablo?... Piénselo; usted ya es vieja, no le queda mucho de vida; yo, en cambio, estoy dispuesto a cargar con su pecado. Lo único que le pido es que me revele su secreto. Piense que la felicidad de un hombre se halla en sus manos, que no sólo yo, sino mis hijos, mis nietos y biznietos bendecirán su nombre y honrarán su memoria como a una santa...

La vieja no decía ni palabra.

Guermann se levantó.

—¡Vieja bruja! —dijo apretando los dientes—. ¡Yo te haré hablar!...

Dicho esto, sacó del bolsillo una pistola.

Al ver el arma, la condesa mostró de nuevo en su rostro una poderosa emoción. Movió de arriba abajo la cabeza y levantó una mano como si se protegiera del disparo... Después cayó hacia atrás y se quedó inmóvil.

—Déjese de chiquilladas —dijo Guermann tomándola de la mano—. Se lo pregunto por última vez: ¿quiere usted decirme sus tres cartas? ¿Sí o no?

La condesa no contestaba. Guermann vio que estaba muerta.

IV

Lizaveta Ivánovna, sentada en su habitación aún con el vestido de baile, se hallaba sumida en profundos pensamientos. Al llegar a casa, se apresuró a despedir a la soñolienta doncella que le había ofrecido con desgana sus servicios, diciéndole que ella misma se desvestiría, entró temblorosa en su cuarto con la esperanza de ver allí a Guermann y deseando no encontrarlo. Comprobó a primera vista su ausencia y agradeció al destino por el contratiempo que había impedido aquella cita. Se sentó sin quitarse el vestido y se puso a rememorar todas las circunstancias que en tan poco tiempo tan lejos la habían llevado.

No habían pasado ni tres semanas desde que viera por primera vez tras la ventana a aquel joven, y ya mantenía con él correspondencia, ¡y éste ya le había arrancado una cita nocturna! Sabía su nombre sólo porque algunas de sus cartas iban firmadas; nunca le había dirigido la palabra, no conocía su voz y no había oído hablar de Guermann... hasta aquella misma noche. ¡Qué raro!

Justo aquella noche, en el baile, Tomski, enojado con la joven princesa Polina *** que, en contra de lo habitual, coqueteaba con otro, quiso vengarse de ella mostrándose indiferente: invitó a Lizaveta Ivánovna y bailó con ella una interminable mazurca. Durante todo el rato se burló de su interés por los oficiales de ingenieros. Le confesó que sabía muchas más cosas de las que ella podía suponer, y algunas de sus bromas fueron tan atinadas que Lizaveta Ivánovna pensó varias veces que Tomski conocía su secreto.

—¿Por quién se ha enterado de todo esto? —le preguntó ella entre risas.

—Por un compañero de quien usted sabe —contestó Tomski—, ¡una persona muy notable!

—¿Y quién es esta persona notable?

—Se llama Guermann.

Lizaveta Ivánovna no dijo nada, pero las manos y los pies se le helaron...

—Este Guermann —prosiguió Tomski— es un personaje en verdad romántico: tiene el perfil de Napoleón y el alma de Mefistófeles. Creo que sobre su conciencia pesan al menos tres crímenes. ¡Cómo ha palidecido usted!

—Me duele la cabeza... ¿Qué es lo que le decía su Guermann, o como se llame?...

—Guermann está muy disgustado con su compañero: dice que en su lugar él se hubiera comportado de muy otro modo... Yo supongo, incluso, que el propio Guermann le ha echado a usted el ojo; al menos escucha sin perder detalle las expansiones amorosas de su amigo.

—¿Y dónde me habrá visto?

—En la iglesia, tal vez... en algún paseo... ¡El diablo lo sabe! A lo mejor, en su habitación, mientras usted dormía: él es capaz...

Tres damas se acercaron a ellos con la pregunta *«oubli ou regret?»* e interrumpieron aquella charla que aguijoneaba cada vez de modo más torturante la curiosidad de Lizaveta Ivánovna. La dama elegida por Tomski fue la propia princesa ***. Ésta se tomó el tiempo suficiente para aclarar sus malentendidos en las varias vueltas que dio y en el largo camino que recorrió con él hasta la silla, de modo que Tomski al regresar a su lugar ya no pensaba ni en Guermann ni en Lizaveta Ivánovna. Ella quería reanudar sin falta la charla interrumpida, pero la mazurca había llegado a su fin y al poco rato la condesa decidió irse.

Las palabras de Tomski no eran otra cosa que pura palabrería de salón, pero calaron muy hondo en el alma de la joven soñadora. El retrato esbozado por Tomski se asemejaba al que se había formado ella, y, gracias a las novelas más recientes, este rostro entonces ya vulgar espantaba y atraía a la vez su imaginación.

Se hallaba sentada con los brazos cruzados inclinando sobre el pecho descubierto su cabeza aún adornada de flores... De pronto la puerta se abrió y entró Guermann. Lizaveta Ivánovna se echó a temblar...

—Pero, ¿dónde estaba usted? —preguntó ella en un susurro espantado.

—En el dormitorio de la vieja condesa —respondió Guermann—; ahora vengo de verla. La condesa está muerta.

—¡Dios santo!... ¿Qué dice usted?

—Y, al parecer —prosiguió Guermann—, yo soy la causa de su muerte.

Lizaveta Ivánovna lo miró y las palabras de Tomski resonaron en su alma: «¡Este hombre lleva sobre su conciencia tres crímenes al menos!» Guermann se sentó en el alféizar de la ventana y se lo contó todo.

Lizaveta Ivánovna lo escuchó llena de horror. De modo que todas aquellas apasionadas cartas, aquellos encendidos ruegos, aquella persecución osada y tenaz, ¡todo eso no era amor! ¡Dinero: he aquí lo que ansiaba aquella alma! ¡La pobre pupila no era otra cosa que la ciega cómplice de un bandido, del asesino de su anciana protectora!...

La joven lloró amargamente en un acceso de tardío y torturado arrepentimiento. Guermann la miraba en silencio: también su corazón se sentía desgarrado, pero ni las lágrimas de la desdichada muchacha ni la asombrosa belleza de su amargura conmovían su espíritu severo.

Guermann no sentía remordimientos de conciencia ante la idea de la vieja muerta. Sólo una cosa lo llenaba de espanto: la irreparable pérdida del secreto con el que había soñado enriquecerse.

—¡Es usted un monstruo! —dijo al fin Lizaveta Ivánovna.

—Yo no quería matarla —dijo Guermann—. La pistola no estaba cargada.

Ambos callaron.

Llegaba el amanecer. Lizaveta Ivánovna apagó la vela mortecina: una luz pálida iluminó la habitación. Se enjugó los ojos llorosos y alzó la mirada hacia Guermann: éste seguía sentado en el alféizar de la ventana, las manos cruzadas y el severo ceño fruncido. En esta postura recordaba asombrosamente el retrato de Napoleón. Su parecido sorprendió incluso a Lizaveta Ivánovna.

—¿Cómo podrá salir de la casa?—dijo finalmente Lizaveta Ivánovna—. Pensaba conducirlo por una escalera secreta, pero hay que pasar por el dormitorio, y me da miedo.

—Dígame cómo encontrar esta escalera y me iré.

Lizaveta Ivánovna se levantó, sacó de la cómoda una llave, se la entregó a Guermann y le hizo una detallada descripción del camino. Guermann estrechó su fría e insensible mano. Besó su cabeza inclinada y salió.

Bajó por la escalera de caracol y entró de nuevo en el dormitorio de la condesa. La vieja muerta seguía sentada, su rostro petrificado expresaba una serenidad profunda. Guermann se detuvo ante ella, la miró largamente, como si quisiera cerciorarse de la horrible verdad; por fin entró en el despacho, encontró a tientas tras el tapizado de la pared una puerta y comenzó a bajar por una oscura escalera, abrumado por extrañas sensaciones.

«Tal vez por esta misma escalera —pensaba— hará unos sesenta años, a este mismo dormitorio y a la misma hora, con un caftán bordado, peinado *à l'oiseau royal,* estrechando contra el pecho un sombrero de tres picos, se habría deslizado el joven afortunado que desde hace tiempo se pudre en su tumba; en cambio, ha sido hoy cuando el corazón de su anciana amante ha dejado de latir...»

A final de la escalera Guermann encontró una puerta que abrió con la llave, y se encontró en un largo corredor que lo condujo a la calle.

V

Tres días después de la fatídica noche, a las nueve de la mañana, Guermann se dirigió al monasterio de ***, donde debían celebrarse los funerales de la difunta condesa. Sin sentirse arrepentido, no podía sin embargo ahogar del todo la voz de su conciencia que le repetía: ¡eres el asesino de la vieja! No era hombre de verdadera fe, pero sí muy supersticioso. Creía que la condesa muerta podía ejercer un influjo maléfico sobre su vida, y para conseguir de ella el perdón decidió presentarse al entierro.

La iglesia estaba llena. Guermann logró a duras penas abrirse paso entre la multitud. El féretro se alzaba sobre un rico catafalco bajo un baldaquino de terciopelo. La difunta yacía en el ataúd, las manos cruzadas sobre el pecho, con una cofia de encaje y un vestido de raso blanco. A su alrededor se encontraban los suyos: la servidumbre, en caftanes negros con cintas blasonadas sobre el hombro y sosteniendo los candelabros; los familiares: hijos, nietos y biznietos, de luto riguroso. Nadie lloraba; las lágrimas hubieran sido *une affectation*. La condesa era tan vieja que su muerte ya no podía extrañar a nadie, y desde hacía tiempo, los familiares la veían como más del otro mundo que de éste.

Un joven prelado pronunció la oración fúnebre. Glosó con expresiones sencillas y emotivas el tránsito de la hija de Dios por este mundo, cuyos largos años de vida habían sido un callado y conmovedor preparativo para una cristiana muerte.

—El ángel de la muerte la ha tomado en plena vigilia —dijo el orador—, entregada a la piadosa reflexión y en espera del novio de la medianoche.

El servicio se desarrolló con la tristeza y el decoro merecido. Los familiares fueron los primeros en dirigirse a dar el último adiós a la difunta. Tras ellos se puso en movimiento la numerosa muchedumbre reunida para inclinarse ante la dama que desde hacía tantos años había sido partícipe de sus mundanas diversiones. Después también siguió toda la servidumbre. Finalmente se acercó el ama de llaves de la señora, una anciana de sus mismos años. Dos jóvenes doncellas la conducían sujetándola de los brazos. No tuvo fuerzas para inclinarse hasta el suelo, y fue la única en dejar caer unas cuantas lágrimas al besar la fría mano de su señora.

Tras ella, Guermann se decidió a acercarse al féretro. Hizo una reverencia hasta tocar el suelo y permaneció varios minutos sobre las frías losas cubiertas de ramas de abeto. Al fin se levantó, pálido como la propia difunta, subió los escalones del catafalco y se inclinó... En aquel instante le pareció que la muerta lo miró con expresión burlona y le guiñó un ojo. Guermann retrocedió con premura, tropezó y cayó de espaldas sobre el suelo. Lo levantaron. En aquel mismo instante sacaron al exterior a Lizaveta Ivánovna desmayada.

El episodio perturbó por varios minutos la solemnidad de la lúgubre ceremonia. Entre los asistentes se alzó un sordo rumor, y un escuálido chambelán, pariente cercano de la difunta, le susurró al oído a un inglés que se encontraba a su lado que el joven oficial era un hijo natural de la condesa, a lo que el inglés respondió con frialdad: *¿Oh?*

Todo el día Guermann se sintió extraordinariamente disgustado. Durante el almuerzo en una apartada hostería, en contra de su costumbre, bebió muchísimo con la esperanza de ahogar su desasosiego interior. Pero el vino enardecía aún más su imaginación. Al regresar a casa, se dejó caer sin desnudarse sobre la cama y se durmió profundamente.

Se despertó cuando ya era de noche: la luna iluminaba su habitación. Miró el reloj: eran las tres menos cuarto. Le había abandonado el sueño; se sentó en la cama y se quedó pensando en el entierro de la vieja condesa.

En aquel momento alguien miró desde la calle a través de la ventana y se retiró al instante. Guermann no prestó atención alguna al hecho. Al cabo de un minuto oyó que abrían la puerta de la entrada. Guermann pensó que su ordenanza, borracho como de costumbre, regresaba de un paseo nocturno. Pero oyó unos pasos desconocidos: alguien andaba arrastrando silenciosamente los zapatos. La puerta se abrió, entró una mujer vestida de blanco. Guermann la tomó por su vieja aya y se asombró de verla en casa a aquellas horas. Pero la mujer de blanco, en un abrir y cerrar de ojos, de pronto apareció ante él, ¡y Guermann reconoció a la condesa!

—He venido a verte en contra de mi voluntad —dijo la condesa con voz firme—. Pero se me ha mandado que cumpla tu deseo. El tres, el siete y el as, uno tras otro, te harán ganar; pero, con una condición: que no apuestes más de una carta al día y que en lo sucesivo no juegues nunca más. Te perdono mi muerte con tal de que te cases con mi protegida Lizaveta Ivánovna...

Tras estas palabras se dio la vuelta en silencio, se dirigió hacia la puerta y desapareció arrastrando los zapatos. Guermann oyó cómo resonó la puerta en el zaguán y vio que alguien lo miró de nuevo por la ventana.

Guermann tardó mucho rato en recobrarse. Salió a la habitación contigua. Su ordenanza dormía en el suelo; Guermann lo despertó a duras penas. El ordenanza, como de costumbre, estaba borracho, de modo que no pudo sacar de él nada en claro. La puerta del zaguán estaba cerrada. Guermann regresó a su cuarto, encendió una vela y anotó su visión.

VI

Dos ideas fijas no pueden existir al mismo tiempo en el ámbito de lo moral, de igual modo que en el mundo físico dos cuerpos no pueden ocupar idéntico lugar. El tres, el siete y el as pronto desplazaron en la mente de Guermann la imagen de la vieja muerta. El tres, el siete y el as no salían de su imaginación y le brotaban constantemente en los labios. Al ver a una joven, decía:

—¡Qué esbelta es!... Un auténtico tres de corazones.

Le preguntaban la hora y contestaba:

—Faltan cinco minutos para... un siete.

Cualquier hombre barrigudo le recordaba a un as. El tres, el siete y el as lo perseguían en sueños adoptando todos los aspectos posibles: el tres florecía ante sus ojos en forma de suntuosa magnolia; el siete se le aparecía como un portal gótico, y el as, como una enorme araña. Y todos sus pensamientos confluían en uno: cómo sacar provecho del secreto que tan caro le había costado.

Comenzó a pensar en pedir el retiro, en marchar de viaje. Quería hacerse con el tesoro de la encantada fortuna en alguna casa de juegos de París. Pero una ocasión le ahorró los quebraderos de cabeza.

En Moscú se había formado una sociedad de ricos jugadores bajo la presidencia del célebre Chekalinski, un hombre que se había pasado la vida jugando a las cartas y que en su tiempo había amasado millones ganando con talones y perdiendo en dinero contante y sonante. Los largos años de experiencia le granjearon la confianza de sus compañeros, y la casa siempre abierta, su famoso cocinero y el trato amable y jovial le proporcionaron el respeto del público. Chekalinski se instaló en Petersburgo. Los jóvenes inundaron sus salones abandonando los bailes por las cartas y prefiriendo las tentaciones del faraón al atractivo del galanteo. Allí llevó Narúmov a Guermann.

Atravesaron una serie de salas espléndidas llenas de corteses camareros. Varios generales y consejeros privados jugaban al whist; los jóvenes se sentaban recostados en mullidos sofás, comían helado y fumaban en pipa. En el salón, tras una larga mesa alrededor de la cual se agolpaban unos veinte jugadores, se sentaba el dueño, que llevaba la banca. Era un hombre de unos sesenta años, de la más respetable apariencia; unas canas plateadas cubrían su cabeza; su cara oronda y fresca era todo afabilidad; sus ojos, animados de una constante sonrisa, brillaban. Narúmov le presentó a Guermann. Chekalinski le estrechó amistosamente la mano, le rogó que se sintiera como en su casa y siguió tallando.

La partida duró largo rato. Sobre el tapete había más de treinta cartas. Chekalinski se detenía tras cada tirada para dar tiempo a los jugadores a que hicieran sus apuestas; apuntaba las pérdidas, atendía cortésmente las reclamaciones y con aún mayor cortesía alisaba más de un pico doblado por alguna mano distraída. Finalmente terminó la partida. Chekalinski barajó las cartas y se dispuso a tallar de nuevo.

—Permítame jugar una mano —dijo Guermann alargando su brazo de detrás de un señor gordo que estaba jugando. Chekalinski sonrió, inclinó en silencio la cabeza en señal de sumiso asentimiento. Narúmov felicitó entre risas a Guermann por haber roto su largo ayuno y le deseó un buen comienzo.

—¡Voy! —dijo Guermann tras escribir con tiza la apuesta en su carta.

—¿Cuánto? —preguntó entornando los ojos el de la banca—. Perdone, no lo veo bien.

—Cuarenta y siete mil —contestó Guermann.

Al oír aquellas palabras, al instante, todas las cabezas y todas las miradas se dirigieron hacia Guermann. «¡Se ha vuelto loco!», pensó Narúmov.

—Permítame advertirle —dijo Chekalinski con su imborrable sonrisa—, que juega usted muy fuerte; aquí nunca nadie ha apostado más de doscientos setenta y cinco a una sola carta.

—¿Y bien? —replicó Guermann—. ¿Acepta usted mi carta a no?

Chekalinski inclinó la cabeza con el aspecto de sumiso asentimiento de siempre.

—Sólo quería informarle —dijo— que la confianza con que me honran los compañeros no me permite jugar con nada que no sea dinero en efectivo. Por mi parte, claro está, estoy seguro de que con su palabra basta, pero, para el buen orden del juego y de las cuentas, le ruego que coloque la suma sobre la carta.

Guermann extrajo del bolsillo un billete de banco y lo entregó a Chekalinski, quien, tras echarle un simple vistazo, lo colocó sobre la carta de Guermann. Lanzó dos cartas. A la derecha cayó un nueve, a la izquierda un tres.

—¡La mía gana! —dijo Guermann mostrando su carta.

Entre los jugadores se alzó un murmullo. Chekalinski frunció el ceño, pero al momento la sonrisa retornó a su cara.

—¿Desea retirar sus ganancias? —le preguntó a Guermann.

—Si tiene la bondad.

Chekalinski sacó del bolsillo varios billetes de banco y saldó la deuda al punto. Guermann tomó su dinero y se alejó de la mesa.

Narúmov no podía recobrarse de su perplejidad. Guermann se bebió un vaso de limonada y se marchó a casa.

Al día siguiente por la noche se presentó de nuevo en casa de Chekalinski. El dueño llevaba la banca. Guermann se acercó a la mesa; los jugadores en seguida le hicieron sitio. Chekalinski lo saludó con una cariñosa reverencia.

Guermann esperó la nueva partida, colocó su carta poniendo sobre ella sus cuarenta y siete mil rublos y lo ganado el día anterior.

Chekalinski lanzó las cartas. A la derecha cayó un valet, a la izquierda un siete.

Guermann descubrió su siete.

Todos lanzaron un ¡ah! Chekalinski se turbó visiblemente. Contó noventa y cuatro mil rublos y los entregó a Guermann. Este los tomó impasible y al punto se alejó.

A la noche siguiente Guermann apareció de nuevo ante la mesa. Todos lo esperaban. Los generales y consejeros privados abandonaron su *whist* para ver aquella inusitada partida. Los jóvenes oficiales saltaron de sus divanes; todos los camareros se reunieron en el salón. Todos rodeaban a Guermann. Los demás jugadores abandonaron sus cartas impacientes por ver cómo acabaría aquel joven. Guermann, de pie junto a la mesa, se disponía a apuntar él solo contra el pálido pero todavía sonriente Chekalinski. Cada uno desempaquetó una baraja de cartas. Chekalinski barajó. Guermann tomó y colocó su carta cubriéndola de un montón de billetes de banco. Aquello parecía un duelo. Reinaba un profundo silencio.

Chekalinski lanzó las cartas, las manos le temblaban. A la derecha se posó una dama, a la izquierda un as.

—¡El as ha ganado! —dijo Guermann y descubrió su carta.

—Han matado a su dama —dijo cariñoso Chekalinski.

Guermann se estremeció: en efecto, en lugar de un as tenía ante sí una dama de espadas. No daba crédito a sus ojos, no comprendía cómo había podido confundirse.

En aquel instante le pareció que la dama de espadas le guiñó un ojo y le sonrió burlona. La inusitada semejanza lo fulminó...

—¡La vieja! —gritó lleno de horror.

Chekalinski se acercó los billetes. Guermann seguía inmóvil. Cuando se apartó de la mesa, se alzó un rumor de voces.

—¡Una jugada divina! —comentaban los jugadores.

Chekalinski barajó de nuevo las cartas; el juego siguió su curso.

EPÍLOGO

Guermann ha perdido la razón. Está en la clínica Obújov, en la habitación número 17. No contesta a ninguna pregunta y murmura con inusitada celeridad: «¡Tres, siete, as! ¡Tres, siete, dama!...»

Lizaveta Ivánovna se ha casado con un joven muy afable que sirve en alguna parte y posee una fortuna considerable: es el hijo del que fuera el administrador de la difunta condesa. Lizaveta Ivánovna tiene de pupila a una pariente pobre.

Tomski ha ascendido a capitán y se ha casado con la princesa Polina.

EL DISPARO

Estábamos acantonados en el pequeño pueblo de X. Todo el mundo sabe cómo es la vida de un oficial de tropa de guarnición. A la mañana, estudio y picadero; la comida en casa del comandante del regimiento o en una fonda judía; a la noche, ponche y naipes.

En X no había ningún lugar donde reunirse, ni una muchacha; íbamos unos a casa de otros, donde, aparte de nuestros uniformes, no veíamos nada más.

Un solo civil formaba parte de nuestro grupo. Tenía unos treinta y cinco años, lo que nos hacía considerarlo viejo. Su experiencia le daba superioridad sobre nosotros en varios puntos, y, además, su aspecto sombrío que mostraba habitualmente, sus rudas costumbres y su lengua mordaz ejercían una clara influencia en nuestras mentes juveniles.

Un cierto misterio parecía envolver su destino: se le hubiera tomado por ruso aunque llevaba apellido extranjero. En otros tiempos había servido en los húsares, y hasta con suerte; sin embargo, nadie sabía qué motivos le habían hecho retirarse del servicio para ir a radicarse en un mísero pueblucho, donde vivía en la estrechez, unida, no obstante, a cierto despilfarro. Iba siempre a pie, vestía una chaqueta negra, raída por el uso, y su mesa estaba siempre a disposición de todos los oficiales de nuestro regimiento. Sus cenas estaban compuestas por no más de dos o tres platos, preparados por un militar retirado, pero el champán solía correr a torrentes durante las comidas.

Nadie sabía si poseía o no fortuna ni cuáles eran sus rentas, ni nadie se atrevía a preguntárselo. Tenía muchos libros, la mayoría obras de milicia y novelas. Los prestaba de buen grado, sin exigir nunca su devolución, como tampoco, por su parte, devolvía nunca los que a él le prestaban.

Su ocupación predilecta era ejercitarse en el tiro a pistola. Las paredes de su cuarto estaban tan acribilladas de balazos, que parecían paneles de una colmena. Una rica colección de pistolas constituía el único lujo de la miserable casucha que habitaba.

La destreza que había adquirido en el tiro era increíble, tanto como para que, de haberse propuesto acertar de un balazo un objeto puesto sobre la gorra, ninguno de los de nuestro regimiento hubiera vacilado en ofrecerle su cabeza como blanco.

El tema de nuestras conversaciones era con frecuencia los duelos. Silvio (así le llamaremos) nunca participaba de ellas. Cuando se le preguntaba si alguna vez le había tocado batirse, solía responder secamente que sí, pero nunca daba detalles, y saltaba a la vista que tales preguntas lo contrariaban. Acabamos por suponer que pesaba en su conciencia alguna desgraciada víctima de su siniestra habilidad. Por lo demás, nunca se nos cruzó por la mente imputarle de algo parecido al temor. Hay personas cuya sola apariencia disipa tales suposiciones.

Un inesperado acontecimiento nos dejó a todos consternados.

Un día comíamos en casa de Silvio unos diez oficiales del regimiento. Bebimos como de costumbre, es decir, muchísimo. Al terminar la comida pedimos a nuestro anfitrión que jugara una partida con nosotros. Durante largo rato se negó, porque no acostumbraba jugar, pero por fin mandó traer las cartas, echó sobre la mesa medio centenar de ducados y tomó la banca. Todos lo rodeamos y la partida comenzó. Silvio solía guardar absoluto silencio mientras jugaba, y jamás había discutido ni hecho observaciones. Si el que apuntaba se descontaba por azar, Silvio pagaba inmediatamente la diferencia o apuntaba el resto. Todos lo sabíamos y en nada nos oponíamos a su libre arbitrio; pero sucedió que entre nosotros se hallaba un oficial recientemente llegado a nuestro regimiento. Participaba del juego y cometió una equivocación de un punto. Silvio tomó la tiza y rectificó la anotación. El oficial, exaltado por los efluvios del vino, por el juego y las burlas de sus camaradas, lo tomó como una grave ofensa y enardecido tomó de la mesa un candelabro de bronce y se lo arrojó a Silvio, quien apenas logró eludir el golpe. Todos quedamos confusos. Silvio se incorporó, pálido de ira, y con mirada centellante exclamó:

—Caballero, hágame el favor de retirarse inmediatamente y dé gracias a Dios que esto haya sucedido en mi casa.

No dudamos en lo más mínimo de cuáles serían las consecuencias de esa escena, y ya dábamos por muerto a nuestro compañero. El oficial se fue no sin decir que estaba dispuesto a dar satisfacción de su ofensa de la manera que dispusiera el banquero. La partida duró unos pocos minutos más; conscientes, no obstante, de que nuestro anfitrión no estaba para juegos, nos retiramos uno tras otro, hablando de la inminente vacante.

Al otro día, en el picadero, nos preguntábamos entre nosotros si el pobre teniente respiraría aún cuando se presentó este mismo en persona. Lo interrogamos y nos respondió que hasta la fecha no tenía noticias de Silvio. Asombrados, fuimos a casa de nuestro amigo, a quien hallamos en el patio, metiendo bala tras bala en un as de baraja, clavado en una hoja del portal. Nos recibió como siempre, sin mencionar una sola palabra con relación al suceso de la víspera.

Pasaron tres días, y el teniente seguía aún con vida. Preguntábamos extrañados:

—¿No se batirá?

Y así fue, Silvio no se batió. Se dio por satisfecho con una explicación muy superficial y se reconcilió con el adversario.

Esta circunstancia perjudicó mucho su reputación entre los jóvenes, los que suelen tener a la valentía por la calidad más sublime de un hombre, excusándole toda clase de defectos. Con el tiempo, no obstante, se olvidó lo ocurrido, y Silvio recuperó su prestigio de siempre.

Yo fui el único que no pudo tratarlo con la misma confianza. Teniendo, como tenía, una imaginación romántica, me sentía atraído, más que mis compañeros, por un hombre cuya vida era un enigma, y que me parecía el personaje de alguna historia misteriosa. Él me apreciaba, y conmigo dejaba de lado sus palabras punzantes, y hablaba de toda clase de asuntos con gran sinceridad y agrado. Sin embargo, después de aquella velada, la idea de que su honor había sido mancillado, y no rehabilitado por propia voluntad, me inquietaba y me impedía tratarlo como antes. Silvio era demasiado inteligente y perspicaz como para no notar el vuelco de mi conducta, pero no descubría el motivo. Parecía estar amargamente impresionado. Por lo menos en dos ocasiones pude notar su deseo de darme una explicación; yo, sin embargo, eludí sus tentativas, y él acabó por evitar mi trato. Desde entonces solía verlo solo en presencia de mis compañeros, y nuestras sinceras relaciones de otros tiempos se cortaron.

Los displicentes habitantes de una capital no pueden imaginar siquiera muchas impresiones que les son familiares a quienes viven en aldeas o pueblecitos, como por ejemplo la espera de la llegada del correo... Los martes y los viernes el despacho del regimiento estaba colmado de oficiales. Unos esperaban dinero, otros cartas, otros periódicos, etc. Los paquetes solían abrirse allí mismo, y unos a otros se daban las noticias, de modo que la oficina deparaba un espectáculo de extrema animación. Silvio se hacía enviar sus cartas a nuestro regimiento, y solía acudir a la oficina. Un día le entregaron un sobre que abrió dando muestras de gran impaciencia. Al leer la carta sus ojos centelleaban. Los oficiales, ocupados en la lectura de sus cartas, no advirtieron nada.

—Señores —les dijo Silvio—, las circunstancias requieren que me ausente inmediatamente... Me voy esta misma noche, y espero que no se negarán a cenar conmigo esta última vez. También a usted lo espero —continuó, dirigiéndose a mí—. Lo espero sin falta.

Y dicho esto salió precipitadamente. Nosotros, decididos a reunirnos en casa de Silvio, nos fuimos cada cual por un lado.

Fui a casa de Silvio a la hora indicada, y allí encontré a casi todo nuestro regimiento. Los muebles estaban ya embalados, y no había más que las paredes, acribilladas a balazos. Nos sentamos a la mesa. Nuestro huésped estaba del mejor humor, y no pasó mucho tiempo sin que comunicara su alegría a todos los demás... A cada momento saltaban los tapones de las botellas de champaña. Los vasos relucían y espumaban sin pausa, y todos nosotros, con profunda franqueza, deseábamos al amigo que se ausentaba buen viaje y toda suerte de felicidades. Nos levantamos de la mesa ya muy avanzada la noche. Cuando fuimos a recoger la gorra, Silvio se despidió de todos, me tomó del brazo y me retuvo.

—Quiero hablar con usted —me dijo, bajando la voz.

Ya todos los demás se habían ido... Quedamos solos, nos sentamos uno frente a otro, fumando despaciosamente nuestras pipas. Silvio estaba visiblemente preocupado; en su rostro no quedaban huellas de su febril alegría de poco antes. Su palidez sombría, el destello de sus ojos, y el espeso humo que despedía su boca, le daban el aspecto de un verdadero demonio. Pasaron algunos minutos antes que Silvio rompiera el silencio.

—Es probable que no nos veamos más —me dijo—, y antes de despedirnos, he querido darle una explicación... Tiene que haber notado usted lo poco que me importa la opinión de los demás; pero me sería penoso dejar en su mente una impresión contraria a la verdad.

Dijo esto y calló. Volvió a llenar su pipa apagada... Yo me quedé silencioso, bajando los ojos.

—A usted le habrá extrañado —prosiguió— que yo no exigiese satisfacción a aquel insensato borracho de R... Creo que convendrá usted conmigo en que, teniendo yo libre elección de armas, su vida estaba en mis manos, en tanto que la mía casi no peligraba... Podría atribuir mi prudencia a la magnanimidad... Sin embargo, no quiero mentir. Si hubiese podido castigar a R... sin arriesgar mi vida, no lo hubiera perdonado...

Miré a Silvio con aire de asombro. Esta contestación acabó por consternarme. Silvio continuó:

—Es cierto. No tengo derecho a exponerme al peligro de la muerte. Hace seis años recibí una bofetada, y mi adversario vive todavía.

Mi curiosidad estaba vivamente excitada.

—¿Fue porque usted no quiso batirse con él? —pregunté—. Sin duda, se lo impidieron las circunstancias.

—Me batí con él y este es el recuerdo de aquel duelo.

Silvio se levantó, sacó de una caja de cartón una gorra encarnada con borla de oro y galoneada, lo que los franceses llaman *bonnet de police*. Se la encasquetó: la gorra estaba agujereada a la altura de la frente.

—Usted sabe —prosiguió Silvio— que yo he servido en el regimiento de húsares de X... Sabe también cuál es mi carácter; suelo hacer notar mi personalidad en todo, y esta cualidad era una verdadera manía en mi juventud. En nuestros tiempos solían usarse modales violentos y entre mis compañeros no había quién me aventajara. Alardeábamos de nuestras orgías, y dejé atrás al famoso Burtsov encomiado por Dionisio Davidov. Los duelos, en nuestro regimiento, se entablaban a cada momento, y de todos participaba yo como testigo o interesado. Mis compañeros me adoraban y los comandantes del regimiento, que cambiaban con frecuencia, me consideraban un mal inevitable.

"Tranquilo (o intranquilo), disfrutaba mi gloria, hasta que llegó a nuestro regimiento un joven rico de muy buena familia (su nombre no importa). ¡En mi vida había tropezado con un hombre tan espléndidamente halagado por la suerte! Figúrese que, además de la juventud, tenía ingenio, apostura, un espíritu alegre, la más desenfadada valentía, un prestigio social envidiable y una fortuna cuantiosa, inagotable, y podrá imaginar el efecto que había de causar inevitablemente entre nosotros. El predominio de mi personalidad estaba en peligro. Atraído por la fama que gozaba, trató de granjearse mi amistad; pero yo me mostré frío y él se apartó de mí con total indiferencia; le tomé odio. Sus éxitos en el regimiento y en el ambiente femenino me sumieron en completa desesperación. Comencé a buscar motivos para provocarlo... Pero mis frases hirientes las contestaba él con otras que siempre me parecían más punzantes y más agudas que las mías, y que a decir verdad eran muchísimo más alegres: él bromeaba y yo expresaba mi odio. Por fin, una vez, en un baile que daba un hacendado polaco, al ver concentrada en él la atención de todas las damas, y sobre todo de la misma ama de casa, que había estado antes en relaciones conmigo, le dije al oído cierta banal grosería. Presa de repentina ira me pegó una bofetada. En seguida buscamos los sables... Las señoras se desvanecían... Nos apartaron no sin esfuerzo y aquella misma noche nos batimos en duelo.

"Amanecía... Yo estaba en el lugar acordado, acompañado por mis tres padrinos... Con una impaciencia inexplicable aguardaba a mi adversario. Despuntó el sol primaveral, y el calor empezó a hacerse sentir... Lo vi cuando aún estaba lejos... a pie, llevando el uniforme sostenido con el sable, y acompañado por un padrino. Se acercó. En la mano llevaba su gorra llena de cerezas. Los padrinos midieron los doce pasos. A mí me tocó disparar primero. Sin embargo, la agitación que me causaba la ira me hizo desconfiar de la firmeza de mi pulso, y le cedí el derecho del primer disparo, ansioso por ganar tiempo para serenarme. Mi contrincante rehusó el ofrecimiento. Se propuso echar suertes, y ganó él, eterno favorito de la Fortuna. Apuntó y con su bala atravesó mi gorra. Era mi turno... Su vida, por fin, estaba en mis manos. Lo miré con ansia devoradora, tratando de discernir en su rostro una señal de inquietud. Él permanecía inmóvil frente al cañón de mi pistola, tomando de la gorra las cerezas maduras, que comía escupiendo los carozos que casi me alcanzaban. Su indiferencia me enardeció.

"'¿Qué voy a lograr' —pensé— 'quitándole la vida, si no siente el más leve temor por ella?'

"Fue entonces cuando una idea diabólica cruzó por mi mente. Bajé la pistola.

"—Según parece —le dije— usted no está ahora para pensar en la muerte. Como se propone almorzar, no quiero molestarlo.

"—No me molesta usted en lo más mínimo —replicó—. Hágame el favor de disparar, o haga lo que le parezca. Le queda reservado el derecho a este disparo, y en cuanto a mí, estaré siempre a su disposición.

"Me volví hacia mis padrinos, les manifesté que por el momento no estaba dispuesto a tirar, y así acabó el duelo...

"Pedí mi retiro y me radiqué en esta aldea. Desde entonces no hubo un solo día en que yo no pensara en la venganza. Ahora, por fin, llegó el momento..."

Silvio sacó del bolsillo la carta que había recibido por la mañana y me la dio para que la leyera. Una persona, probablemente administrador de sus asuntos, le escribía desde Moscú, que el consabido individuo pronto contraería matrimonio con una joven muy bella.

—Ya habrá adivinado —dijo Silvio— quién es ese consabido individuo. Salgo para Moscú... Me gustaría ver si en vísperas de su casamiento, se enfrentará a la muerte con la misma indiferencia que en otro tiempo, saboreando cerezas.

Y con estas palabras se levantó, arrojó la gorra al suelo y echó a andar agitado por la habitación como un tigre por su jaula. Yo lo había escuchado absorto: sentimientos terribles y opuestos me agitaban.

El criado entró para anunciar que los caballos estaban listos para el viaje. Silvio me dio un fuerte apretón de manos... Nos abrazamos...

Subió a un coche, en el que estaban acomodadas dos maletas, una con su equipaje, otra con pistolas. Nos saludamos por última vez y los caballos arrancaron...

Algunos años más tarde, circunstancias de familia me llevaron a establecerme en una pequeña aldehuela del distrito de N. Me había consagrado a la agricultura y no dejaba de suspirar secretamente cuando recordaba mi vida pasada, bulliciosa y despreocupada. Lo que se me hacía más difícil era pasar las noches, tanto en primavera, invierno, como verano, en completa soledad. Hasta la hora de la comida encontraba la manera de matar el tiempo, unas veces charlando con el alcalde, otras inspeccionando las tareas de labranza y echando un vistazo a los nuevos establecimientos; pero tan pronto como caía la noche no se me ocurría dónde meterme. Unos cuantos libros que encontré bajo los armarios y en el depósito de trastos, me los sabía ya de memoria, a fuerza de reiteradas lecturas. Todos los cuentos que atesoraba en su memoria el ama de llaves Kirilovna, ya los conocía, y las canciones de las campesinas me sumían en lánguida tristeza. Por fin me di a la bebida de un fuerte licor vegetal, pero me causaba dolor de cabeza y, además, confieso que temí convertirme en un "borracho melancólico", como tantos que había visto en nuestro distrito.

A mi alrededor no había vecinos cercanos, salvo dos o tres "melancólicos", cuya conversación consistía las más de las veces en hipos y suspiros. La soledad era preferible. Por fin resolví acostarme cuanto antes, y comer lo más tarde posible; de esta manera logré acortar la velada, y alargar al mismo tiempo los días... Y "vi todo lo que había hecho y he aquí que era bueno..."

A cuatro verstas de mi finca estaba la rica propiedad de la condesa de B.; pero allí vivía solamente el administrador. La propietaria había visitado su finca una vez, hacía ya mucho tiempo, el primer año de su matrimonio, y no había pasado en ello más de un mes. Pero cuando transcurría la segunda primavera de mi vida de ermitaño, corrió el rumor de que la condesa llegaría a la aldea acompañada por su marido, para pasar el verano. Y así fue; llegaron a principios de junio.

La llegada de un vecino acaudalado es un acontecimiento memorable para los moradores de una aldehuela. Los propietarios y los miembros de su servidumbre suelen hablar de ello desde dos meses antes y hasta tres años después. En cuanto a mí, confieso con franqueza que la noticia del arribo de una vecina joven y hermosa me emocionó fuertemente. Me abrasaba un ferviente deseo de verla, y, por lo tanto, el primer domingo siguiente a su llegada, fui, después de comer, a la aldea

X para presentar mi respeto a sus altezas, como correspondía al vecino más cercano que les ofrecía sus humildes servicios.

Un lacayo me llevó hasta el gabinete del conde, y se adelantó para anunciarme. El amplio despacho estaba puesto con fastuoso lujo; a lo largo de las paredes había algunas bibliotecas, sobre las cuales se veían bustos de bronce. Arriba de la chimenea había un espejo muy ancho; el piso estaba cubierto de paño verde y tapizado de alfombras. Mi vida en mi humilde rincón me había hecho perder la costumbre del lujo, y hacía tiempo que no admiraba la esplendidez ajena. En aquel momento me sentí cohibido. Esperé al conde embargado por una inquietud parecida a la del candidato provinciano que espera la salida de un ministro. Cuando se abrió la puerta entró un hombre de unos treinta años, de hermosa presencia. El conde se acercó con aire de absoluta sinceridad amistosa, mientras yo me esforzaba por recuperar mi aplomo. Empecé por presentarle mis respetos y, sin darme tiempo para hablar, sugirió que nos sentáramos.

Su conversación, espontánea y amable, pronto logró disipar mi timidez de solitario. Empezaba ya a recobrar mi estado normal, cuando de pronto se presentó la condesa, causándome una nueva confusión, mayor que la anterior. En realidad, era de una acabada belleza. El conde me presentó. Yo, por mi parte, cuanto más me esforzaba por parecer locuaz, cuanto más trataba de asumir un aire de serenidad, más turbado me sentía. Para darme tiempo a que me repusiera y acostumbrase a ellos, mis nuevos amigos comenzaron a discurrir entre sí, dándome el trato que se le da a un antiguo vecino, sin ninguna clase de ceremonias. Yo, entretanto, eché a andar de un lado a otro, examinando los libros y las pinturas. Aun cuando no soy ducho en artes plásticas, hubo un cuadro que llamó mi atención. Representaba cierto paisaje de Suiza, y lo que me sorprendió no fue la parte artística, sino el hecho de que estuviese atravesado por dos balazos que casi se juntaban.

—¡Notable disparo! —exclamé a la vez que miraba al conde.

—Sí —me respondió—: fue un disparo muy memorable. Pero, dígame, ¿es usted buen tirador?

—Excelente —contesté satisfecho al notar que la conversación recaía por fin en un tema que me era tan familiar—; a treinta pasos no yerro jamás, teniendo por blanco une carta, si tiro con una pistola a la cual esté acostumbrado.

—¿Es cierto? —dijo la condesa con tono de gran interés—. Y tú, amigo mío, ¿serías capaz de atravesar una carta a treinta pasos?

—Probaremos —contestó el conde—. He sido un tirador regular; pero hace cuatro años que no tomo una pistola.

—¡Oh! —comenté—. En ese caso apuesto cualquier cosa a que vuestra alteza no le da a una carta ni siquiera a veinte pasos; la pistola requiere un ejercicio diario. Lo sé por experiencia. En nuestro regimiento se me tenía por uno de los mejores tiradores. En una ocasión dejé de manejar la pistola por un mes entero, porque mis armas estaban en reparación. ¿Y qué diría que sucedió, alteza? La primera vez que volví a tirar, erré cuatro veces seguidas a una botella a veinte pasos. En nuestro regimiento había un sargento, hombre ingenioso y muy dado a las bromas, que estando presente por casualidad dijo: "Está visto, amiguito, que has perdido la costumbre de habértelas con una botella". Créame, vuestra alteza, hay que cultivar esta habilidad, porque el día menos pensado se olvida lo que se ha aprendido. El tirador más diestro que encontré en mi vida practicaba todos los días, tres veces por lo menos, antes de la comida. Esto estaba en él tan arraigado, como la copita de vodka que tomaba como aperitivo.

A los condes les satisfizo mi locuacidad.

—¿Y cómo tiraba? —me preguntó el conde.

—A veces veía una mosca que acababa de posarse en la pared... ¿Lo toma usted a risa, condesa? Pues es cierto... Veía una mosca y gritaba: "¡Kuzka, mi pistola!". El criado le llevaba con celeridad una pistola cargada. Él disparaba entonces y enterraba la mosca en la pared...

—¡Asombroso! —dijo el conde—. ¿Y cuál era su nombre?

—Silvio, alteza.

—¡Silvio! —exclamó el conde, incorporándose de un salto—. ¿Usted conoció a Silvio?

—¿Que si lo conocí, alteza? Éramos amigos. En nuestro regimiento fue recibido como un verdadero compañero... pero desde hace cinco años no sé nada de él. Así que también vuestra alteza lo conoció, ¿no es verdad?

—Lo conocí muy bien. ¿No le contó acaso un suceso muy extraño?

—¿El de una bofetada, alteza, que recibió en un baile?

—¿Y no le dijo a usted el nombre...?

—No, alteza, no me lo dijo. ¡Ah! —proseguí, al intuir la verdad—. ¿Fue quizás vuestra alteza?

—Yo fui —respondió el conde, con aire extremadamente distraído—; esa pintura agujereada a balazos es un recuerdo de nuestro último encuentro.

—¡Ay! —dijo la condesa—. ¡No lo cuentes, por Dios!... Me horroriza escucharlo.

—No puedo complacerte —replicó el conde—. Lo contaré todo. El señor sabe cómo ofendí a su amigo y conviene que sepa también cómo Silvio se vengó de mí.

Me ofreció el sillón y yo, con viva curiosidad, escuché el siguiente relato:

—Hace cinco años me casé. El primer mes, la luna de miel, lo pasé aquí, en esta aldea. En esta casa viví los instantes más hermosos de mi vida, pero a ella le debo también uno de mis recuerdos más dolorosos.

"Un día, al atardecer, salimos a cabalgar. El caballo que montaba mi mujer comenzó a desmandarse y ella, asustada, me pasó las riendas y volvió a casa a pie. Yo cabalgué delante. En el patio vi un coche, y me dijeron que en mi despacho me esperaba un caballero que había rehusado dar su nombre. Sólo había dicho que tenía que hablar conmigo de cierto asunto. Entré en la habitación y vi en la penumbra a un hombre con barba cubierto de polvo. Estaba al lado de la chimenea... Me acerqué a él, tratando de reconocer sus facciones...

"—¿No me recuerdas, conde? —preguntó con voz trémula.

"—¡Silvio! —exclamé, y confieso que en aquel momento sentí que mis cabellos se erizaban.

"—Exactamente —continuó él—. Conservo el derecho a un disparo y he venido a disparar. ¿Estás preparado?

"Una pistola asomaba del bolsillo lateral de su chaqueta. Yo di doce pasos y me paré allí, en el rincón, suplicándole que acabara lo más pronto posible, antes que llegara mi mujer. Vaciló por un momento... Me pidió lumbre... Hice que trajeran una vela. Cerré la puerta, ordené que no entrara nadie, y volví a suplicarle que disparase. Sacó la pistola y apuntó... Yo conté los segundos.. Pensé en ella... ¡Fue un minuto terrible! Silvio bajó el brazo.

"—Lamento de veras que la pistola no esté cargada con carozos de cereza. Una bala pesa demasiado... y después de todo, creo que esto no es un duelo, sino un homicidio. Yo no acostumbro disparar a un indefenso... Empecemos de nuevo. Volvamos a tirar suertes para ver quién dispara primero.

"La cabeza me daba vueltas... Creo recordar que me negué...

"Por fin cargamos una pistola, arrollamos dos papelitos... Él los puso en la gorra, que atravesó un día mi balazo... Yo saqué de nuevo el primer número.

"—Tienes mala suerte, conde —dijo él, con una sonrisa que nunca olvidaré.

"No recuerdo lo que sucedió entonces, ni cómo pudo él impulsarme a ello... Pero cierto es que disparé, dando con la bala en ese cuadro..."

Y el conde dirigió su dedo hacia la tela agujereada. Su rostro parecía arder. La condesa estaba tan blanca como el pañuelo que llevaba. Yo no pude contener un grito de espanto.

—Disparé —continuó el conde— y, gracias a Dios, no acerté. Entonces Silvio —en ese momento tenía verdaderamente un aspecto siniestro— apuntó hacia mí... De pronto la puerta se abrió... Masha entró precipitadamente y, profiriendo un grito desgarrador se echó en mis brazos. Su presencia me devolvió por completo la sangre fría.

"—Querida mía —le dije—, ¿no ves acaso que estamos bromeando? ¿Te asustaste? Ven, bebe un poco de agua y acércate... Voy a presentarte a uno de mis amigos y compañeros.

"Masha dudaba aún de la veracidad de mis palabras.

"—Dígame usted, ¿es cierto lo que dice mi marido? —preguntó, volviéndose hacia aquel hombre terrible—. ¿Es verdad que bromean ustedes?

"—Suele bromear, condesa —le respondió Silvio—. Una vez me dio, bromeando, una bofetada... Bromeando también, me perforó esta gorra, y, bromeando, acaba de errar el tiro. Ahora soy yo quien quiere bromear.

"Y al decir esto me apuntó ¡delante de ella!

"Masha se echó a sus pies.

"—¡Levántate, Masha, es humillante! —grité furioso—. Y usted, caballero, ¿cuándo dejará de burlarse de una pobre mujer? ¿Va a disparar o no?

"—No dispararé —respondió Silvio—; me doy por satisfecho. He visto tu confusión, tu desasosiego. Te he obligado a dispararme. No pido más. Te acordarás de mí. Te dejo a solas con tu conciencia.

"Entonces se encaminó a la puerta. Allí se detuvo y, volviéndose hacia el cuadro agujereado por mí, disparó casi sin haber tomado puntería, y desapareció.

"Mi mujer estaba desmayada. Mi gente no se atrevió a detenerlo y lo contempló horrorizada. Él salió por el portal, llamó al cochero y se alejó antes de que yo lograra reponerme."

El conde calló.

Fue así cómo me enteré del final de la historia, cuyo principio tanto me había asombrado No volví a encontrar jamás a su protagonista.

Se dijo alguna vez que Silvio, en tiempos de la rebelión de Alejandro Ipsilanti, capitaneó una compañía de *heteristas* griegos y murió en un combate cerca de Skulani.

LA TORMENTA DE NIEVE

A finales de 1811, en tiempos de grata memoria, vivía en su propiedad de Nenarádovo el bueno de Gavrila Gavrílovich R**. Era famoso en toda la región por su hospitalidad y carácter afable; los vecinos visitaban constantemente su casa, unos para comer, beber, o jugar al *boston* a cinco kopeks con su esposa, y otros para ver a su hija, María Gavrílovna, una muchacha esbelta, pálida y de diecisiete años. Se la consideraba una novia rica y muchos la deseaban para sí o para sus hijos.

María Gavrílovna se había educado en las novelas francesas y, por consiguiente, estaba enamorada. El elegido de su amor era un pobre alférez del ejército que se encontraba de permiso en su aldea. Sobra decir que el joven ardía en igual pasión y que los padres de su amada, al descubrir la mutua inclinación, prohibieron a la hija pensar siquiera en él, y en cuanto al propio joven, lo recibían peor que a un asesor retirado.

Nuestros enamorados se carteaban y todos los días se veían a solas en un pinar o junto a una vieja capilla. Allí se juraban amor eterno, se lamentaban de su suerte y hacían todo género de proyectos. En sus cartas y conversaciones llegaron a la siguiente (y muy natural) conclusión: si no podemos ni respirar el uno sin el otro y si la voluntad de los crueles padres entorpece nuestra dicha, ¿no podríamos prescindir de este obstáculo? Por supuesto que la feliz idea se le ocurrió primero al joven y agradó muchísimo a la imaginación romántica de María Gavrílovna.

Llegó el invierno y puso término a sus citas, pero la correspondencia se hizo más viva. En cada carta Vladímir Nikoláyevich suplicaba a su amada que confiara en él, que se casaran en secreto, se escondieran durante un tiempo y luego se postraran a los pies de sus padres, quienes, claro está, al fin se sentirían conmovidos ante la heroica constancia y la desdicha de los enamorados y les dirían sin falta:

—¡Hijos, vengan a nuestros brazos!

María Gavrílovna dudó largo tiempo; se rechazaron muchos planes de fuga. Pero al final aceptó: el día señalado debía no cenar y retirarse a sus habitaciones bajo la excusa de una jaqueca. Su doncella estaba en la conspiración; las dos tenían que salir al jardín por la puerta trasera, tras el jardín llegar hasta un trineo listo para partir y dirigirse a cinco verstas de Nenarádovo, a la aldea de Zhádrino, directamente a la iglesia, donde Vladímir las estaría esperando.

En vísperas del día decisivo María Gavrílovna no durmió en toda la noche; arregló sus cosas, recogió su ropa interior y los vestidos, escribió una larga carta a una señorita muy sentimental, amiga suya, y otra a sus padres. Se despedía de ellos en los términos más conmovedores, justificaba su acto por la invencible fuerza de la pasión, y acababa diciendo que el día en que se le permitiera arrojarse a los pies de sus amadísimos padres lo consideraría el momento más sublime de su vida.

Tras sellar ambas cartas con una estampilla de Tula, en la que aparecían dos corazones llameantes con una inscripción al uso, justo antes del amanecer, se dejó caer sobre la cama y se quedó adormecida. Pero también entonces a cada instante la desvelaban imágenes pavorosas. Ora le parecía que en el momento en que se sentaba en el trineo para ir a casarse, su padre la detenía, la arrastraba por la nieve con torturante rapidez y la lanzaba a un oscuro subterráneo sin fondo... y ella se precipitaba al vacío con un inenarrable pánico en el corazón. Ora veía a Vladímir caído sobre la hierba, pálido y ensangrentado. Y éste, moribundo, le imploraba con gritos estridentes que se apresurara a casarse con él... Otras visiones horrendas e insensatas corrían una tras otra por su mente.

Por fin se levantó, más pálida que de costumbre y con un ya no fingido dolor de cabeza. Sus padres se apercibieron de su desasosiego; la delicada inquietud e incesantes preguntas de éstos —«¿Qué te pasa, Masha? Masha, ¿no estarás enferma?»— le desgarraban el corazón. Ella se esforzaba por tranquilizarlos, por parecer alegre, pero no podía.

Llegó la tarde. La idea de que era la última vez que pasaba el día entre su familia le oprimía el corazón. Estaba medio viva: se despedía en secreto de todas las personas, de todos los objetos que la rodeaban. Sirvieron la cena. Su corazón se puso a latir con fuerza. Con voz temblorosa anunció que no le apetecía cenar y se despidió de sus padres. Éstos la besaron y la bendijeron, como era su costumbre: ella casi se echa a llorar. Al llegar a su cuarto se arrojó sobre el sillón y rompió en llanto. La doncella la convencía de que se calmara y recobrara el ánimo. Todo estaba listo. Dentro de media hora Masha debía dejar para siempre la casa paterna, su habitación, su callada vida de soltera...

Afuera había nevasca. El viento ululaba, los postigos temblaban y daban golpes; todo se le antojaba una amenaza y un mal presagio. Al poco en la casa todo calló y se durmió. Masha se envolvió en un chal, se puso una capa abrigada, tomó su arqueta y salió al porche trasero. La sirvienta tras ella llevaba dos hatos. Salieron al jardín. La ventisca no amainaba; el viento soplaba de cara, como si se esforzara por detener a la joven fugitiva. A duras penas llegaron hasta el final del jardín. En el camino las esperaba el trineo. Los caballos, ateridos de frío, no paraban quietos; el cochero de Vladímir se movía ante las varas, reteniendo a los briosos animales. Ayudó a la señorita y a su doncella a acomodarse y a colocar los bultos y la arqueta, tomó las riendas, y los caballos echaron a volar.

Tras encomendar a la señorita al cuidado del destino y al arte del cochero Terioshka, prestemos atención ahora a nuestro joven enamorado.

Vladímir estuvo todo el día yendo de un lado a otro. Por la mañana fue a ver al sacerdote de Zhádrino, consiguió persuadirlo, luego se fue a buscar padrinos entre los terratenientes del lugar. El primero a quien visitó, el corneta retirado Dravin, un hombre de cuarenta años, aceptó de buen grado. La aventura decía que le recordaba los viejos tiempos y las calaveradas de los húsares. Convenció a Vladímir de que se quedara a comer con él y le aseguró que con los otros dos testigos no habría problema. Y, en efecto, justo después de comer se presentaron el agrimensor Schmidt, con sus bigotes y sus espuelas, y un muchacho de unos dieciséis años, hijo del capitán jefe de la policía local, que hacía poco había ingresado en los ulanos. Ambos no sólo aceptaron la propuesta de Vladímir sino incluso le juraron estar dispuestos a dar la vida por él. Vladímir los abrazó lleno de entusiasmo y se marchó a casa para hacer los preparativos.

Hacía tiempo que ya era de noche. Vladímir envió a su fiel Terioshka con la *troika* a Nenarádovo con instrucciones detalladas y precisas, y para sí mismo mandó preparar un pequeño trineo de un caballo, y solo, sin cochero, se dirigió a Zhádrino, donde al cabo de unas dos horas debía llegar también María Gavrílovna. Conocía el camino y sólo tendría unos veinte minutos de viaje.

Pero, en cuanto Vladímir dejó atrás las casas para internarse en el campo, se levantó viento y se desató una nevasca tal que no pudo ver nada. En un minuto el camino quedó cubierto de nieve, el paisaje desapareció en una oscuridad turbia y amarillenta a través de la que volaban los blancos copos de nieve; el cielo se fundió con la tierra. Vladímir se encontró en medio del campo y quiso inútilmente retornar de nuevo al camino; el caballo marchaba a tientas y a cada instante daba con un montón de nieve o se hundía en un hoyo; el trineo volcaba a cada momento. Vladímir no hacía otra cosa que esforzarse por no perder la dirección que llevaba. Pero le parecía que ya había pasado media hora y aún no había alcanzado el bosque de Zhádrino. Pasaron otros diez minutos y el bosque seguía sin aparecer. Vladímir marchaba por un llano surcado de profundos barrancos. La ventisca no amainaba, el cielo seguía cubierto. El caballo empezaba a agotarse, y el joven, a pesar de que a cada momento se hundía en la nieve hasta la cintura, estaba bañado en sudor.

Al fin Vladímir se convenció de que no iba en la buena dirección. Se detuvo, se puso a pensar, intentando recordar, hacer conjeturas, y llegó a la conclusión de que debía doblar hacia la derecha. Torció a la derecha. Su caballo apenas avanzaba. Ya llevaba más de una hora de camino. Zhádrino no debía estar lejos. Marchaba y marchaba, y el campo no tenía fin. Todo eran montones de nieve y barrancos: el trineo volcaba sin parar y él lo enderezaba una y otra vez. El tiempo pasaba; Vladímir comenzó a preocuparse de veras.

Por fin algo oscuro asomó a un lado. Vladímir dio la vuelta hacia allá. Al acercarse vio un bosque. Gracias a Dios, pensó, ya estamos cerca. Siguió a lo largo del bosque con la esperanza de llegar en seguida a la senda conocida o de rodearlo; Zhádrino se encontraba justo detrás. Encontró pronto la pista y se internó en la oscuridad de los árboles que el invierno había desnudado. Allí el viento no podía campar por sus fueros, el camino estaba liso, el caballo se animó y Vladímir se sintió más tranquilo.

Y sin embargo, seguía y seguía, y Zhádrino no aparecía por ninguna parte: el bosque no tenía fin. Vladímir comprobó con horror que se había internado en un bosque desconocido. La desesperación se apoderó de él. Fustigó el caballo, el pobre animal primero se lanzó al trote, pero pronto comenzó a aminorar la marcha y al cuarto de hora, a pesar de todos los esfuerzos del desdichado Vladímir, avanzó al paso.

Poco a poco los árboles comenzaron a clarear y Vladímir salió del bosque: Zhádrino no se veía. Debía de ser cerca de la medianoche. Las lágrimas saltaron de sus ojos, y marchó a la buena de Dios. El temporal se calmó, las nubes se alejaron, ante él se extendía una llanura cubierta de una alfombra blanca y ondulada. La noche era bastante clara. Vladímir vio no lejos una aldehuela de cuatro o cinco casas y se dirigió hacia ella. Junto a la primera isba saltó del trineo, se acercó corriendo a la ventana y llamó. Al cabo de varios minutos se levantó el postigo de madera y un viejo asomó su blanca barba.

—¿Qué quieres?
—¿Está lejos Zhádrino?
—¿Si está lejos Zhádrino?
—¡Sí, sí! ¿Está lejos?
—No mucho. Habrá unas diez verstas.

Al oír la respuesta Vladímir se agarró de los pelos y se quedó inmóvil, como un hombre al que hubieran condenado a muerte.

—¿Y tú, de dónde eres? —prosiguió el viejo.

Vladímir no estaba para preguntas.

—Oye, abuelo —le dijo al viejo—. ¿No podrías conseguirme unos caballos hasta Zhádrino?

—¿Nosotros, caballos? —dijo el viejo.

—¿Podrías al menos conseguirme un guía? Le pagaré lo que pida.

—Espera —dijo el viejo soltando el postigo—. Te mandaré a mi hijo; él te acompañará.

Vladímir se quedó esperando. No pasó un minuto que llamó de nuevo a la ventana. El postigo se levantó y apareció la barba.

—¿Qué quieres?

—¿Qué hay de tu hijo?

—Ahora sale. ¿No te habrás helado? Entra a calentarte.

—Te lo agradezco. Manda cuanto antes a tu hijo.

Las puertas chirriaron: salió un muchacho con un perro que echó a andar por delante, unas veces indicando el camino, otras buscándolo entre los montones de nieve que lo habían cubierto.

—¿Qué hora es? —le preguntó Vladímir.

—Pronto ha de amanecer —respondió el joven *mujik,* y Vladímir ya no dijo ni una sola palabra más.

Cantaban los gallos y había amanecido cuando lograron llegar a Zhádrino. La iglesia estaba cerrada. Vladímir pagó al guía y se dirigió a casa del sacerdote. Ante la casa no estaba su *troika.* ¡Qué noticia le aguardaba!

Pero volvamos a los buenos señores de Nenarádovo y veamos que ocurría allí.

Pues nada.

Los viejos se levantaron y fueron al salón. Gavrila Gavrílovich, con su gorro de dormir y chaquetón de paño, y Praskovia Petrovna, con su bata guateada. Sirvieron el *samovar,* y Gavrila Gavrílovich mandó a la muchacha que se fuera a enterar de cómo se encontraba de salud María Gavrílovna y si había descansado bien. La muchacha regresó e informó a los señores que la señorita había dormido mal, pero que ahora decía que se encontraba mejor y que al rato vendría al salón. Y, en efecto, la puerta se abrió y María Gavrílovna se acercó a saludar a su padre y a su madre.

—¿Qué tal tu cabeza, Masha? —preguntó Gavrila Gavrílovich.

—Mejor, papá —respondió Masha.

—Seguro que ayer te atufaste —dijo Praskovia Petrovna.

—Puede ser, mamá —contestó Masha.

El día pasó felizmente, pero por la noche Masha se encontró muy mal. Mandaron a buscar al médico en la ciudad. Éste llegó al anochecer y encontró a la enferma delirando. Se le declararon unas fuertes calenturas, y la pobre enferma estuvo durante dos semanas al borde de la muerte.

Nadie en la casa sabía del intento de fuga. Las cartas que escribió la víspera fueron quemadas: su doncella, temiendo la ira de los señores, no dijo nada a nadie. El sacerdote, el corneta retirado, el agrimensor de bigotes y el pequeño ulano fueron discretos, y no en vano. Terioshka el cochero nunca decía nada de más, ni siquiera cuando estaba bebido. De modo que la media docena larga de conjurados guardaron bien el secreto. Pero la propia María Gavrílovna, que deliraba sin parar, lo ponía al descubierto. Sin embargo, sus palabras eran tan confusas que la madre, que no se apartaba de su lado, sólo pudo deducir de ellas que su hija estaba locamente enamorada de Vladímir Nikoláyevich y que, probablemente, el amor era la causa de su dolencia.

La mujer consultó con su marido, con algunos vecinos, y, finalmente, todos llegaron a la unánime conclusión de que, al parecer, aquel era el sino de María Gavrílovna, que contra el destino todo es inútil, que la pobreza no es pecado, que no se vive con el dinero sino con el compañero, y así sucesivamente. Los proverbios morales son asombrosamente útiles en los casos en que, por mucho que lo intentemos, no se nos ocurre nada para justificarnos.

Entretanto, la señorita empezó a reponerse. A Vladímir hacía mucho tiempo que no se le veía en casa de Gavrila Gavrílovich. El joven estaba escarmentado por los recibimientos de rigor. Decidieron mandar a buscarlo y anunciarle la inesperada y feliz decisión: el consentimiento para la boda. ¡Pero cuál no sería el asombro de los señores de Nenarádovo cuando, en respuesta a la invitación, recibieron de él una carta más propia de un loco! En ella les informaba que jamás volvería a poner los pies en aquella casa, y les rogaba que se olvidaran de él, pues para un hombre tan desdichado como él no quedaba más esperanza que la muerte. Al cabo de unos días se enteraron de que Vladímir se había incorporado al ejército. Esto sucedía en 1812.

Durante largo tiempo nadie se atrevió a informar del hecho a la convaleciente Masha. Ésta nunca mencionaba a Vladímir. Al cabo ya de varios meses, al descubrir su nombre entre los oficiales distinguidos y gravemente heridos en la batalla de Borodinó, Masha se desmayó, y se temió que le retornaran las calenturas. Pero, gracias a Dios, el desmayo no tuvo consecuencias.

Otra desgracia cayó sobre ella: falleció Gavrila Gavrílovich, dejándola heredera de toda la propiedad. Pero la herencia no la consoló; compartió sinceramente el dolor de la pobre Praskovia Petrovna y juró no separarse nunca de ella. Ambas dejaron Nenarádovo, lugar de tristes recuerdos, y se marcharon a vivir a sus tierras de ***.

También aquí los pretendientes revoloteaban en torno a la hermosa y rica joven: pero ella no daba la más pequeña esperanza a nadie. A veces su madre insistía en que debía elegir al compañero de su vida, pero María Gavrílovna negaba con la cabeza y se quedaba pensativa. Vladímir ya no existía: había muerto en Moscú, en vísperas de la entrada de los franceses. Su recuerdo era sagrado para Masha; al menos la joven guardaba todo lo que pudiera recordarle: los libros que un día él había leído, sus dibujos, las partituras y los versos que él había copiado para ella. Los vecinos, enterados de todo, se asombraban de su constancia y esperaban con curiosidad al héroe que debería, al fin, acabar venciendo la desdichada fidelidad de la virginal Artemisa.

Entretanto la guerra había acabado gloriosamente. Nuestros regimientos retornaban de allende las fronteras. El pueblo salía corriendo a su encuentro. Se entonaban las canciones conquistadas: *Vive Henri–Quatre,* valses tiroleses y arias de la *Joconde*. Los oficiales, que habían partido a la guerra siendo casi unos muchachos, regresaban, templados en el aire del combate, hechos unos hombres y cubiertos de cruces. Los soldados, en sus alegres charlas, entremezclaban a cada momento palabras alemanas y francesas. ¡Qué tiempo inolvidable! ¡Días de gloria y de entusiasmo! ¡Con qué fuerza latía el corazón ruso ante la palabra patria! ¡Qué dulces las lágrimas en los encuentros! ¡Con qué unanimidad se fundía en nosotros el sentimiento del orgullo nacional con el amor al soberano! ¡Y para él, qué momento sublime!

Las mujeres, las mujeres rusas no tuvieron rival en aquel tiempo. Su habitual frialdad desapareció. Su entusiasmo era auténticamente embriagador cuando al recibir a los vencedores gritaban: «¡Hurra!»

Y al aire sus cofias lanzaban

¿Qué oficial de aquel entonces no reconoce que debe a la mujer rusa la condecoración más noble y preciosa?...

En aquel tiempo esplendoroso María Gavrílovna vivía con su madre en la provincia de *** y no podía ver cómo las dos capitales celebraban el regreso de las tropas. Pero en los distritos y en los pueblos el entusiasmo general era tal vez aún mayor. La aparición de un oficial por aquellos lugares era para éste un auténtico paseo triunfal, y el enamorado vestido de frac lo pasaba mal a su lado.

Ya hemos dicho que, a pesar de su frialdad, María Gavrílovna seguía como antes rodeada de pretendientes. Pero todos debieron ceder su lugar cuando en el castillo de la doncella apareció el coronel de húsares Burmín, herido, con una cruz de San Jorge en el ojal y de una *interesante palidez,* como decían las damiselas del lugar. Tenía alrededor de veintiséis años. Había venido de permiso a su propiedad, vecina a la aldea de María Gavrílovna. María Gavrílovna le prestaba un interés particular. Ante él su acostumbrado semblante pensativo se animaba. No se podría decir que coqueteara con él, pero el poeta, ante el modo de comportarse de la joven, hubiera dicho:

Se amor non è, che dunque?

Burmín era realmente un joven muy agradable. Poseía justamente esa inteligencia que gusta a las mujeres: el saber del decoro y de la observación, carente de toda pretensión y dotado de una despreocupada ironía. Su actitud hacia María Gavrílovna era sencilla y libre; pero, cualquier cosa que dijera o hiciera ella, el alma y la mirada del joven no dejaban de seguirla. Parecía de un carácter callado y discreto, y si bien los rumores aseguraban que en su tiempo fue un terrible calavera, ello no empañaba su imagen ante María Gavrílovna, que (como todas las jóvenes en general) perdonaba de buen grado las travesuras que evidenciaban valentía y carácter encendido.

Pero sobre todo... (más que su delicadeza y agradable conversación, más que la interesante palidez, más que el brazo vendado), lo que alimentaba sobremanera su curiosidad e imaginación era el silencio del joven húsar. María Gavrílovna no podía ignorar que ella le gustaba mucho: probablemente, también él, con su inteligencia y saber, ya podía haber notado que ella le distinguía. ¿A qué se debía entonces que ella no lo hubiera visto postrado a sus pies ni oído su declaración de amor? ¿Qué lo retenía? ¿La timidez, inseparable de todo verdadero amor, el orgullo, o la coquetería de un astuto conquistador? Era para ella un enigma. Tras meditarlo bien, llegó a la conclusión de que la única razón para tal comportamiento era la timidez; se propuso animarlo mostrando hacia él mayor interés y, según las circunstancias, ternura incluso. Se preparaba para el desenlace más inesperado y aguardaba con impaciencia el momento de la romántica declaración de amor, pues el secreto, sea éste el que fuere, es siempre un peso difícil de llevar para el corazón de una mujer. Sus movimientos estratégicos lograron el éxito deseado: al menos Burmín se sumió en un estado de ensimismamiento tal y sus ojos negros se detenían en María Gavrílovna con tanto fuego, que el momento decisivo parecía próximo. Los vecinos ya hablaban de la boda como de una cosa hecha, y la buena Praskovia Petrovna se mostraba contenta de que, por fin, su hija hubiera encontrado un novio digno de ella.

Un día la anciana se hallaba sola en el salón haciendo un solitario, cuando Burmín entró en la habitación y al punto preguntó por María Gavrílovna.

—Está en el jardín —dijo la anciana—. Vaya a verla, que yo lo esperaré aquí.

Burmín salió, y la anciana se santiguó y se dijo: «¡Ojalá hoy se decida todo!»

Burmín encontró a María Gavrílovna junto al estanque, bajo un sauce, con un libro en las manos y vestida de blanco, como una verdadera heroína de novela. Tras las primeras preguntas María Gavrílovna dejó adrede de sostener la conversación, ahondando de este modo el embarazo mutuo y del cual tal vez sólo se podría salir con una repentina y decisiva declaración de amor. Y así sucedió: Burmín, sintiendo lo difícil de su situación, le dijo que hacía tiempo que buscaba el momento para abrirle su corazón y le rogó un minuto de su atención. María Gavrílovna cerró el libro y bajó la mirada en señal de asentimiento.

—La amo —dijo Burmín—, la quiero con pasión...

María Gavrílovna enrojeció y dejó caer aún más la cabeza

—He sido un imprudente al entregarme a una dulce costumbre, al hábito de verla y escucharla cada día...

María Gavrílovna recordó la primera carta de St.—Preux.

—Ahora ya es tarde para luchar contra mi destino; el recuerdo de usted, su imagen querida e incomparable, será a partir de ahora un tormento y una dicha para mi existencia; pero aún me queda un duro deber, descubrirle un horrible secreto y levantar así entre nosotros un insalvable abismo...

—Éste siempre ha existido —lo interrumpió vivamente María Gavrílovna—. Nunca hubiera podido ser su esposa...

—Lo sé —le dijo él en voz baja—. Sé que en un tiempo usted amó, pero la muerte y tres años de dolor... ¡Mi buena, mi querida María Gavrílovna! No intente privarme de mi único consuelo, de la idea de que usted hubiera aceptado hacer mi felicidad si... Calle, por Dios se lo ruego, calle. Me está usted torturando. Sí, lo sé, siento que usted hubiera sido mía, pero... soy la criatura más desgraciada del mundo... ¡estoy casado!

María Gavrílovna lo miró con asombro.

—¡Estoy casado —prosiguió Burmín—; hace más de tres años que lo estoy y no sé quién es mi mujer, ni dónde está, ni si la volveré a ver algún día!

—Pero ¿qué dice? —exclamó María Gavrílovna—. ¡Qué extraño! Siga, luego le contaré... pero siga, hágame el favor.

—A principios de 1812 —contó Burmín—, me dirigía a toda prisa a Vilna, donde se encontraba nuestro regimiento. Al llegar ya entrada la noche a una estación de postas, mandé enganchar cuanto antes los caballos, cuando de pronto se levantó una terrible ventisca, y el jefe de postas y los cocheros me aconsejaron esperar. Les hice caso, pero un inexplicable desasosiego se apoderó de mí; parecía como si alguien no parara de empujarme. Mientras tanto la tempestad no amainaba, no pude aguantar más y mandé enganchar de nuevo y me puse en camino en medio de la tormenta. Al cochero se le ocurrió seguir el río, lo que debía acortarnos el viaje en tres verstas. Las orillas estaban cubiertas de nieve: el cochero pasó de largo el lugar donde debíamos retomar el camino, y de este modo nos encontramos en un paraje desconocido. La tormenta no amainaba; vi una lucecita y mandé que nos dirigiéramos hacia ella. Llegamos a una aldea: en la iglesia de madera había luz. La iglesia estaba abierta, tras la valla se veían varios trineos: por el atrio iba y venía gente.

«¡Aquí! ¡Aquí!», gritaron varias voces. «Pero, por Dios, ¿dónde te habías metido? —me dijo alguien—. La novia está desmayada, el pope no sabe qué hacer; ya nos disponíamos a irnos. Entra rápido.»

Salté en silencio del trineo y entré en la iglesia débilmente iluminada con dos o tres velas. La joven se sentaba en un banco, en un rincón oscuro de la iglesia; otra muchacha le fregaba las sienes. «Gracias a Dios —dijo ésta—, al fin ha llegado usted. Casi nos consume usted a la señorita.» Un viejo sacerdote se me acercó para preguntarme: «¿Podemos comenzar?» «Empiece, empiece, padre», le dije distraído. Pusieron en pie a la señorita. No me pareció fea... Una ligereza incomprensible, imperdonable, sí... Me coloqué a su lado ante el altar: el sacerdote tenía prisa: los tres hombres y la doncella sostenían a la novia y no se ocupaban más que de ella. Nos desposaron. «Bésense», nos dijeron. Mi esposa dirigió hacia mí su pálido rostro. Yo quise darle un beso... Ella gritó: «¡Ah, no es él! ¡no es él!», y cayó sin sentido. Los padrinos me dirigieron sus espantadas miradas. Yo me di la vuelta, salí de la iglesia sin encontrar obstáculo alguno, me lancé hacia la *kibitka* y grité: «¡En marcha!»

—¡Dios mío! —exclamó María Gavrílovna—. ¿Y no sabe usted qué pasó con su pobre esposa?

—No lo sé —dijo Burmín—, no sé cómo se llama la aldea en que me casé, no recuerdo de qué estación de postas había salido. Por entonces le di tan poca importancia a mi criminal travesura, que, al dejar atrás la iglesia, me dormí y desperté al día siguiente por la mañana, ya en la tercera estación de postas. Mi sirviente, que entonces viajaba conmigo, murió durante la campaña, de manera que ahora no tengo ni la esperanza siquiera de encontrar a la mujer a la que gasté una broma tan cruel y que ahora tan cruelmente se ha vengado de mí.

—¡Dios mío, Dios mío! —dijo María Gavrílovna agarrándole la mano—. ¡De modo que era usted! ¿Y no me reconoce?

Burmín palideció… y se arrojó a sus pies…

EL JEDE DE ESTACIÓN

¿Quién no ha maldecido a los jefes de posta, quién no los ha colmado de improperios? ¿Quién en un arranque de cólera no les ha exigido el libro fatal para dejar en él constancia de su inútil reclamación contra las vejaciones, la zafiedad y el desorden? ¿Quién no los considera monstruos del género humano semejantes a los difuntos podiachi o, por lo menos, a los salteadores de Múrom? Seamos, sin embargo, ecuánimes, tratemos de ponernos en su lugar y entonces tal vez nuestro juicio sea mucho más indulgente. ¿Qué es un jefe de posta? Un verdadero mártir de la clase decimocuarta y última en el escalafón administrativo, a quien su título no le sirve más que para ponerle a cubierto de los golpes, y aun así no en todas las ocasiones (apelo a la conciencia de mis lectores). ¿Cuál es el cargo de ese dictador como en son de broma le llama el príncipe Viázemski? ¿No es un auténtico galeote? No conoce el descanso ni de día ni de noche. Todo el mal humor acumulado durante el tedioso trayecto, lo descarga el viajero sobre el jefe de posta. El tiempo es insoportable, el camino infernal, el cochero tozudo, los caballos apenas si se arrastran: la culpa es del jefe de posta. Al entrar en su mísera morada, el viajero lo mira como a un enemigo; menos mal si consigue librarse pronto del molesto huésped; pero, ¿y si no hay caballos?... ¡Dios mío, qué de insultos, qué de amenazas caen sobre su cabeza! En plena lluvia y entre el barro se ve obligado a correr por las caballerizas; cuando se ha desatado la nevasca, con un frío que se cala hasta los huesos, se retira al zaguán para descansar siquiera sea un instante de los gritos y empujones del viajero irritado. Llega un general; el jefe de posta, tembloroso, le entrega las dos últimas troikas, una de ellas la del correo. El general se va sin darle siquiera las gracias. A los cinco minutos, ¡la campanilla!... Un correo con despachos oficiales arroja sobre la mesa su hoja de ruta... Pongámonos en su lugar y un sentimiento de sincera simpatía invadirá nuestro corazón en lugar de la cólera.

Unas palabras más: en el transcurso de veinte años he recorrido Rusia en todas direcciones; conozco casi todos los caminos de posta; he utilizado los servicios de varias generaciones de cocheros; raro es el jefe de posta al que no conozca de vista, son muy pocos los que no he tratado; confío en publicar en un futuro próximo, el curioso material reunido en mis apuntes de viaje; de momento me limitaré a decir que el común de las gentes sustenta la idea más falsa acerca del gremio de los jefes de posta. Estos hombres tan calumniados son seres pacíficos, serviciales por naturaleza, sociables, modestos en su apetencia de honores y no excesivamente codiciosos. Sus conversaciones (que en vano desdeñan los señores) son muy amenas e instructivas. En lo que a mí se refiere, confieso que prefiero hablar con ellos que con cualquier funcionario de sexta clase que viaja en comisión de servicio.

No es difícil adivinar que poseo amigos entre el honorable gremio de los jefes de posta. Efectivamente, tengo en particular estima la memoria de uno de ellos. Las circunstancias nos hicieron intimar en otro tiempo y acerca de él desearía hablar ahora a mis amables lectores.

En mayo de 1816 viajaba yo por un camino real, hoy inexistente, de la provincia de X. Era entonces un funcionario de baja categoría, utilizaba los servicios de la posta y únicamente tenía derecho a dos caballos. De ahí que me tratasen sin grandes miramientos, y a menudo tenía que lograr en combate lo que, a mi parecer, me correspondía en derecho. Joven y exaltado como era, me indignaba la bajeza y cobardía de los jefes de posta cuando estos cedían para el coche de algún dignatario los últimos caballos, que ya tenían dispuestos para mí. Igualmente me ha costado mucho acostumbrarme a que los siervos entendidos en jerarquías dejaran de servirme algún plato en los banquetes del gobernador. Hoy día, lo uno y lo otro me parece normal. En efecto, ¿qué sería de nosotros si en vez de la regla, cómoda para todos, de «respeta las jerarquías», se implantara otra, por ejemplo, la de «respeta el talento»? ¡Qué de disputas surgirían entonces! Y los criados, ¿a quién servirían primero? Pero volvamos a nuestro relato.

Era un día caluroso. A tres verstas de la posta de X empezó a gotear, y un minuto después una lluvia torrencial me había calado hasta los huesos. Al llegar a la estación, mi primer cuidado fue cambiarme de ropa; el segundo, pedir té.

—¡Eh, Dunia! —gritó el jefe de la posta—. Enciende el samovar y ve a buscar crema.

A estas palabras, una muchacha como de catorce años salió de la pieza vecina y corrió al zaguán. Su belleza me dejó atónito.

—¿Es hija tuya? —pregunté al jefe de la posta.

—Sí —contestó él orgulloso—. ¡Es tan juiciosa y tan lista! El vivo retrato de su difunta madre.

Se puso a anotar en el registro mi hoja de ruta y yo me dediqué a contemplar los cuadros que adornaban su humilde, pero aseada mansión. Representaban la historia del hijo pródigo: en el primero, un anciano respetable, con gorro de dormir y bata, despedía a un inquieto joven, que se apresuraba a recibir su bendición y una bolsa de dinero. En otro, con vivos colores, se daba a conocer la depravada conducta del joven: estaba sentado ante una mesa en compañía de falsos amigos y de impúdicas mujeres. Luego, el joven, ya arruinado, cubierto de andrajos y con sombrero de tres picos, cuidaba unos cerdos, cuya comida compartía; su rostro expresaba profundo pesar y arrepentimiento. Venía, por fin, la vuelta al hogar paterno; el buen anciano, con el mismo gorro y la misma bata, corría a su encuentro; el hijo pródigo estaba postrado de rodillas; en un segundo plano se veía al cocinero, sacrificando un cebado ternerillo, mientras que el primogénito preguntaba a los criados la causa de tanta alegría. Al pie de cada cuadro pude leer unos versos alemanes adecuados al caso. Todo esto se ha conservado en mi memoria hasta la fecha, lo mismo que las macetas de balsamina y la cama con su cortina de chillones colores y los demás objetos que entonces me rodeaban. Veo como si tuviera ante mí al propio dueño de la casa, un cincuentón fuerte y animoso, y su largo levitón verde con tres medallas colgando de unas descoloridas cintas.

Apenas había pagado a mi viejo cochero, cuando Dunia volvía con el samovar. La pequeña coqueta se dio cuenta en seguida de la impresión que me había producido y bajó sus ojos grandes y azules. Nos pusimos a hablar. Ella respondía a mis preguntas sin la menor muestra de timidez, como una muchacha con experiencia mundana. Invité al padre a un vaso de ponche, ofrecí a Dunia una taza de té y los tres nos pusimos a conversar como si fuéramos viejos conocidos.

Los caballos llevaban largo rato enganchados, pero yo no sentía el menor deseo de separarme del jefe de la posta ni de su hija. Me despedí, por fin, de ellos; el padre me deseó buen viaje y la hija me acompañó hasta mi carricoche. En el zaguán me detuve y le pedí permiso para besarla: ella accedió… Muchos besos puedo contar pero ninguno dejó en mí un recuerdo tan duradero y agradable.

Transcurrieron algunos años y las circunstancias me llevaron a aquel mismo camino real y a aquellos mismos lugares. Recordé a la hija del viejo jefe de la posta y me alegró el simple pensamiento de que iba a verla de nuevo. Pero, pensé, quizá el viejo haya sido reemplazado; probablemente Dunia estará casada. La idea de que el padre o la hija podían haber muerto cruzó también por mi mente, y me acerqué a la posta con un triste presentimiento.

Los caballos se detuvieron ante el edificio. Entré en la casa y al instante reconocí los cuadros del hijo pródigo; la mesa y la cama continuaban en los sitios de antes, pero en las ventanas ya no había flores y todo alrededor parecía vetusto y abandonado. El jefe de la posta dormía tapado con su capote: despertado por mi llegada se incorporó... Era el mismo Simeón Virin, pero ¡cómo había envejecido! Mientras registraba mi hoja de ruta, contemplé sus canas, las profundas arrugas de su cara, sin afeitar desde hacía tiempo, su encorvada espalda, y no salía de mi asombro. ¿Cómo tres o cuatro años habían podido convertir a un hombre animoso en un vejestorio?

—¿No me conoces? —le pregunté—. Somos viejos amigos.

—Es posible —me contestó sombrío—. El camino es grande y son muchos los viajeros que han parado en mi casa.

—Y Dunia, ¿sigue bien?

El viejo frunció el ceño.

—Eso Dios lo sabe —contestó.

—¿Se ha casado, no?

El viejo aparentó no haber oído y continuó leyendo a media voz mi hoja de ruta. No hice más preguntas y pedí que calentasen una tetera de agua. La curiosidad empezaba a picarme y abrigaba la esperanza de que el ponche desataría la lengua de mi viejo conocido.

No me equivocaba: el viejo no rechazó el vaso que le ofrecía. Advertí que el ron disipaba su melancolía. El segundo vaso le desató la lengua; me recordó, o aparentó reconocerme, y de sus labios escuché una conmovedora historia que entonces atrajo todo mi interés.

—Así, pues, conoció usted a mi Dunia —comenzó—. ¿Quién no la conocía? ¡Ay, Dunia, Dunia! ¡Qué muchacha era! Nadie pasaba por aquí sin decirle algún cumplido; a todos agradaba, nadie podía decir nada malo de ella. Las señoras le hacían regalos: esta un pañuelo, aquella unos dientes. Los señores se detenían con el pretexto de comer o cenar para poder contemplarla a sus anchas. Hasta los más irascibles se calmaban al verla y hablaban con toda amabilidad conmigo. Créame, señor, los correos se pasaban su buena media hora de charla con ella. Era la que sostenía la casa: para hacer la limpieza, para cocinar, para todo encontraba tiempo. Y yo, viejo estúpido, no me cansaba de mirarla embobado. ¿Es que no la quería, es que no la colmaba de mimos? ¿Acaso le daba mala vida? Pero lo que ha de ocurrir, ocurre; no hay forma de eludir la desgracia.

Y el viejo pasó a relatarme sus desventuras con todo detalle.

Tres años atrás, en un atardecer de invierno, cuando el jefe de la posta estaba rayando un nuevo libro de registro y la muchacha cosía en la habitación contigua, llegó una troika. El viajero, que llevaba gorro circasiano, capote militar y se envolvía el cuello con una bufanda, entró exigiendo caballos. No los había, todos estaban de viaje. Al oírlo, el viajero levantó la voz y la fusta, pero Dunia, habituada a tales escenas, salió presurosa y le preguntó afablemente si quería comer algo. La aparición de la muchacha produjo el efecto de siempre. Se disipó la cólera del viajero, este accedió a esperar los caballos y pidió que le sirvieran la cena. Cuando se hubo despojado del peludo y mojado gorro, de la bufanda y del capote, padre e hija pudieron ver que se trataba de un joven y apuesto húsar, de bigotillo negro. Se instaló en el aposento del jefe de la posta y entabló conversación con él y su hija. Fue servida la cena. Entretanto, habían llegado los caballos y el jefe de la posta dispuso que inmediatamente, sin darles siquiera un pienso, los engancharan en el coche del oficial. Pero al volver encontró al joven tendido en un banco, casi sin conocimiento: se había sentido mal, le dolía la cabeza, le era imposible seguir el viaje… ¡Qué se le iba a hacer! El jefe de la posta cedió su cama al enfermo con el propósito de, si al día siguiente no se encontraba mejor, mandar a la ciudad en busca de un médico.

Al otro día, el húsar se había agravado. Su criado marchó a caballo a la ciudad en busca del médico. Dunia le aplicó unas compresas de vinagre y se sentó con su labor a la cabecera del enfermo. Este, cuando el jefe de la posta entraba a verle, no cesaba de quejarse y apenas hablaba; sin embargo, se tomó dos tazas de café y, entre constantes lamentaciones, pidió que le sirvieran el almuerzo. Dunia no se apartaba de él. A cada instante, el enfermo pedía de beber, y la muchacha le daba un vaso de limonada que había preparado ella misma. El enfermo se humedecía los labios y, cada vez, al devolver el vaso, apretaba con su débil mano, en señal de gratitud, la mano de Dunia. A la hora de comer llegó el médico. Tomó el pulso del enfermo, habló con él en alemán y manifestó en ruso que lo único que necesitaba era reposo y que a los dos o tres días estaría en condiciones de reanudar el viaje. El húsar le pagó veinticinco rublos por la visita y lo invitó a compartir su almuerzo. El médico accedió; comieron con buen apetito, se bebieron una botella de vino y se separaron muy satisfechos el uno del otro.

Pasó otro día y el húsar acabó de reponerse. Se mostraba extraordinariamente alegre, no cesaba de bromear, ya con Dunia, ya con el jefe de la posta, silbaba, charlaba con los viajeros, registraba sus hojas de ruta en el libro, y agradó tanto al buen jefe de la posta que este se sintió apenado cuando, a la mañana del tercer día, tuvo que despedirse de su amable huésped. Era domingo y Dunia se disponía a ir a misa. El coche esperaba ya al húsar, quien se despidió del jefe de la posta, recompensándole generosamente por la estancia y la comida; se despidió también de Dunia y se brindó a llevarla hasta la iglesia, que se encontraba en las afueras de la aldea. Ella parecía indecisa…

—¿Qué temes? —le dijo su padre—. Su señoría no es un lobo y no te va a comer. Da un paseo hasta la iglesia.

Dunia tomó asiento junto al húsar, el criado subió al pescante, el cochero lanzó un silbido y los caballos partieron al galope.

El pobre jefe de la posta no alcanzaba a comprender cómo había permitido que su hija marchara con el húsar, cómo se había cegado, qué había nublado entonces su razón. No había transcurrido media hora cuando se despertó en él tal angustia que, incapaz de seguir esperando, se dirigió a la iglesia. Al acercarse al templo vio que la gente estaba saliendo de misa, pero Dunia no estaba ni en el recinto ni en el atrio. Entró apresuradamente: el sacerdote bajaba del altar; el sacristán apagaba las velas, dos viejas seguían rezando en un rincón; tampoco allí estaba. El infortunado padre apenas si tuvo valor para preguntar al sacristán si su hija había asistido a la misa. El sacristán le contestó negativamente. El jefe de la posta volvió a casa más muerto que vivo. Le quedaba una esperanza: quizá Dunia, con la despreocupación propia de la juventud, hubiera querido seguir hasta la posta siguiente, donde residía su madrina. Con dolorosa inquietud esperaba el regreso de la troika en que había dejado marchar a su hija.

El cochero tardaba en volver. Por fin se presentó al anochecer, solo y borracho, con una noticia terrible:

—Dunia ha seguido adelante con el húsar.

El viejo no pudo soportar la desgracia y se desplomó sobre el mismo lecho que un día antes ocupaba aún el joven seductor. Ahora, dándole vueltas a todas las circunstancias del suceso, cayó en la cuenta de que la enfermedad del húsar había sido fingida. Una fuerte calentura se apoderó de él; lo trasladaron a la ciudad y su puesto fue ocupado interinamente por otro. Le asistió el mismo médico que había atendido al húsar. Le aseguró que el joven estaba entonces completamente sano y que él había sospechado sus siniestras intenciones, aunque calló por miedo a la fusta. No sabemos si el alemán decía verdad o si quería presumir de perspicaz, pero lo cierto es que no llevó el menor consuelo al pobre enfermo. Este, apenas se hubo repuesto de su enfermedad, solicitó de sus superiores dos meses de permiso y, sin hablar a nadie de sus intenciones, se dirigió a pie en busca de su hija. Por el libro de registro de viajeros sabía que el capitán de caballería Minski se dirigía de Smolensk a Petersburgo. El cochero que lo llevó dijo que Dunia había llorado durante todo el trayecto, aunque, al parecer, iba de buen grado.

—Quizá pueda regresar a casa con mi oveja descarriada — se dijo el jefe de posta.

64

Animado por esta idea, llegó a Petersburgo, se alojó en el cuartel del regimiento de Izmáiíov, con un suboficial retirado, viejo compañero de servicio, e inició sus búsquedas. Pronto supo que el capitán Minski estaba en Petersburgo y que residía en la hostería de Demútov. El jefe de posta decidió hacerle una visita.

Por la mañana temprano llegó a la antesala y rogó que se anunciara a su señoría que un viejo soldado deseaba verle. Un asistente, que estaba limpiando unas botas de montar, le hizo saber que el señor dormía y que antes de las once no acostumbraba a recibir a nadie. El jefe de posta se retiró y volvió a la hora señalada. Le abrió la puerta el propio Minski, con batín y bonete rojo.

—¿Qué se te ofrece, amigo? —le preguntó.

El corazón del viejo dio un vuelco, las lágrimas acudieron a sus ojos y se limitó a balbucir con voz temblorosa:

—Señoría... Hágame la merced divina...

Minski le dirigió una rápida mirada, enrojeció, lo tomó del brazo, lo llevó a su despacho y cerró la puerta.

—Señoría —continuó el viejo—, lo pasado, pasado está. Devuélvame, al menos, a mi pobre Dunia. Usted habrá satisfecho ya su capricho, no deje que se pierda en vano.

—Sí, lo que se ha hecho no se puede volver atrás —dijo el joven, sumamente turbado—. Reconozco mi culpa y te ruego que me perdones. Pero no pienses que puedo abandonar a Dunia: será feliz, te doy mi palabra de honor. ¿Para qué quieres llevártela? Me quiere y no podría volver a la vida de antes. Ni tú ni ella serían capaces de olvidar lo ocurrido.

Luego, poniéndole algo en la mano, abrió la puerta y el jefe de posta, sin saber cómo, se encontró en la calle.

Durante largo rato permaneció inmóvil, hasta qué, al fin, abrió la mano y vio en ella unos papeles; se trataba de unos cuantos billetes arrugados de cincuenta rublos. Las lágrimas, esta vez lágrimas de indignación, afluyeron de nuevo a sus ojos. Hizo una pelota con los billetes, los tiró al suelo, los pisoteó y echó a andar... Se alejó unos pasos, se detuvo pensativo... y dio la vuelta... Pero los billetes ya no estaban. Un joven elegantemente vestido, al verle, corrió hacia un coche de punto, subió a él apresuradamente y gritó:

—¡Arrea!

El jefe de posta no hizo nada por seguirle. Había decidido regresar a su casa, pero antes quería ver, siquiera una vez, a su pobre Dunia. Con este objeto volvió dos días después a la casa de Minski. Sin embargo, el asistente le dijo de malos modos que el señor no recibía a nadie y, empujándole fuera de la antesala, le cerró la puerta en sus mismas narices. El viejo permaneció indeciso unos instantes y optó por irse.

Aquel mismo día, por la tarde, caminaba por la avenida Litéinaia después de haber hecho sus oraciones en la iglesia de Nuestra Señora de los Dolores, cuando, de pronto, pasó ante él un elegante coche en el que vio a Minski. El coche se detuvo ante la puerta de una casa de tres pisos, y el húsar se metió en ella. Una idea feliz cruzó por la mente del jefe de posta. Volvió sobre sus pasos y cuando estuvo junto al cochero le preguntó:

—Dime, amigo mío, ¿de quién es este coche? ¿No es de Minski?

—Sí que lo es —contestó el cochero—. ¿Por qué lo preguntas?

—Verás, tu dueño me mandó que llevara una esquela a su Dunia y se me ha olvidado dónde vive.

—Aquí mismo, en el segundo piso. Has llegado tarde con tu esquela, amigo. El capitán está ya con ella.

—No importa —dijo el jefe de la posta, cuyo corazón empezó a latir violentamente—. Gracias por el favor, pero, de todas maneras, cumpliré el encargo.

Y dichas estas palabras, se dirigió a la escalera.

La puerta estaba cerrada; llamó y esperó angustiado unos segundos. Rechinó la llave en la cerradura y le abrieron.

—¿Vive aquí Avdotia Simeonóvna? —preguntó.

—Sí —contestó una joven doncella—. ¿Qué deseas?

Él entró en el recibimiento sin contestar a la pregunta.

—¿Qué hace usted? ¿A dónde va? —gritó la doncella a sus espaldas—. Avdotia Simeonóvna tiene visita.

Pero el jefe de la posta siguió adelante, sin escucharla. Las dos primeras habitaciones estaban a oscuras; en la tercera había luz. El viejo se acercó a la puerta entreabierta y se detuvo. En la estancia, excelentemente amueblada, se encontraba Minski, sentado en un sillón, en actitud pensativa. Dunia, vestida con todo el lujo de la última moda, descansaba en uno de los brazos del mueble, como una amazona en su silla inglesa, y contemplaba tiernamente a Minski, cuyos negros rizos enrollaba en sus dedos deslumbrantes de joyas. ¡Pobre jefe de posta! ¡Jamás le había parecido su hija tan bella! Sin él mismo darse cuenta, se quedó admirándola.

—¿Quién está ahí? —preguntó ella sin levantar la cabeza.

El viejo callaba. Al no tener respuesta, Dunia levantó la vista... y lanzando un grito, se desplomó sobre la alfombra. Minski, asustado, acudió a levantarla. Al ver en la puerta al anciano jefe de posta, dejó a Dunia y se acercó a él, temblando de cólera.

—¿Qué es lo que quieres? —le dijo, apretando los dientes—. ¿Por qué me sigues furtivamente a todas partes como un bandido? ¿O es que quieres degollarme? ¡Largo de aquí! — y agarrando con fuerza al viejo por las solapas, lo sacó a empellones a la escalera.

El viejo volvió a su alojamiento. Su amigo le aconsejó que denunciara el caso a las autoridades, pero el jefe de posta, después de pensarlo, decidió abandonarlo todo a su suerte. Dos días más tarde salía de Petersburgo y regresaba a su estación de posta, donde reanudó sus actividades.

—Ya va para tres años —concluyó— que vivo sin Dunia y sin saber nada de ella. ¿Vive? ¿Ha muerto? Solo Dios lo sabe. Todo puede ocurrir. No fue la primera ni será la última en dejarse seducir por un galán de paso, que hoy la hace su amante y mañana la abandona. En Petersburgo abundan esas jovenzuelas tontas, que hoy van vestidas de raso y terciopelo y mañana pasearán por las calles con los descamisados de las tabernas. Cuando pienso que Dunia puede correr la misma suerte, incurro sin darme cuenta en un pecado y desearía verla muerta...

Tal fue el relato de mi amigo, el viejo jefe de la posta, relato interrumpido sin cesar por las lágrimas que él se secaba pintorescamente con el faldón del capote, como el solícito Teréntich en la encantadora balada de Dmítriev. Estas lágrimas eran motivadas en parte por el ponche, del que en el transcurso de su narración se había metido cinco vasos entre pecho y espalda; mas, sea como fuere, me conmovieron profundamente. Después de separarnos pasé mucho tiempo sin poder olvidar al viejo jefe de la posta, pensando en la pobre Dunia.

Hace poco, al pasar por el lugarejo de X, me acordé de mi amigo; supe que la posta que él gobernaba había sido suprimida. A mi pregunta de si él vivía, nadie supo darme respuesta satisfactoria. Decidí visitar aquellos parajes que ya conocía, alquilé un coche y me dirigí a la aldea de N.

Esto sucedió en otoño. Unas nubes grisáceas cubrían el cielo; un viento frío venía de los rastrojos, llevándose las hojas encarnadas y amarillas de los árboles que encontraba a su paso. Llegué a la aldea cuando el sol se estaba poniendo y me detuve ante la casita de la posta. En el zaguán (donde un día me había besado la pobre Dunia) me recibió una mujer gorda y a mis preguntas respondió que mi viejo amigo había muerto hacía un año y que la casa había sido ocupado por un fabricante de cerveza. Ella era la mujer del cervecero. Lamenté mi inútil viaje y los siete rublos gastados en vano.

—¿De qué murió? —pregunté a la mujer del cervecero.

—De tanto beber —contestó ella.

—¿Dónde está enterrado?

—En las afueras del pueblo, junto a la tumba de su mujer.

—¿Podría acompañarme alguien a su tumba?

—¿Por qué no? ¡Eh, Vanka! Deja de jugar con el gato. Acompaña al señor al cementerio y dile dónde está la tumba del jefe de la posta.

Un chicuelo harapiento, pelirrojo y tuerto, corrió hacia mí y me condujo a las afueras del pueblo.

—¿Conocías al difunto? —le pregunté por el camino.

—¡Claro que lo conocía! Me enseñó a hacer flautas de caña. A veces (que Dios lo tenga en su gloria) lo seguíamos cuando salía de la taberna, gritando: «¡Abuelo, abuelo, danos nueces!», y él nos las daba. Todo el tiempo se lo pasaba con nosotros.

—Y los viajeros, ¿lo recuerdan?

—Son muy pocos ahora. A veces se deja caer por aquí el juez, pero a ese le preocupan poco los muertos. Este verano sí que pasó una señora, preguntó por el viejo jefe de la posta y acudió a su tumba.

—¿Qué señora? —pregunté, picado por la curiosidad.

—Una señora muy guapa —contestó el chicuelo—. Viajaba en un coche tirado por seis caballos, con tres niños, un ama de cría y un perrito negro. Cuando le dijeron que el viejo jefe de la posta había muerto, se echó a llorar y les dijo a los niños: «No se muevan de aquí mientras voy al cementerio.» Me ofrecí a acompañarla, pero ella dijo: «Conozco el camino.» Y me dio cinco kopeks. Era una señora muy buena...

Llegamos al cementerio, un campo sin tapia alguna, sembrado de cruces de madera, al que no daba sombra ni un solo árbol. Jamás había visto un cementerio tan triste.

—Esta es la tumba del viejo jefe de la posta —me dijo el chicuelo, saltando a un montón de tierra en el que habían clavado una cruz negra con un Cristo de cobre.

—¿Y la señora vino aquí? —pregunté.

—Sí — me contestó Vanka—. Yo la estuve mirando desde lejos. Se echó al suelo y estuvo tendida mucho rato. Luego volvió al pueblo, llamó al pope, le dio dinero y se marchó. Y a mí me regaló cinco kopeks. ¡Una señora magnífica!

También yo le di al chiquillo cinco kopeks y no me importaron el viaje ni los siete rublos que me había costado.

NICOLAI GOGOL[2]

---

[2] Nikolái Vasílievich Gógol. Escritor ruso. Nacimiento: 1 de abril de 1809, Velyki Sorochyntsi, Ucrania. Fallecimiento: 4 de marzo de 1852, Moscú, Rusia. Obras destacadas: Almas Muertas, El Matrimonio, El Abrigo, La nariz, Diario de un loco y la Terrible venganza.

LA NARIZ

I

En marzo, el día 25, sucedió en San Petersburgo un hecho de lo más insólito. El barbero Iván Yákovlevich, domiciliado en la Avenida Voznesenski (su apellido no ha llegado hasta nosotros y ni siquiera figura en el rótulo de la barbería, donde sólo aparece un caballero con la cara enjabonada y el aviso de «También se hacen sangrías»), el barbero Iván Yákovlevich se despertó bastante temprano y notó que olía a pan caliente. Al incorporarse un poco en el lecho vio que su esposa, señora muy respetable y gran amante del café, estaba sacando del horno unos panecillos recién cocidos.

—Hoy no tomaré café, Praskovia Osipovna —anunció Iván Yákovlevich—. Lo que sí me apetece es un panecillo caliente con cebolla.

(La verdad es que a Iván Yákovlevich le apetecían ambas cosas, pero sabía que era totalmente imposible pedir las dos a la vez, pues a Praskovia Osipovna no le gustaban nada tales caprichos.) «Que coma pan, el muy estúpido. Mejor para mí: así sobrará una taza de café», pensó la esposa. Y arrojó un panecillo sobre la mesa.

Por aquello del decoro, Iván Yákovlevich endosó su frac encima del camisón de dormir, se sentó a la mesa provisto de sal y dos cebollas, empuñó un cuchillo y se puso a cortar el panecillo con aire solemne. Cuando lo hubo cortado en dos se fijó en una de las mitades y, muy sorprendido, descubrió un cuerpo blanquecino entre la miga. Iván Yákovlevich lo tanteó con cuidado, valiéndose del cuchillo, y lo palpó. «¡Está duro! —se dijo para sus adentros—. ¿Qué podrá ser?»

Metió dos dedos y sacó... ¡una nariz! Iván Yákovlevich estaba pasmado. Se restregó los ojos, volvió a palpar aquel objeto: nada, que era una nariz. ¡Una nariz! Y, además, parecía ser la de algún conocido. El horror se pintó en el rostro de Iván Yákovlevich. Sin embargo, aquel horror no era nada, comparado con la indignación que se adueñó de su esposa.

—¿Dónde has cortado esa nariz, so fiera? —gritó con ira—. ¡Bribón! ¡Borracho! Yo misma daré parte de ti a la policía. ¡Habrase visto, el bribón! Claro, así he oído yo quejarse ya a tres parroquianos. Dicen que, cuando los afeitas, les pegas tales tirones de narices que ni saben cómo no te quedas con ellas entre los dedos.

Mientras tanto, Iván Yákovlevich parecía más muerto que vivo. Acababa de darse cuenta de que aquella nariz era nada menos que la del asesor colegiado Kovaliov, a quien afeitaba los miércoles y los domingos.

—¡Espera, Praskovia Osipovna! Voy a dejarla de momento en un rincón, envuelta en un trapo, y luego me la llevaré.

—¡Ni hablar! ¡Enseguida voy a consentir yo una nariz cortada en mi habitación!... ¡Esperpento! Como no sabe más que darle correa a la navaja para suavizarla, pronto será incapaz de cumplir con su cometido. ¡Estúpido! ¿Crees que voy a cargar yo con la responsabilidad cuando venga la policía? ¡Fuera esa nariz! ¡Fuera! ¡Llévatela adonde quieras! ¡Que no vuelva yo a saber nada de ella!

Iván Yákovlevich seguía allí como petrificado, pensando y venga a pensar, sin que se le ocurriera nada.

—El demonio sabrá cómo ha podido suceder esto —dijo finalmente, rascándose detrás de una oreja—. ¿Volví yo borracho anoche, o volví fresco? No podría decirlo a ciencia cierta. Ahora bien, según todos los indicios, éste debe ser un asunto enrevesado, ya que el pan es una cosa y otra cosa muy distinta es una nariz. ¡Nada, que no lo entiendo!

Iván Yákovlevich enmudeció, a punto de desmayarse ante la idea de que la policía llegase a encontrar la nariz en su poder y lo empapelara.

Le parecía estar viendo ya el cuello rojo del uniforme, todo bordado en plata, la espada... y temblaba de pies a cabeza. Finalmente, agarró la ropa y las botas, se puso todos aquellos pingos y, acompañado por las desabridas reconvenciones de Praskovia Osipovna, se echó a la calle llevando la nariz envuelta en un trapo.

Tenía la intención de deshacerse del envoltorio en cualquier parte, tirándolo tras el guardacantón de una puerta cochera o dejándolo caer como inadvertidamente y torcer luego por la primera bocacalle. Lo malo era que, en el preciso momento, se cruzaba con algún conocido, que enseguida empezaba a preguntarle:

«¿A dónde vas?, o ¿a quién vas a afeitar tan temprano?», de manera que a Iván Yákovlevich se le escapaba la ocasión propicia. Una vez consiguió dejarlo caer, pero un guardia urbano le hizo señas desde lejos con su alabarda al tiempo que le advertía: «¡Eh! Algo se te ha caído. Recógelo». De modo que Iván Yákovlevich tuvo que recoger la nariz y guardársela en el bolsillo.

Lo embargaba la desesperación, sobre todo porque el número de transeúntes se multiplicaba sin cesar, a medida que se abrían los comercios y los puestos.

Tomó la decisión de llegarse al puente Isákievski, por si conseguía arrojar la nariz al río Neva... Pero, a todo esto, he de pedir disculpas por no haber dicho hasta ahora nada acerca de Iván Yákovlevich, persona honorable bajo muchos conceptos.

Como todo menestral ruso que se respete, Iván Yákovlevich era un borracho empedernido. Y aunque a diario afeitaba mentones ajenos, el suyo estaba eternamente sin rapar. El frac de Iván Yákovlevich (porque Iván Yákovlevich jamás usaba levita) ostentaba tantos lamparones parduzcos y grises que, a pesar de ser negro, parecía hecho de tela estampada; además tenía el cuello lustroso de mugre y unas hilachas en el lugar de tres botones. Iván Yákovlevich era un gran cínico. El asesor colegiado Kovaliov solía decirle mientras lo afeitaba: «Siempre te apestan las manos, Iván Yákovlevich.» A lo que Iván Yákovlevich contestaba preguntando a su vez: «¿Y por qué han de apestarme?» El asesor colegiado insistía: «No lo sé, hombre; pero te apestan.» Por lo cual, y después de aspirar una toma de rapé, Iván Yákovlevich le aplicaba el jabón a grandes brochazos en las mejillas, debajo de la nariz, detrás de las orejas, en el cuello... Donde se le antojaba, vamos.

Nuestro respetable ciudadano se encontraba ya en el puente de Isákievski. Empezó por mirar a su alrededor, luego se asomó por encima del pretil como para ver si había muchos peces debajo del puente y arrojó disimuladamente el trapo con la nariz. Notó como si le hubieran quitado de golpe diez puds de encima: incluso esbozó una sonrisita socarrona. Y entonces, cuando en vez de marcharse a rapar mentones oficinescos se dirigía a tomar un vaso de ponche en cierto establecimiento cuyo rótulo decía «Comidas y té», divisó de pronto al final del puente a un guardia de gallarda apostura y frondosas patillas con su tricornio y su espada. Se quedó frío: el guardia lo llamaba con un dedo y decía:

—Ven para acá, hombre.

Conocedor de las ordenanzas, Iván Yákovlevich se quitó el gorro desde lejos y obedeció a toda prisa con estas palabras:

—¡Salud tenga usía!

—Deja, hombre, déjate de usías y explícame lo que estabas haciendo ahí en el puente.

—Por Dios le juro, señor, que iba a afeitar a un parroquiano y sólo me detuve a mirar si llevaba mucha agua el río.

—¡Mentira! Estás mintiendo. Pero, no te ha de valer. Haz el favor de contestar.

—Estoy dispuesto a afeitar a vuestra merced dos veces por semana, o incluso tres, sin rechistar —contestó Iván Yákovlevich.

—¡Quiá! Déjate de bobadas, amigo. A mí me afeitan ya tres barberos, y lo tienen a mucha honra. Conque haz el favor de contarme lo que estabas haciendo allí.

Iván Yákovlevich se puso lívido... Pero el suceso queda a partir de aquí totalmente envuelto en brumas y no se sabe nada en absoluto de lo ocurrido después.

II

El asesor colegiado Kovaliov se despertó bastante temprano y resopló —«brrr...»—, cosa que hacía siempre al despertarse, aunque ni él mismo habría podido explicar por qué razón. Kovaliov se desperezó y pidió un espejo pequeño que había encima de la mesa. Quería verse un granito que le había salido la noche anterior en la nariz. Y entonces, para gran asombro suyo, en el lugar de su nariz descubrió una superficie totalmente lisa. Mandó que le trajeran agua y se frotó los ojos con una toalla húmeda: ¡nada, que no estaba la nariz! Comenzó a palparse, preguntándose si estaría dormido. Pero, no; no era una figuración. El asesor colegiado Kovaliov se tiró precipitadamente de la cama, sacudiendo la cabeza con preocupación: ¡no tenía nariz! Pidió su ropa al instante y partió como una flecha a ver al jefe de policía.

A todo esto, bueno sería decir unas palabras acerca de Kovaliov para poner al lector en antecedentes del rango de nuestro asesor colegiado. Los asesores colegiados que han obtenido su título mediante estudios respaldados por certificaciones científicas no pueden ser comparados en modo alguno con aquellos que se han firmado en el Cáucaso. Son dos categorías enteramente distintas. Los asesores colegiados... Pero, Rusia es un país tan peregrino que basta decir algo acerca de un asesor colegiado para que, desde Riga hasta Kamchatka, se den por aludidos todos cuantos poseen igual título... Y lo mismo sucede con todos los demás títulos o grados. Kovaliov era asesor colegiado del Cáucaso. Sólo hacía dos años que ostentaba el título, hecho que no se permitía olvidar ni por un instante. De manera que, para darse más prestancia y fuste, nunca se presentaba como asesor colegiado sino como mayor. «Oye, guapa, pásate por mi casa —solía decir al cruzarse en la calle con alguna vendedora de pecheras almidonadas—. Está en la calle Sadóvaya. Con que preguntes dónde vive el mayor Kovaliov, cualquiera te lo dirá.» Y si se encontraba con una de buen palmito, precisaba confidencialmente: «Pregunta por el piso del mayor Kovaliov, ¿eh, preciosa?» Por eso mismo, también nosotros llamaremos mayor a este asesor colegiado.

El mayor Kovaliov tenía el hábito de pasear todos los días por la Avenida Nevski. Llevaba siempre el cuello de la pechera muy limpio y almidonado. Sus patillas eran como las que todavía usan los agrimensores provinciales y comarcales, los arquitectos y los médicos de regimiento, igual que los funcionarios de policía y, en general, todos esos caballeros de mejillas rubicundas y sonrosadas que suelen jugar muy bien al boston: son unas patillas que bajan hasta media cara y llegan en línea recta a la misma nariz. El mayor Kovaliov lucía multitud de dijes, unos de cornalina, otros con escudos labrados y también de los que llevan grabadas las palabras miércoles, jueves, lunes, etc. El mayor Kovaliov había viajado a San Petersburgo para ciertos menesteres consistentes en buscar un acomodo a tenor con su rango: un nombramiento de vicegobernador, si lo conseguía, o, en todo caso, el de ejecutor en algún Departamento de fuste. El mayor Kovaliov tampoco estaba en contra de casarse, pero sólo en el caso de que acompañara a la novia un capital de doscientos mil rublos. Por todo lo cual podrá comprender ahora el lector el estado de ánimo de este mayor al descubrir un estúpido espacio plano y liso en lugar de su nariz, que no era nada fea ni desproporcionada.

Para colmo de males, no aparecía ni un solo coche de punto por la calle, y el mayor tuvo que caminar a pie, embozado en su capa y cubriéndose la cara con un pañuelo como si fuera sangrando. «Pero, bueno, ¿no será esto una figuración mía? Es imposible que una nariz se extravíe así, estúpidamente», pensó, y entró en una pastelería, con el solo fin de mirarse al espejo. Por fortuna, no había parroquianos en el establecimiento. Unos chicuelos barrían el local y ordenaban los asientos mientras otros, con ojos de sueño, sacaban bandejas de pastelillos recién hechos; sobre las mesas y las sillas andaban tirados periódicos de la víspera manchados de café. «¡Menos mal que no hay nadie! —se dijo Kovaliov—. Ahora podré mirarme.» Se acercó tímidamente al espejo y miró. «Pero, ¿qué demonios de porquería es ésta? —profirió soltando un salivazo—. ¡Si por lo menos hubiera algo en lugar de la nariz!... ¡Pero, es que no hay nada!»

Salió de la pastelería mordiéndose los labios de rabia y, en contra de sus hábitos, decidió no mirar ni sonreír a nadie. De pronto, se detuvo atónito a la entrada de una casa. Ante sus ojos se produjo un fenómeno inexplicable: un carruaje paró al pie de la puerta principal y, cuando se abrió la portezuela, saltó a tierra, ligeramente encorvado, un caballero de uniforme que subió con presteza la escalinata. Cuál no sería el sobresalto, y al mismo tiempo la estupefacción de Kovaliov al reconocer a su propia nariz. A la vista de semejante portento, le pareció que todo daba vueltas a su alrededor. Notó que apenas podía tenerse en pie y, sin embargo, decidió, aunque tiritando como si tuviera fiebre, aguardar a toda costa a que volviera a subir al coche. Efectivamente, a los dos minutos salió la nariz. Vestía uniforme bordado en oro, de cuello alto, y pantalón de gamuza y llevaba la espada al costado. El penacho del tricornio indicaba que poseía el rango de consejero de Estado. Según todas las apariencias, estaba haciendo visitas. Miró a un lado y a otro, llamó de un grito al cochero, subió al carruaje y partió.

El pobre Kovaliov estuvo a punto de volverse loco.

No sabía ni qué pensar de tan extraño suceso. En efecto, ¿cómo podía vestir uniforme una nariz que, la víspera sin ir más lejos, se encontraba en mitad de su cara y no era capaz de desplazarse, ni en carruaje ni a pie, por sí sola? Corrió en pos del vehículo que, felizmente, pronto se detuvo ante la iglesia de Nuestra Señora de Kazán.

Kovaliov corrió hacia el templo, abriéndose paso entre las filas de viejas mendigas —entrapajadas hasta el extremo de que sólo quedaban dos orificios para los ojos— de las que tanto se burlaba antes, y penetró en la iglesia. Había pocos fieles y casi todos se habían quedado cerca de la puerta. Kovaliov se hallaba en tal estado de consternación que ni siquiera tenía ánimos para rezar, y buscaba con los ojos a aquel caballero por todos los rincones. Al fin lo descubrió, un poco apartado. La nariz tenía el rostro totalmente oculto por el gran cuello alto y oraba con extraordinaria devoción.

«¿Cómo lo abordaría? —se preguntó Kovaliov—. A la vista está, por el uniforme, por el tricornio, que se trata de un consejero de Estado. El demonio sabrá...»

Carraspeó varias veces cerca de la nariz, que no abandonaba ni por un instante su devota actitud ni cesaba en sus genuflexiones.

—Caballero... —dijo Kovaliov, haciendo un esfuerzo para darse ánimos—. Caballero...

—¿Qué se le ofrece? —preguntó la nariz volviendo la cara.

—Estoy extrañado, caballero... Me parece... Debería usted saber cuál es su sitio. De repente lo encuentro a usted... ¿Y dónde le encuentro? En una iglesia. Habrá de convenir que...

—Perdone usted, pero no logro entender lo que tiene usted a bien decirme. Explíquese.

«¿Cómo voy a explicarme?» —pensó Kovaliov—, y luego, sacando fuerzas de flaqueza, comenzó:

—Claro que yo... Por cierto, he de decirle que soy mayor y eso de andar por ahí sin nariz, como usted comprenderá, es indecoroso. Sin nariz podría pasar cualquiera de esas vendedoras de naranjas peladas del puente de Voskresenski; pero yo, que aspiro a obtener..., habiendo sido presentado en muchas casas donde hay damas como la señora

Chejtariova, esposa de un consejero de Estado, y otras muchas... Hágase usted cargo... Yo no sé, caballero... —al llegar aquí, el mayor Kovaliov se encogió de hombros—. Usted perdone, pero considerando todo esto desde el punto de vista de las normas del deber y del honor..., usted mismo comprenderá...

—Pues no. No comprendo absolutamente nada —contestó la nariz—. Hable de modo más explícito.

—Caballero... —replicó Kovaliov con aire muy digno—, no acierto a interpretar sus palabras... Me parece que el asunto está bien claro. ¡O pretende usted... ¡Pero si usted es mi propia nariz!

La nariz consideró al mayor y frunció un poco el ceño.

—Está usted en un error, caballero. Yo soy yo, además, que entre nosotros no puede haber la menor relación directa, pues a juzgar por los botones de su uniforme, usted pertenece a otro departamento que yo.

Dicho esto, la nariz volvió la cabeza y prosiguió sus oraciones.

Totalmente confuso, Kovaliov se quedó sin saber qué hacer y ni siquiera qué pensar. En esto se escuchó el encantador rumor de unas vestiduras femeninas. Llegaba una señora de cierta edad, toda encajes, y con ella otra, muy esbelta, con un vestido blanco que dibujaba a la perfección su fina silueta y un sombrero de paja ligero como un pastel.

Un lacayo alto, con frondosas patillas y una buena docena de esclavinas en la librea, se situó detrás de ellas y abrió una tabaquera.

Kovaliov se acercó un poco, estiró el cuello de batista de su pechera, retocó los dijes colgantes de la cadena de oro y, sonriendo a un lado y a otro, fijó su atención en la etérea dama que se inclinaba levemente, parecida a una florecilla de primavera, y elevaba hacia la frente su breve mano blanca de dedos traslúcidos. La sonrisa de Kovaliov se acentuó cuando divisó, bajo el sombrero, su mentón redondo, deslumbrante de blancura, y parte de la mejilla teñida por el color de la primera rosa primaveral. Pero de pronto pegó un respingo como si se hubiera quemado con algo. Recordó que no tenía absolutamente nada en lugar de nariz y se le saltaron las lágrimas. Dio media vuelta con objeto de tildar sin rodeos de farsante y miserable al señor del uniforme, para decirle que no era ni por asomo consejero de Estado, sino única y exclusivamente su propia nariz... Pero ya no estaba allí la nariz. Se conoce que, entre tanto, había salido disparada para continuar sus visitas.

Esta circunstancia sumió a Kovaliov en la desesperación. Salió de la iglesia y se detuvo un instante bajo el pórtico, escudriñando hacia todas partes por si divisaba en algún sitio a su nariz. Recordaba muy bien que llevaba tricornio con penacho y uniforme bordado en oro, pero no se había fijado en el capote, ni en el color del carruaje, ni en los caballos y ni siquiera en si llevaba lacayo detrás y cómo era su librea. Con la particularidad de que habría sido difícil identificar aquel carruaje entre tantos, como circulaban en uno y otro sentido a toda velocidad. Además, aunque lo hubiese identificado, no tenía a su alcance ningún medio para hacerlo detenerse. Hacía un día espléndido y soleado. La Avenida Nevski era un hormiguero de gente. Desde el puente de Politséiski hasta el de Anichkin cubría las aceras una policroma cascada femenina. Kovaliov divisó también a un consejero de la Corte conocido suyo a quien siempre daba el tratamiento de teniente coronel, especialmente si se hallaban ante extraños. Luego vio a Yariguin, jefe de negociado en el Senado, gran amigo suyo, que siempre era pillado en renuncio al boston cuando jugaba el ocho. Y otro mayor, con asesoría del Cáucaso, que agitaba una mano llamándolo...

—¡Maldita sea! —masculló Kovaliov—. ¡Eh, cochero! ¡A la prefectura de policía!

Kovaliov subió al vehículo y se pasó todo el trayecto gritándole al cochero: «¡arrea, hombre, arrea!»

—¿Está en su despacho el señor prefecto? —preguntó a voz en cuello al penetrar en el vestíbulo.

—No, señor —contestó el conserje—. Acaba de salir.

—¡Ésta sí que es buena!

—Y no hace mucho que salió, por cierto —añadió el conserje—. Con haber llegado un momento antes, quizá lo hubiera encontrado.

Sin apartar el pañuelo de su rostro, Kovaliov regresó al coche de alquiler y ordenó con acento desesperado:

—¡Tira!

—¿Hacia dónde? —inquirió el cochero.

—Derecho.

—¡Derecho! ¡Pero, si estamos en un cruce! A la derecha o a la izquierda?

Esta pregunta dejó cortado a Kovaliov y lo obligó a reflexionar de nuevo. En su situación, lo lógico era acudir, antes que nada, a la Dirección de Seguridad, y no por su relación directa con la policía, sino porque sus disposiciones podían ser mucho más expeditas que las de otras instancias. En cuanto a buscar justicia recurriendo a las autoridades superiores del Departamento al que dijo pertenecer la nariz, no tenía sentido, pues de las propias respuestas de la nariz se podía colegir que no había nada sagrado para aquel sujeto y era muy capaz de mentir en esa circunstancia, lo mismo que había mentido al afirmar que nunca se habían visto. De modo que Kovaliov iba a ordenar ya al cochero que lo condujera a la Dirección de Seguridad, cuando de nuevo lo asaltó la idea de que aquel redomado bribón, que con tanta desfachatez se había comportado durante la primera entrevista, podía muy bien aprovechar el tiempo para escabullirse de la ciudad y todas las pesquisas serían entonces inútiles o podían durar un mes entero si Dios no ponía remedio. Finalmente, como si el cielo lo iluminara, decidió personarse en la oficina de publicidad para que apareciera en los periódicos, sin pérdida de tiempo, un anuncio con la descripción detallada de todas las señas, de manera que cuantos se encontraran con él pudieran conducirlo, acto seguido, a su presencia o, por lo menos, darle a conocer su paradero. Nada más tomar esta decisión, ordenó al cochero que lo llevara a la oficina de publicidad, y fue todo el trayecto aporreándole la espalda con el puño, repitiendo: «¡Date prisa, miserable! ¡Date prisa, bribón!» A lo que el cochero sólo contestaba: «¡Ay, señorito!...», sacudiendo la cabeza y arreando con las riendas a su caballo, tan peludo como un perro de lanas. El carruaje se detuvo al fin, y Kovaliov irrumpió todo jadeante en una oficina de reducidas dimensiones. Detrás de una mesa, un empleado canoso y con gafas, que vestía un viejo frac, recontaba las monedas que había cobrado, manteniendo la pluma entre los dientes.

—¿Quién recibe aquí los anuncios? —preguntó Kovaliov en un grito—. ¡Ah! Buenos días.

—Muy buenos los tenga usted —contestó el empleado canoso alzando un momento los ojos y volviendo a posarlos en el dinero que contaba.

—Desearía insertar...

—Perdone. Le ruego que aguarde un instante —profirió el empleado anotando un número en un papel al tiempo que pasaba dos bolas de ábaco con la mano izquierda.

Un lacayo de casa grande, a juzgar por su empaque y por su librea galonada, esperaba junto a la mesa con una nota en la mano y consideró oportuno patentizar su urbanidad:

—Le aseguro, caballero, que el perrillo no vale ochenta kopecs. Es más: yo no daría ni cuatro por él. Pero la Condesa le tiene cariño; sí, le tiene cariño, y ya ve usted: ¡cien rublos a quien lo encuentre! Si hemos de hablar con propiedad, así, como estamos aquí usted y yo, hay personas que tienen gustos disparatados. Puestos a tener un perro, que sea uno de muestra, o un maltés. Y entonces, no hay que reparar en quinientos rublos; ni siquiera en mil, con tal de que sea lo que se dice todo un perro.

El respetable empleado escuchaba todo aquello con aire entendido, aunque sin dejar por eso de calcular las letras del anuncio que le habían entregado. Alrededor se apretujaban viejucas, dependientes de comercio y porteros; todos con alguna nota en la mano. Una era ofreciendo los servicios de un cochero de conducta sobria; otra un carruaje en buen uso, traído de París el año 1814, y otra más una moza de diecinueve años, sabiendo lavar y planchar, así como otras faenas... Se vendía una calesa resistente, aunque le faltaba una ballesta, un joven y brioso caballo rodado de diecisiete años, simientes de nabo y rábano recién recibidas de Londres, una casa de campo con todas sus dependencias, dos cuadras para caballos y un terreno donde se podía plantar un magnífico soto de abedules o abetos... También había un aviso para quienes desearan adquirir suelas usadas, invitándolos a la reventa que se efectuaba diariamente de ocho a tres. El cuarto donde se hacinaba toda aquella gente era pequeño y la atmósfera estaba sumamente cargada; pero el asesor colegiado no podía percibir el olor porque se cubría la cara con el pañuelo y porque su nariz se encontraba Dios sabía dónde.

—Permítame preguntarle, señor mío... Es muy urgente, —pronunció al fin con impaciencia.

—Ahora mismo, ahora mismo... Son dos rublos con cuarenta y tres kopecs. Enseguida lo atiendo. Un rublo con sesenta y cuatro kopecs —decía el empleado canoso arrojándoles a viejucas y porteros sus respectivos recibos a la cara—. ¿Deseaba usted? —preguntó al fin dirigiéndose a Kovaliov.

—Pues, quisiera... —contestó Kovaliov—. He sido víctima de una extorsión o de una superchería..., no podría decirlo a ciencia cierta hasta este momento... Sólo quisiera anunciar que quien me traiga a ese canalla será cumplidamente recompensado.

—¿Su apellido, por favor?

—¿Mi apellido? ¡No! ¿Para qué? No puedo decirlo. ¡Con tantas amistades como tengo! La señora Chejtariova, esposa de un consejero de Estado... Palagueia Grigórievna Podtóchina, casada con un oficial superior... ¿Y si se enteraran de pronto? ¡Dios me libre! Puede usted poner, sencillamente, un asesor colegiado o, mejor todavía, un caballero con el grado de mayor.

—Y el que se le ha escapado, ¿era siervo suyo?

—¿Quién habla de un siervo? Eso no sería una granujada muy grande. Lo que se me ha escapado es... la nariz...

—¡Jum! ¡Qué apellido tan raro! ¿Y le ha estafado mucho ese señor?

—No me ha entendido usted. Cuando digo nariz, no me refiero a un apellido, sino a mi propia nariz, que ha desaparecido sin dejar rastro. ¡Alguna jugarreta del demonio!

—Pero, ¿de qué modo ha desaparecido? No acabo de hacerme cargo.

—Tampoco podría decir yo de qué modo ha desaparecido; pero lo esencial es que ahora anda de un lado para otro por la ciudad y se hace pasar por consejero de Estado. Por eso le ruego poner el anuncio: para que quien le eche mano me la traiga inmediatamente, sin dilación alguna. Hágase usted cargo: ¿cómo me las voy a arreglar sin un apéndice tan visible? Porque no se trata de un simple meñique del pie, por ejemplo, que va metido dentro de la bota y nadie advierte su falta. Yo suelo ir los jueves a casa de la señora Chejtariova, esposa de un consejero de Estado. También me distinguen con su amistad Palagueia Grigórievna Podtóchina, casada con un oficial de Estado Mayor, y su hija, que es un encanto. Conque, dígame usted qué hago yo ahora. No puedo presentarme a ellas de ninguna manera.

El empleado se puso a cavilar, lo que podía colegirse por el modo de apretar los labios.

—Pues, no. No puedo insertar ese anuncio —dictaminó al fin, después de un largo silencio.

—¿Cómo? ¿Por qué no?

—Porque podría desprestigiar a un periódico. Si ahora se pone a escribir la gente que se le ha escapado la nariz, pues… Demasiado se murmura ya de que publicamos muchos disparates y bulos.

—¿Y por qué es esto un disparate? Me parece que no tiene nada de particular.

—Eso se lo parece a usted. Bueno, pues mire: la semana pasada ocurrió algo por el estilo. Se presentó un funcionario, de la misma manera que se ha presentado usted ahora, con una nota que le salió por dos rublos y setenta y tres kopecs, anunciando en todo y por todo que se había escapado un perro de aguas de pelo negro. Al parecer, nada de particular, ¿verdad? Pues resultó un embrollo: se trata del cajero de no recuerdo qué establecimiento.

—Pero el anuncio que yo le traigo no se refiere a ningún perro, sino a mi propia nariz, cosa que equivale casi a mi propia persona.

—No. Yo no puedo insertar en modo alguno un anuncio así.

—Pero, ¡si es verdad que se ha extraviado mi nariz!

—Entonces, eso es cosa de los médicos. Los hay, según cuentan, que son capaces de ponerle a la gente la nariz que quiera. Pero, estoy viendo que es usted un hombre de buen humor y amigo de gastar bromas.

—¡Por Dios santo, le juro que es verdad! En fin, si hasta aquí hemos llegado, ahora verá usted mismo…

—¿Para qué se va a molestar? —protestó el empleado tomando un poco de rapé—. Aunque, si no le hace extorsión —añadió, picado ya por la curiosidad—, me gustaría verlo.

El asesor colegiado retiró el pañuelo de su rostro.

—Es rarísimo, efectivamente —opinó el empleado—. Tiene el sitio de la nariz tan liso como la palma de la mano. Sí, sí, increíblemente liso...

—¿Seguirá discutiendo ahora? Ya lo está viendo: no hay más remedio que publicarlo. Le quedaré especialmente agradecido, y celebro que este suceso me haya proporcionado el placer de conocerle...

Como puede verse, el mayor llegó incluso a rebajarse un poco en esta ocasión.

—Claro que publicarlo no cuesta ningún trabajo —dijo el empleado—, aunque no veo que saque provecho alguno de ello. Si tanto interés tiene, cuéntele el caso a alguien que tenga la pluma fácil para que lo describa como un fenómeno de la naturaleza y lo publique en *La abeja del Norte* —aquí sorbió otro poco de tabaco— para instrucción de la juventud —aquí se limpió la nariz— o simplemente como un hecho curioso.

El asesor colegiado estaba totalmente apabullado. Bajó los ojos, que tropezaron con la cartelera de espectáculos al pie de un periódico. Iba a sonreír al leer el nombre de una encantadora actriz y echaba ya mano al bolsillo para comprobar si llevaba algún billete de cinco rublos, pues los oficiales superiores, en opinión de Kovaliov, debían sentarse en el patio de butacas, cuando el recuerdo de la nariz echó por tierra toda su alegría.

Al propio empleado pareció afectarle la situación peliaguda de Kovaliov. Y creyó oportuno mitigar un poco su pesar con algunas palabras de simpatía.

—En verdad lamento mucho el percance que le ha sucedido. ¿No quiere usted tomar un poco de rapé? Disipa los dolores de cabeza y los disgustos. Incluso va bien para las hemorroides.

Con estas palabras, el empleado presentó a Kovaliov su tabaquera escamoteando con bastante agilidad la tapa que representaba a una señora con sombrero.

Esta acción impremeditada sacó de sus casillas a Kovaliov.

—No comprendo cómo se le ocurren esas bromas —dijo irritado—. ¿No está viendo que me falta, precisamente, lo necesario para aspirar el rapé? ¡Al diablo con su tabaco! Ahora no puedo ni verlo, aunque me lo ofreciera de la mejor marca y no esa porquería que fabrica Berezin.

Dicho lo cual, salió profundamente contrariado de la oficina de publicidad para dirigirse a casa del comisario de policía; hombre muy aficionado al azúcar. En el recibimiento, que hacía las veces de comedor, había gran cantidad de pilones de azúcar, amistosa ofrenda de los comerciantes. La sirvienta estaba quitándole al comisario las botas altas de reglamento; la espada y demás atributos guerreros pendían ya pacíficamente en sus rincones; el imponente tricornio había pasado a manos del hijo del comisario, un niño de tres años, y el propio comisario se disponía, después del batallar cotidiano, a gozar de una calma deliciosa.

Kovaliov se presentó cuando el comisario decía, entre un desperezo y un resoplido: «¡Vaya dos horitas de siesta que me voy a echar!» De lo cual podía colegirse que la llegada del mayor era totalmente intempestiva. Y no creo que le hubiera recibido con excesiva afabilidad aun trayéndole en ese momento unas libras de té o una pieza de paño. El comisario era gran amante de todas las artes y los productos manufacturados, aunque por encima de todo prefería los billetes de banco. «Esto sí que es bueno —solía decir—. No hay nada mejor. No piden de comer, ocupan tan poco sitio que siempre caben en el bolsillo y si se caen, no se rompen.»

El comisario dispensó a Kovaliov una acogida bastante fría y dijo que después de comer no era el momento de realizar investigaciones, que era mandato de la propia naturaleza descansar un poco después de alimentarse suficientemente (de lo cual pudo deducir el asesor colegiado que el comisario no ignoraba las sentencias de los sabios de la Antigüedad), que a ninguna persona de orden le arrancan la nariz y que anda por el mundo buen número de mayores de toda calaña que ni siquiera tienen ropa interior decente y frecuentan lugares poco recomendables.

Lo que se llama un buen revolcón. Preciso es señalar que Kovaliov era un hombre sumamente susceptible. Podía perdonar cuanto dijeran de su persona, pero de ningún modo lo que se refiriese a su categoría o a su título. Incluso opinaba que en las obras de teatro se podía pasar por alto todo lo relativo a los oficiales subalternos, pero que de ahí para arriba era inadmisible cualquier ataque. El recibimiento dispensado por el comisario lo ofuscó tanto que sacudió la cabeza y dijo muy digno, abriendo un poco los brazos: «Confieso que, después de observaciones tan afrentosas por su parte, yo no puedo añadir nada...», y se retiró.

Llegó a su casa tan cansado que casi no podía tenerse. Había caído la tarde. Después de tantas gestiones infructuosas, su domicilio le pareció tristón y de lo más repugnante. Cuando entró en el recibimiento descubrió a Iván, su criado, tumbado de espaldas en un mugriento sofá de cuero y dedicado a escupir al techo con tanta puntería que muchas veces acertaba en el mismo sitio. Indignado ante tal indiferencia, Kovaliov le pegó un sombrerazo en la frente rezongando: «Tú siempre haciendo estupideces, ¡cerdo!».

Iván se levantó de un brinco y corrió a quitarle la capa.

Al entrar en su cuarto, el mayor se dejó caer cansado y abatido en un sillón y al fin dijo, después de unos cuantos suspiros:

—¡Dios mío! ¡Dios mío!, ¿qué habré hecho yo para merecer este castigo? Si me hubiera quedado sin un brazo, o sin una pierna, habría sido preferible; incluso sin orejas, aunque estaría mal, aún podría pasar. Pero, ¿qué diablos es un hombre sin nariz? No es un pajarraco ni es un ciudadano honrado. Nada; una cosa que se puede tirar sencillamente por la ventana. Y bueno que el percance hubiera ocurrido en la guerra o en un duelo o por culpa mía. Pero, ¡es que mi nariz ha desaparecido sin más ni más, tontamente!... Aunque, no; no puede ser —añadió después de pensarlo un poco—. Es inconcebible que desaparezca una nariz: de todo punto inconcebible. O estoy soñando, o es una figuración; seguro. O quizá me haya bebido por equivocación, en vez de agua, el vodka de friccionarme la cara después del afeitado. El estúpido de Iván no lo volvería a su sitio, y yo me lo bebí.

Para convencerse de que, efectivamente, no estaba borracho, el mayor se pegó tal pellizco que no pudo reprimir un grito. Aquel dolor lo persuadió de que era realidad todo lo que hacía y lo que le pasaba. Se acercó sigilosamente al espejo, y primero cerró los ojos con la esperanza de que quizá apareciera la nariz en su sitio cuando los abriera, pero al instante pegó un respingo y retrocedió exclamando:

—¡Qué asco de cara!

En efecto, aquello era incomprensible. Si se hubiera perdido un botón, una cuchara de plata, un reloj o cosa por el estilo... Pero, ¡perderse aquello! Y dentro de casa, además... Sopesando todas las circunstancias, el mayor consideró como más probable la hipótesis de que el culpable sólo podía ser la señora Podtóchina, esposa de un oficial de Estado Mayor, que pretendía casar a su hija con Kovaliov. Y él, aunque le agradaba cortejarla, eludió un compromiso definitivo. De manera que cuando la señora Podtóchina le declaró sin ambages que deseaba dársela en matrimonio, él recogió velas poco a poco en sus asiduidades, alegando que todavía era joven y que aún necesitaba hacer méritos en su carrera unos cinco años para cumplir los cuarenta y dos. Y entonces, seguramente por venganza, la señora Podtóchina urdió aquello de desfigurarle, pagando a cualquier bruja agorera, pues no podía admitirse en modo alguno que la nariz hubiera sido cercenada: nadie había entrado en su habitación. Iván Yákovlevich, el barbero, lo afeitó el miércoles, y Kovaliov conservó su nariz íntegra durante todo el miércoles e incluso el jueves a lo largo de todo el día. Eso lo recordaba y lo sabía muy bien. Además, hubiera notado dolor y, desde luego, la herida no habría podido cicatrizarse tan pronto y quedar lisa como la palma de la mano. Se puso a cavilar en si debía denunciar en toda regla a la señora Podtóchina ante los tribunales o personarse él en su casa y echarle en cara su acción. Vino a interrumpir sus reflexiones un destello de luz que penetró por todas las rendijas de la puerta y era indicio de que Iván había encendido ya una vela en el recibimiento. Enseguida apareció el propio Iván con ella, iluminando la estancia. El primer movimiento de Kovaliov fue echar mano de un pañuelo y cubrirse el lugar que su nariz ocupaba todavía la víspera para que aquel estúpido no se quedara con la boca abierta ante un hecho tan insólito en su señor.

Apenas se había retirado Iván a su cuchitril cuando una voz desconocida se dejó oír en el recibimiento:

—¿Vive aquí el asesor colegiado Kovaliov?

—Adelante. Aquí está el mayor Kovaliov —contestó él mismo, levantándose precipitadamente para abrir la puerta.

Entró un guardia de buena prestancia, con patillas no muy claras ni tampoco oscuras y mejillas bastante llenas: el mismo que al comienzo de nuestro relato vimos en un extremo del puente Isákievski.

—¿Es usted el caballero que ha perdido la nariz?

—En efecto.

—Pues ha aparecido.

—¿Qué me dice usted? —lanzó un grito el mayor Kovaliov, y se quedó sin habla de la alegría, mirando fijamente al guardia plantado delante de él, en cuyos mofletes y labios abultados se reflejaba la trémula luz de la vela—. ¿Cómo ha sucedido?

—Por pura casualidad. Le echamos mano cuando casi estaba en camino: iba a tomar ya la diligencia para marcharse a Riga. Y el pasaporte había sido extendido hace ya tiempo a nombre de cierto funcionario. Lo extraño es que, al principio, yo mismo lo tomé por un caballero. Afortunadamente llevaba las gafas, y enseguida me di cuenta de que se trataba de una nariz. Porque le diré que yo soy miope y, si se coloca usted delante de mí, yo sólo veo su cara, pero sin distinguir la nariz, la barba ni nada. Mi suegra, es decir, la madre de mi esposa, tampoco ve nada.

Kovaliov estaba como loco.

—¿Dónde está? ¿Dónde? Voy corriendo…

—No tiene usía por qué molestarse. Suponiendo que le haría a usted falta, la traigo yo. Y, ya ve usted qué raro: el autor principal del hecho es un pícaro barbero de la calle Voznesénskaia que ahora está detenido en el cuartelillo. Hace ya tiempo que yo andaba tras él por borracho y ratero. Anteayer, sin ir más lejos, robó una docena de botones en una tienda. En cuanto a la nariz de usía, está exactamente igual que estaba.

Con estas palabras, el guardia metió la mano en un bolsillo, de donde extrajo la nariz envuelta en un papel.

—¡Ésa es! ¡Sí, sí! —gritó Kovaliov—. Hoy tiene usted que quedarse a tomar una taza de té conmigo.

—Aceptaría con sumo gusto, pero no puedo de ninguna manera: desde aquí tengo que acercarme al manicomio. Han subido mucho los precios de todas las subsistencias... Yo debo mantener a mi suegra, la madre de mi esposa, que vive con nosotros, y a mis hijos. El mayor, sobre todo, es un chico listo, que promete mucho, pero carezco totalmente de posibilidades para darle estudios...

Kovaliov se dio por enterado y, tomando de encima de la mesa un billete de diez rublos, lo puso en manos del guardia que abandonó la estancia después de pegar un taconazo y cuya voz oyó Kovaliov casi al instante en la calle aleccionando, con acompañamiento de puñetazos, a un estúpido mujik que se había metido en la acera con su carreta.

Después de marcharse el guardia, permaneció el asesor colegiado unos minutos como aturdido y sólo al cabo de ese tiempo, tal era el desconcierto que le produjo la inesperada alegría, recobró la capacidad de ver y sentir. Tomó con precaución la nariz en el cuenco formado por las dos manos y volvió a observarla atentamente.

—Es ella, claro que sí —decía el mayor Kovaliov—. Aquí está, en el lado izquierdo, el granito que le salió ayer.

El mayor estuvo a punto de soltar la risa de alegría.

Pero no hay nada eterno en el mundo. Por eso, la alegría del primer instante no es ya tan viva a los dos minutos, al tercero se debilita más aún y al fin se diluye inadvertidamente con el estado de ánimo habitual, lo mismo que el círculo formado en el agua por la caída de una piedra acaba diluyéndose en la superficie lisa. Kovaliov se puso a cavilar y sacó en claro que todavía no estaba todo terminado: la nariz había aparecido, sí; pero faltaba ponerla y ajustarla en su sitio.

—¿Y si no se pega?

El mayor se quedó lívido al hacerse esta pregunta.

Presa de un miedo indescriptible corrió a la mesa y acercó el espejo, no fuera a colocarse la nariz torcida. Le temblaban las manos. Con cuidado y mucho tiento aplicó la nariz en el lugar de antes. ¡Qué espanto! La nariz no se pegaba... La acercó a su boca, le echó el aliento para calentarla y de nuevo la aplicó a la superficie lisa que se extendía entre sus mejillas; la nariz no se sujetaba de ninguna manera.

—¡Vamos! Pero, ¡vamos! ¡Quédate ahí! —le decía.

Pero la nariz parecía de madera y caía sobre la mesa con un ruido extraño, como si fuera un corcho. Una mueca contrajo el rostro del mayor. «¿Será posible que no se pegue?», se preguntaba asustado. Pero, por muchas veces que colocó la nariz en el lugar adecuado, todos sus esfuerzos continuaron siendo estériles.

Llamó a Iván y lo mandó en busca del médico que vivía en el entresuelo de la misma casa, ocupando el mejor piso. Aquel médico era hombre de gran prestancia, que poseía unas magníficas patillas negras, y una esposa lozana; rebosante de salud, se desayunaba con manzanas y cuidaba esmeradamente el aseo de su boca, enjuagándose cada mañana durante casi tres cuartos de hora y puliéndose los dientes con cinco cepillos distintos. El doctor acudió al instante. Después de inquirir el tiempo transcurrido desde el percance, levantó la cara de Kovaliov agarrándolo por la barbilla y le pegó tal papirotazo en el lugar antes ocupado por la nariz que el mayor echó violentamente la cabeza hacia atrás hasta pegar con la nuca en la pared. El médico dijo que aquello no era nada, lo invitó a apartarse un poco de la pared, le hizo volver la cabeza hacia la derecha y, después de palpar el sitio donde antes se encontraba la nariz, dijo «ummm». Luego le mandó volver la cabeza hacia el lado izquierdo, profirió otra vez «ummm» y, finalmente, le pegó con el pulgar otro papirotazo que hizo respingar al mayor Kovaliov lo mismo que un caballo cuando le miran los dientes. Después de esta prueba, el médico sacudió la cabeza diciendo:

—No. No puede ser. Preferible es dejarlo así, porque podría quedar peor. Arreglo tiene, desde luego, y yo mismo se la pondría quizá ahora mismo. Pero le aseguro que sería peor para usted.

—¡Ésta sí que es buena! ¿Cómo voy a quedarme sin nariz? —protestó Kovaliov—. Peor que ahora, imposible. ¿Qué demonios es esto? ¿Dónde me presento yo con esta facha? Yo tengo muy buenas relaciones. Hoy mismo debo asistir a dos veladas. Conozco a mucha gente: la señora Chejtariova, esposa de un consejero de Estado, la señora Podtóchina, casada con un oficial del Estado Mayor... Aunque, después de su actual comportamiento, mi único trato con ella puede ser a través de la policía. Por favor se lo ruego —prosiguió Kovaliov suplicante—. ¿No hay ningún remedio? Póngamela como sea, aunque no quede bien, con tal de que se sostenga. Incluso podría sujetarla un poco con la mano en los casos de apuro. Además, como no bailo, tampoco es de temer ningún movimiento brusco que la perjudique. Y en lo referente a agradecerle su visita, tenga por seguro que, en la medida de mis posibilidades...

—Crea usted —intervino el doctor en un tono que no era ni alto ni bajo, pero sí sumamente persuasivo y magnético— que yo nunca ejerzo por el dinero. Eso sería contrario a mis normas y a mi arte. Cierto que cobro mis visitas, pero con el único fin de no agraviar a nadie al negarme.

Desde luego, yo podría ajustar su nariz. Sin embargo, y lo afirmo por mi honor, si mi palabra no le basta, quedaría mucho peor. Deje actuar a la naturaleza. Las frecuentes abluciones frías lo mantendrán a usted, aun sin nariz, tan sano como si la tuviera, se lo aseguro. En cuanto a la nariz, le aconsejo que la meta en un frasco de alcohol o, mejor todavía, añadiendo una solución de dos cucharadas de vodka fuerte y vinagre caliente. Entonces podrá sacar por ella una cantidad respetable. Yo mismo se la compraría si no se excede en el precio.

—¡No, no! No la vendería por nada del mundo —protestó el mayor desesperado—. ¡Prefiero que desaparezca!

—Perdone usted, pero yo quería hacerle un favor —replicó el médico saludando—. ¡En fin! Por lo menos, habrá usted visto mi buena intención.

Con estas palabras, el médico abandonó muy dignamente la estancia. Kovaliov no se había fijado siquiera en su rostro, ya que, en su profundo abatimiento, sólo acertó a ver los puños de la camisa pulcra y blanca como la nieve asomando por las mangas del frac negro.

Al día siguiente, y antes de presentar querella, se decidió a escribir a la señora del oficial de Estado Mayor para ver si accedía a devolverle de buen grado lo que era suyo. La carta decía lo siguiente:

«Muy señora mía, Alexandra Grigórievna:

»No alcanzo a comprender tan extraño proceder por parte suya. Tenga la seguridad de que, obrando de este modo, no ganará usted nada ni me obligará en modo alguno a casarme con su hija. Crea usted que me hallo perfectamente enterado de la historia de mi nariz como también de que usted y nadie más que usted ha sido la principal causante de ella. El súbito desprendimiento, la fuga y el disfraz de mi apéndice nasal, apareciendo primero bajo el aspecto de un funcionario y luego con el suyo propio, no son ni más ni menos que consecuencia de las hechicerías practicadas por usted o por quienes se ejercitan en menesteres tan nobles como los suyos. Por mi parte, considero deber mío advertirle que si el susodicho apéndice no se reintegra hoy mismo a su sitio, me veré en la obligación de apelar a la defensa y la protección de las leyes.

»Por lo demás, con todos mis respetos, tengo el honor de quedar de usted, seguro servidor

Platón Kovaliov.»

«Muy señor mío, Platón Kuzmich:

«Su carta me ha dejado sumamente sorprendida. Le confieso a usted con toda sinceridad que nunca esperé nada parecido y menos aún lo referente a los injustos reproches de usted. Pongo en su conocimiento que jamás he recibido en mi casa, ni con disfraz ni bajo su aspecto propio, al funcionario a quien usted alude. No niego que me ha visitado Filipp Ivánovich Potánchikov. Pero, aunque él aspiraba, es cierto, a la mano de mi hija —y tratándose de una persona de conducta buena y sobria, así como de muchos estudios—, yo nunca le he dado la menor esperanza. También menciona usted la nariz. Si con ello quiere dar a entender que yo me proponía dejarle con tres cuartas de narices, o sea, darle una negativa rotunda, me sorprende que sea usted quien lo diga, sabiendo como sabe que mi intención es muy otra y que si usted se compromete ahora mismo y en debida forma con mi hija, yo estoy dispuesta a acceder sin dilación, pues tal ha sido siempre el objeto de mis más fervientes deseos, en espera de lo cual quedo siempre al servicio de usted

Alexandra Podtóchina.»

«No, seguro que no ha sido ella —se dijo Kovaliov después de leer la misiva—. ¡Imposible! En la forma que está escrita la carta, no puede ser obra de quien haya cometido un delito. —El asesor colegiado era hombre entendido en la materia; pues, hallándose todavía en la región del Cáucaso, había sido encargado varias veces de instruir sumario—. ¿Cómo ha podido suceder esto? ¿De qué manera? Sólo el demonio lo entendería», concluyó desalentado.

Entretanto, corrían ya por toda la capital los rumores acerca de tan extraordinario suceso, adornado con toda clase de exageraciones, como suele ocurrir. Precisamente por entonces se hallaban las mentes orientadas hacia lo sobrenatural, pues hacía poco tiempo que a todos intrigaban los experimentos sobre los efectos del magnetismo. Además, como la historia de las sillas danzantes de la calle Koniúshennaia era todavía reciente, nada tiene de particular que al poco tiempo se empezara a comentar que la nariz del asesor colegiado solía pasearse a las tres en punto de la tarde por la Avenida Nevski. Y a diario acudía allí una multitud de curiosos. Alguien anunció que la nariz se encontraba en la tienda de Junker, y frente al establecimiento se formó tal aglomeración que hubo de intervenir la policía. Un especulador con aspecto respetable, que usaba patillas y solía vender pastas variadas a la puerta del teatro, fabricó especialmente unos magníficos y sólidos bancos de madera que alquilaba, a razón de ochenta kopecs por persona, a cuantos curiosos deseaban subirse en ellos para ver mejor. Un benemérito coronel salió de su casa con ese único fin antes que de costumbre y a duras penas logró abrirse paso entre el gentío; pero, cuál no sería su indignación al ver en el escaparate de la tienda, en lugar de la nariz, una simple camiseta de lana y una litografía representando a una jovencita que se subía una media mientras un petimetre con chaleco de solapas y barbita la espiaba desde detrás de un árbol. Dicha litografía llevaba ya más de diez años colgada en el mismo sitio. Al retirarse, el coronel dijo contrariado: «¿Cómo se puede soliviantar a la gente con bulos tan estúpidos e inverosímiles?»

Luego cundió la especie de que no era por la Avenida Nevski sino por el jardín de Taurida por donde se paseaba la nariz del mayor Kovaliov y eso, desde hacía ya mucho tiempo. Tanto, que cuando Jozrev—Mirza se alojó allí, le sorprendió sobremanera aquel extraño capricho de la naturaleza.

Allá fueron algunos estudiantes de la Academia de Cirugía. Una ilustre y noble dama rogó al vigilante del jardín, por carta especial, que mostrara a sus hijos el raro fenómeno y, a ser posible, se lo explicara de modo instructivo y a la vez edificante para ellos.

Todos estos hechos fueron acogidos con gran regocijo por los caballeros asiduos de las veladas de sociedad y aficionados a distraer a las señoras con curiosas historias, cuyo repertorio se encontraba por entonces agotado. Una minoría de respetables personas de orden estaba sumamente descontenta. Un señor decía, muy sulfurado, que no comprendía cómo era posible que se propalaran absurdos infundios en nuestro siglo ilustrado y que le sorprendía que el gobierno no prestara atención al hecho. Al parecer, ese señor era de los que quisieran complicar al gobierno en todo; incluso en las trifulcas cotidianas que tiene con su esposa. Luego... Pero, a partir de aquí, de nuevo queda el suceso totalmente envuelto en brumas y no se sabe nada en absoluto de lo acaecido después.

III

En el mundo ocurren verdaderos disparates. A veces, sin la menor verosimilitud; súbitamente, la misma nariz que andaba de un lado para otro con uniforme de consejero de Estado y que tanto alboroto había armado en la ciudad volvió a encontrarse como si tal cosa en su sitio, es decir, exactamente entre las dos mejillas del mayor Kovaliov. Esto sucedió ya en el mes de abril, el día 7. Al despertarse y lanzar una mirada fortuita al espejo, descubrió el mayor que allí estaba la nariz. Echó mano de ella, y allí estaba, sí! «¡Al fin!», exclamó Kovaliov y, de la alegría, estuvo a punto de ponerse a bailar, tal y como estaba, descalzo, por toda la habitación; pero la entrada de Iván se lo impidió. Enseguida pidió agua para lavarse y, mientras se aseaba, lanzó otra mirada al espejo. ¡Allí estaba la nariz! Cuando se secaba con la toalla, miró una vez más: ¡allí estaba la nariz!

—Mira a ver, Iván: parece como si tuviera un granito en la nariz —dijo al tiempo que pensaba—: «Menudo disgusto si Iván me dice ahora: Pues no, señor; no veo ningún grano ni tampoco veo la nariz.»

Pero Iván contestó:

—No; no hay ningún grano. No tiene nada en la nariz.

«Esto ya está bien, ¡qué demonios!», se dijo el mayor chascando los dedos. En ese momento asomó por la puerta el barbero Iván Yákovlevich, pero con tanto temor como un gato al que acaban de atizar por robar tocino.

—Lo primero que debes decirme es si traes las manos limpias —lo interpeló ya desde lejos Kovaliov.

—Sí. Claro que están limpias.

—¡Mentira!

—Le juro que están limpias, señor.

—Bueno. Ya veremos.

Kovaliov se sentó. Iván Yákovlevich le puso el paño y, con la brocha, convirtió su barba y parte de las mejillas en algo parecido a la crema que se suele servir en los convites onomásticos de los comerciantes.

«¡Bueno!... —exclamó Iván Yákovlevich para sus adentros contemplando la nariz, y luego torció la cabeza hacia el lado opuesto para verla de perfil—. ¡Mírenla ustedes!... ¡Ahí está! Aunque la verdad es que, si se para uno a pensar...», agregó, y estuvo mirando todavía un buen rato la nariz. Finalmente, con toda la delicadeza y todo el esmero que se puede uno imaginar, levantó dos dedos para sujetarla por la punta, pues tal era el sistema de Iván Yákovlevich.

—¡Eh, eh, tú! ¡Cuidado! —gritó Kovaliov.

Más aturdido y confuso todavía, Iván Yákovlevich retiró la mano. Al fin comenzó a pasar la navaja por debajo del mentón y, aunque le resultaba muy incómodo y difícil rapar sin tener sujeto el órgano del olfato, logró vencer todos los obstáculos y terminar de afeitar ingeniándoselas para atirantar la piel con su áspero dedo pulgar apoyado unas veces en la mejilla y otras veces en la mandíbula inferior del mayor.

Cuando todo estuvo listo, Kovaliov se apresuró a vestirse inmediatamente, tomó un coche de punto y se fue derechito a una pastelería. Nada más entrar, gritó desde lejos: «¡Un chocolate, muchacho!» y al instante se dirigió hacia un espejo. ¡Tenía la nariz! Dio media vuelta lleno de alegría y contempló con aire sarcástico, entornando un poco los párpados, a dos militares: la nariz de uno de ellos tenía apenas el tamaño de un botón de chaleco. Luego se dirigió a las oficinas del Departamento donde estaba gestionando un puesto de vicegobernador o de ejecutor, en su defecto. Al cruzar la antesala, se miró a un espejo: ¡allá estaba la nariz! Más tarde fue a visitar a otro asesor colegiado —o mayor, si se quiere—, gran amigo de chanzas, a cuyas mordaces observaciones solía contestar Kovaliov: «¡Demasiado te conozco a ti. Eres un criticón!» Durante el trayecto, iba pensando: «Si el mayor no revienta de risa al verme, seguro es que cada cosa está en su sitio.» Pero el asesor colegiado se quedó tan campante. «Perfecto, perfecto, ¡qué demonios!», se dijo Kovaliov. Después se encontró con la señora Podtóchina, esposa de un oficial de Estado Mayor, y su hija. Las saludó y fue acogido con exclamaciones de júbilo: por tanto, no se advertía en él ningún defecto. Conversó con ellas un buen rato y, sacando adrede la tabaquera, se complació largamente delante de ellas en atascar su nariz de rapé por ambos conductos, mascullando para sus adentros: «Así, para que se enteren, cabezas de chorlitos. Y con la hija no me caso, desde luego. Así por las buenas, *par amour*, ¡ni pensarlo!» A partir de entonces, el mayor Kovaliov volvió a pasearse como si tal cosa por la Avenida Nevski, a frecuentar los teatros y acudir a todas partes. Y también su nariz campaba en medio de su rostro como si tal cosa, sin aparentar siquiera que hubiera faltado nunca de allí. Después de todo esto pudo verse al mayor Kovaliov siempre de buen humor, sonriente, rondando absolutamente a todas las mujeres bonitas e incluso detenido una vez delante de una tienda de Gostínni Dvor para comprar el pasador de una condecoración, si bien por motivos desconocidos, ya que él no era caballero de ninguna orden.

¡Ahí tienen ustedes lo sucedido en la capital norteña de nuestro vasto imperio! Y únicamente ahora, atando cabos, vemos que la historia tiene mucho de inverosímil. Sin hablar ya de que resulta verdaderamente extraña la separación sobrenatural de la nariz y su aparición en distintos lugares bajo el aspecto de consejero de Estado. ¿Cómo no se le ocurrió pensar a Kovaliov que no se podía anunciar el caso de su nariz en los periódicos a través de la Oficina de Publicidad? Y no lo digo en el sentido de que me parezca excesivo el precio del anuncio: es una nadería y yo estoy lejos de ser una persona roñosa. ¡Pero, es que resulta desplazado, violento, feo! Y otra cosa: ¿cómo fue a parar la nariz al interior de un panecillo y cómo es que Iván Yákovlevich...? Nada, nada, que no lo entiendo. ¡No lo entiendo de ninguna manera! Pero lo más chocante, lo más incomprensible de todo es que los autores sean capaces de elegir semejantes temas. Confieso que esto es totalmente inconcebible, es como si... ¡Nada, nada, que no lo entiendo! En primer lugar, que no le da ningún provecho a la patria; en segundo lugar...

Bueno, pues, en segundo lugar, tampoco le da provecho. No sé lo que es esto, sencillamente...

Aunque, sin embargo, con todo y con ello, si bien, naturalmente, se puede admitir esto y lo otro y lo de más allá, es posible incluso... Porque, claro ¿dónde no suceden cosas absurdas? Y es que, no obstante, si nos paramos a pensar, seguro que hay algo en todo esto. Se diga lo que se diga, sucesos por el estilo ocurren en el mundo. Pocas veces, pero ocurren.

DIARIO DE UN LOCO

3 de octubre

Hoy ha tenido lugar un acontecimiento extraordinario. Me levanté bastante tarde, y cuando Marva me trajo las botas relucientes, le pregunté la hora. Al enterarme de que eran las diez pasadas, me apresuré a vestirme. Reconozco que de buena gana no hubiera ido a la oficina, al pensar en la cara tan larga que me iba a poner el jefe de la sección. Ya desde hace tiempo me viene diciendo: "Pero, amigo, ¿qué barullo tienes en la cabeza? Ya no es la primera vez que te precipitas como un loco y enredas el asunto de tal forma que ni el mismo demonio sería capaz de ponerlo en orden. Ni siquiera pones mayúsculas al encabezar los documentos, te olvidas de la fecha y del número. ¡Habrase visto!..."

¡Ah! ¡Condenado jefe! Con toda seguridad que me tiene envidia por estar yo en el despacho del director, sacando punta a las plumas de su excelencia. En una palabra, no hubiera ido a la oficina a no ser porque esperaba sacarle a ese judío de cajero un anticipo sobre mi sueldo. ¡También ése es un caso! ¡Antes de adelantarme algún dinero sobrevendrá el Juicio Final! ¡Jesús, qué hombre! Ya puede uno asegurarle que se encuentra en la miseria y rogarle y amenazarle; es lo mismo: no dará ni un solo centavo. Y, sin embargo, en su casa, hasta la cocinera le da bofetadas. Eso todo el mundo lo sabe.

No comprendo qué ventajas se tiene al trabajar en un departamento ministerial. Ni siquiera dispone uno de recursos. Pero no sucede así en la Administración Provincial, ni en el Ministerio de Hacienda, ni en el Tribunal Civil. Allí ves a un empleado cualquiera sentado humildemente en un rincón escribiendo. Lleva un frac gastado y su aspecto es tal que ni siquiera merece que se le escupa encima. Sin embargo, fíjate en la villa que alquila durante el verano. No se te ocurra regalarle una taza de porcelana dorada, pues te dirá que eso es digno de un médico. Él se conforma tan sólo con un coche de lujo o unos drojkas o una piel de visón de 300 rublos. Y, no obstante, por su aspecto parece tan modesto, y al hablar es tan fino. Te pide, por ejemplo, que le prestes la navaja para sacar punta a su pluma, y si te descuidas un poco, te despluma de tal forma, que ni siquiera te deja la camisa.

Pero reconozco que nuestra oficina es diferente, y en toda ella reinan una limpieza de conducta y una honradez tales, que ni por soñación puede haberlas en la Administración Provincial. Además, todos los jefes se tratan de usted. Confieso que, a no ser por la honradez y el buen tono de mi oficina, hace ya mucho tiempo que hubiera dejado el departamento ministerial.

Me puse el viejo capote y cogí el paraguas, pues llovía a cántaros. En la calle no había nadie. Sólo tropecé con mujeres de pueblo que se arropaban con los faldones de sus abrigos, comerciantes que caminaban resguardándose de la lluvia bajo sus paraguas, y cocheros. Gente bien no se veía por ningún sitio, a excepción de nuestra modesta persona, que caminaba bajo la lluvia. En cuanto la vi en un cruce, pensé en seguida: "¡Eh, amiguito! Tú no vas a la oficina. Tú estás dispuesto a seguir a ésa que va delante de ti y cuyas piernas estás mirando. ¡Qué locuras son ésas! La verdad es que eres peor que un oficial. Basta con que pase cualquier modistilla para que te dejes engatusar".

Precisamente en el momento en que estaba pensando esto vi cómo una carroza se detenía ante un almacén junto al que yo me encontraba. En seguida reconocí la carroza: era la de nuestro director. Me supuse que debería de ser de su hija, pues él no tenía por qué ir a estas horas a un almacén. El lacayo abrió la portezuela, y la joven saltó del coche, como un pajarito. Echó unas miradas en torno suyo, y al alzar sus ojos sentí que mi corazón quedaba herido... ¡Dios mío, estoy perdido! ¡Estoy perdido irremediablemente!

Y ¿por qué habrá salido ella con este mal tiempo? Después de esto nadie se atrevería a decir que las mujeres no se vuelven locas por los trapos.

Ella no me reconoció y yo procuré ocultarme y pasar inadvertido, pues llevaba un capote muy manchado y cuyo corte, además, estaba pasado de moda. Ahora se llevan las capas con cuellos muy largos, y el mío era muy corto; además, el paño de mi capote distaba mucho de ser elegante. Su perrita no tuvo tiempo de entrar y se quedó en la calle. Yo la conozco, se llama Medji. No había transcurrido ni un minuto, cuando oí de repente una vocecilla que decía:

—¡Hola, Medji!

Vaya. ¿Quién será el que habla? Miré y vi a dos señoras que caminaban debajo de un paraguas. Una de ellas era ya anciana; la otra, muy jovencita. Pero ellas ya habían pasado, y nuevamente volví a oír la misma voz a mi lado.

—¡Debería darte vergüenza, Medji!

¡Qué diablos! Vi que Medji estaba olfateando al perro que iba con las dos señoras. "¡Vaya! ¿No estaré borracho? —pensé para mis adentros—. ¡Menos mal que esto no me ocurre a menudo!"

—No, Fidele; estás equivocado. Yo estuve... Hau, hau... Yo estuve muy enferma.

¡Vaya con la perrita! Confieso que me quedé muy sorprendido al oírle hablar como una persona; pero después de reflexionarlo bien, no hallé en ello nada extraño. En efecto, en el mundo se dan muchos ejemplos de la misma índole. Cuentan que en Inglaterra emergió un pez y dijo dos palabras en un idioma extraño, tan raro, que desde hace dos o tres años los sabios hacen investigaciones acerca de él y aún no han logrado clasificarlo. También leí en los periódicos que dos vacas entraron en una tienda y pidieron medio kilo de té. Pero reconozco que me quedé aún mucho más sorprendido al oírle decir a Medji:

—¡Es verdad que te escribí, Fidele! Seguramente Polkan no te llevaría la carta.

Aunque me juegue el sueldo, apostaría que nunca se ha dado el caso de un perro que escriba. Sólo los nobles pueden escribir. Claro que también algunos comerciantes, oficinistas y, a veces, hasta la gente del pueblo sabe escribir un poco; pero lo hace de un modo mecánico, sin poner ni comas, ni puntos, y, claro está, sin ningún estilo.

Esto me dejó muy sorprendido. He de confesar que desde hace algún tiempo a veces oigo y veo unas cosas que nadie vio ni oyó jamás.

"Voy a seguir a esta perrita, y así me enteraré de quién es y de lo que piensa", resolví para mí. Abrí el paraguas y me puse a seguir a las dos señoras. Cruzamos la calle Gorojovaia y nos dirigimos a la calle Meschanskaia, y desde allí a la de Stoliar, y, finalmente, llegamos al puente de Kokuchkin, deteniéndonos ante una casa de grandes dimensiones. "Conozco esta casa —pensé para mí—: es la de Zverkov. ¡Un verdadero hormiguero! Pues sí que viven allí pocos cocineros y viajantes. En cuanto a los empleados, abundan como chinches. Allí vive un amigo mío que toca muy bien la trompeta."

Las señoras subieron al quinto piso. "Bueno —pensé— ahora me voy a ir, pero antes he de fijarme bien en el sitio, para aprovecharlo en la primera ocasión que se me presente."

4 de octubre

Hoy es miércoles, y por eso estuve en el despacho de nuestro director. Vine a propósito un poco antes. Me senté y me puse a sacar punta a todas las plumas. Nuestro director debe de ser un hombre muy inteligente; tiene el despacho lleno de armarios con libros. Leí los títulos de algunos libros, y todos son científicos; así que ni por soñación son asequibles a nosotros, los empleados; además, todos están o en francés o en alemán. Cuando se mira a nuestro director, sorprende a uno por su aspecto imponente y por la seriedad que refleja toda su persona. Todavía no he oído nunca que haya dicho una palabra de más. Sólo cuando se le entregan los documentos suele preguntar:

—¿Qué tiempo hace fuera?
—Hace mucha humedad, excelencia.

La verdad es que las personas, como nosotros, no se pueden comparar con él. Es lo que se dice un verdadero hombre de Estado. He notado, sin embargo, que me tiene especial cariño. ¡Ah, si su hija…! ¡No, eso es una canallada!… Me entretuve leyendo *La Abeja*. ¡Qué gente tan estúpida son los franceses! ¿Qué es lo que pretenden? ¡De buena gana los hubiera cogido a todos y les hubiera dado una buena paliza!

Allí también leí la descripción de un baile hecha por un terrateniente de la provincia de Kurck. Los terratenientes de Kurck suelen escribir muy bien. Después me di cuenta de que eran ya las doce y media y que nuestro director aún no había salido de su dormitorio. Pero a eso de la una y media tuvo lugar un acontecimiento que ninguna pluma sería capaz de relatar. Se abrió la puerta, yo me levanté de un salto con los papeles en la mano, pensando que sería el director; pero cuál fue mi sorpresa cuando vi que era ella. ¡Jesús, cómo iba vestida! Llevaba un traje blanco y vaporoso como un cisne. ¡Y qué vaporoso! Y al alzar los ojos creí que me alcanzaban los rayos del sol. Me saludó y dijo con una voz semejante a la de un canario:

—¿No ha venido papá?

"Excelencia —quise decirle—, ¿quiere usted castigarme? Pues si tal es su deseo, que lo haga su excelencia con su propia manita." Pero ¡qué demonios! La lengua se me trabó; así es que sólo pude decir:

—No, no estuvo.

Ella me echó una mirada y miró también los libros y… dejó caer su pañuelo. Yo me precipité en seguida para recogerlo, pero resbalé sobre ese maldito entarimado y poco me faltó para caerme; sin embargo, logré conservar el equilibrio y alcancé el pañuelo. ¡Señor, qué pañuelo! Era de batista finísima.

Ella me dio las gracias y sus labios esbozaron una sonrisa un tanto irónica; luego se fue. Yo me quedé una hora hasta que el criado vino y me dijo:

—Márchese a casa, Aksenti Ivanovich. El señor ya salió.

No puedo soportar a los criados; siempre están tumbados en el vestíbulo, y ni por casualidad saludan a uno. Y no sólo eso, sino que un día, a una de estas bestias se le ocurrió ofrecerme un poco de tabaco sin levantarse de su sitio. ¡Como si no supiera el muy tonto que yo soy un funcionario de familia noble! No obstante, cogí yo mismo mi sombrero y mi capote y me los puse, pues sería inútil esperar ayuda de esa gente. Salí a la calle. Al llegar a casa me pasé un buen rato tumbado en la cama. Después copié unos versos muy bonitos:

¡Mi almita!
En tu ausencia,
Una
hora,
un año completo parece pasado sin ti.
¡Odiosa es la vida,
ya
solo,
señora!

Por eso yo pienso: *"Si tú no vinieses, mejor es morir"*
Deben de ser de Pushkin. Por la tarde, arropándome bien con mi capote, fui a casa de su excelencia, en donde estuve esperando para ver si la veía salir al subir en coche; pero ella no salió.
6 de noviembre
El jefe de personal me ha puesto fuera de mí. Hoy, cuando llegué a la oficina, me hizo llamar y me dijo lo siguiente:
—Pero dime: ¿qué es lo que estás haciendo?
—¡Cómo! Yo no hago nada —le respondí.
—Bueno. Reflexiona un poco. Ya has pasado de los cuarenta; me parece que es hora de que te vuelvas un poco más inteligente. ¿Crees acaso que no estoy enterado de todas tus andanzas? ¡Sé muy bien que andas detrás de la hija del director! Pero, hombre, ¡mírate al espejo! ¡Piensa en lo que eres! ¡No eres más que un cero, que es menos que nada! ¡Si no tienes ni un centavo! Pero ¡mírate…, mírate la cara en el espejo! ¡Cómo puedes tú pensar en esas cosas!

¡Demonios! ¿Qué se habrá creído él? Si tiene cara de bola de billar con cuatro pelos en la cabeza que se unta de pomada y lleva rizados que es una irrisión. Y se cree que a él todo le está permitido. Ya comprendo por qué está furioso: es que me tiene envidia. Seguramente habrá visto que soy objeto de sus marcadas preferencias. ¡Pero ya puede decir cuanto quiera, que me tiene sin cuidado! ¡Pues tampoco tiene tanta importancia un consejero de la Corte! ¡Por llevar una cadena de oro en su reloj y encargarse unas botas de 30 rublos se cree alguien! ¡Que se vaya al diablo! ¿Acaso se cree que soy hijo de un plebeyo o de un sastre o de un sargento? Soy noble. También yo puedo llegar a obtener el mismo cargo que él. Sólo tengo cuarenta y dos años, que en realidad es la edad cuando precisamente se empieza a trabajar. ¡Espera, amigo: también yo llegaré a ser coronel, y con la ayuda de Dios quizás algo más! También yo gozaré de una reputación mejor que la tuya. ¿Qué te crees, que en el mundo no hay hombre más formal que tú? Espera un poco: cuando yo tenga un frac cortado a la moda y una corbata como la tuya, entonces no me llegarás ni a la punta de los zapatos. Lo malo es que no dispongo de medios.

8 de noviembre

Estuve en el teatro. Ponían Filatka, el tonto ruso. Me reí mucho. Daban también un vaudeville con unos cuplés muy graciosos sobre los jueces, particularmente uno que se refería a un consejero de registro, y que era tan fuerte, que me extrañó que le hubiera dejado pasar la censura. En cuanto a los comerciantes se decía que abiertamente engañaban al pueblo, y que sus hijos armaban unas juergas terribles y se esforzaban por llegar a ser nobles. También había un cuplé muy gracioso sobre los periodistas y la pasión que tienen de criticarlo todo; de modo que los autores de hoy en día escriben unas piezas muy entretenidas. A mí me gusta mucho ir al teatro. En cuanto tengo algún dinero en el bolsillo no puedo contenerme y voy. Pero entre nosotros los empleados hay muchos que no van, aunque se les regale el billete. También cantó muy bien una artista. Me acordé de aquello..., ¡bueno, es una canallada!...; así es que no digo nada...

9 de noviembre

A las ocho fui a la oficina. El jefe de la sección hizo así como si no reparara en mí y en que había llegado. Yo también hice como si entre nosotros nada hubiera ocurrido. Me entretuve ojeando los anuncios y luego comparándolos. Salí a las cuatro y pasé delante del piso del director, pero no vi a nadie. Después de comer estuve casi todo el tiempo echado en la cama.

11 de noviembre

Hoy estuve en el despacho de nuestro director y saqué punta a veinticuatro plumas de su excelencia y a cuatro de su hija. A él le gusta y encanta que haya muchas plumas. ¡Ah, qué cerebro el suyo! Siempre está callado, pero su cabeza debe de estar siempre reflexionando. Me hubiera gustado saber en qué suele pensar y qué es lo que encierra aquella cabeza. Me interesaría observar de cerca la vida de estos señores, conocer todas las intimidades y las intrigas de la Corte, saber cómo piensan y lo que suelen hacer entre ellos. Muchas veces pensé entablar conversación con su excelencia, pero el caso es que mi lengua se niega a obedecerme. Sólo consigue pronunciar: "Afuera hace frío o calor", y de allí no pasa. Me hubiera gustado echar una mirada al salón cuya puerta a veces está abierta, y también a las otras habitaciones. ¡Qué lujo y qué riqueza hay allí! ¡Qué espejos y qué porcelanas! ¡Cuánto me alegraría echar una mirada a aquella parte del piso donde se encuentra la hija de su excelencia! ¡Ah, esto sí que me gustaría!... Estar allí en el tocador, donde hay todos esos tarritos y cajitas, esas flores tan delicadas que da miedo tocarlas; ver su vestido, más ligero que el aire, por allí tirado. Me encantaría ver su dormitorio... Debe de ser un sueño, un verdadero paraíso de ésos que ni en el cielo existen. Si pudiera ver el taburetito sobre el cual pone el pie al levantarse de la cama y cómo se pone una media blanca como la nieve sobre aquella pierna... ¡Ay, Señor!... No. Mejor es que me calle y no diga nada...

Sin embargo, hoy parece ser que el cielo me ha iluminado, pues de repente me acordé de la conversación que oí en el Nevski a los dos perros. "Está bien —pensé para mis adentros— ahora lo averiguaré todo. Es preciso que intercepte la correspondencia de estos dos perros, pues ella me procurará muchos datos." He de confesar que una vez llamé a Medji y le dije:

—Escúchame, Medji: ahora estamos solos; si quieres, hasta puedo cerrar la puerta para que nadie nos vea. Anda, cuéntame todo lo que sepas sobre tu señorita: dime cómo es, y yo te juro que no se lo diré a nadie.

Pero la muy tuna encogió el rabo entre las patas y se escabulló silenciosamente por la puerta como si no hubiera oído nada. Sospeché desde hace tiempo que los perros son mucho más inteligentes que las personas, y que incluso pueden hablar; sólo que son bastante tercos. El perro es un verdadero político: todo lo nota, no se le escapa ni un paso del hombre. Mañana sin falta he de ir a casa de Zverkov. Interrogaré a Fidele, y si puedo, le cogeré todas las cartas que le escribe Medji.

12 de noviembre

Al día siguiente salí a las dos, con la firme intención de ver a Fidele y de interrogarla. El olor a repollo que sale de todas las tiendas de la calle Meschanskaia me pone enfermo, y además, las alcantarillas de las casas tienen un olor tal, que no tuve más remedio que taparme la nariz con el pañuelo y echar a correr. Aquí es imposible pasear, pues toda esa gente que trabaja en oficios llena la calle de humo y hollín.

Al tocar la campanilla, vino a abrirme una joven bastante mona, con la cara salpicada de pecas; era la misma que acompañaba a la anciana.

Se ruborizó un poco al verme, y yo comprendí en seguida que ansiaba tener novio.

—¿Qué desea? —me preguntó.

—Necesito hablar con su perrita —le respondí. La joven era tonta y yo lo noté en seguida. Mientras tanto, la perrita se precipitó ladrando; yo quise cogerla, pero la muy bribona por poco me muerde la nariz. Pero yo ya había visto su nido o camita, y era justamente lo que buscaba. Me acerqué a él y revolví la paja que había en un cajón; con sumo placer vi un paquete con pequeños papelitos. Esa maldita, al ver lo que hacía, me mordió primero en la pantorrilla, y después, al darse cuenta de que yo cogía los papeles, empezó a ladrar con ademán de acariciarme; pero yo le dije: "No, guapa; no hay nada que hacer". Me parece que la joven debió de tomarme por un loco, pues se asustó terriblemente. Al llegar a casa quise ponerme en seguida a descifrar esos papeles, porque no veo muy bien a la luz de las velas. Pero a Marva se le ocurrió fregar el suelo. Estas estúpidas finlandesas siempre son de lo más inoportunas. Así es que no me quedó otro remedio que el de ponerme a pasear reflexionando sobre lo ocurrido. Ahora, por fin, iba a enterarme de todo; las cartas me lo revelarían todo. Los perros son muy inteligentes y no ignoran todas las relaciones íntimas; por eso seguramente en ellas hallaré la descripción del marido y de sus asuntos. De seguro que encontraré allí algo referente a ella… ¡No, más vale callarse! Al atardecer llegué a casa y estuve la mayor parte del tiempo acostado en la cama.

13 de noviembre

Bueno; vamos a ver. La carta parece bastante clara; sin embargo, la letra pone en evidencia al perro.

Leamos:

"Querida Fidele: Aún no puedo acostumbrarme a un nombre tan mezquino como el tuyo. ¡Como si no hubieran podido ponerte otro mejor! Fidele, Rosa, todos esos nombres son de un cursi subido. Pero dejemos esto a un lado. Estoy muy contento de que se nos haya ocurrido entrar en correspondencia…"

La carta estaba redactada muy correctamente en cuanto a la puntuación y ortografía. Ni nuestro jefe de sección sería capaz de hacer otro tanto, aunque asegura haber estado estudiando en una universidad. Veamos más adelante:

"Me parece que uno de los mayores placeres en el mundo está en cambiar pensamientos, impresiones y sentimientos con los demás…"

¡Bueno! Éste es un pensamiento cogido de una obra traducida del alemán y cuyo título no recuerdo ahora.

"Lo digo por experiencia, aunque no haya corrido mucho mundo, pues no he pasado la verja de nuestra casa. Pero ¿acaso mi vida no transcurre felizmente? Mi señorita Sofía, así la llama papá, me quiere con locura…"

¡No está mal! ¡No está mal! ¡Pero callémonos!…

"Papá también me acaricia a menudo. Además me dan café con nata. ¡Ah, *ma chère*! He de decirte que no encuentro nada en los grandes huesos, bien pelados, que come Polkan en la cocina. Los huesos sólo son buenos cuando provienen de alguna cacería y a condición de que no hayan chupado ya el tuétano. También está muy bien mezclar algunas salsas, pero sin verduras ni especias. Pero no hay cosa peor que esa costumbre que tiene la gente de dar a los perros migas de pan hechas bolitas. Siempre, durante las comidas, algún señor empieza a triturar las migas de pan con sus manos, que Dios sabe qué porquerías habrán tocado antes, y te llama después para meterte entre los dientes esa dichosa bolita. Rechazarlo resultaría descortés; así es que no tienes más remedio que comértela a pesar del asco que te infunde…"

¡Voto a mil diablos, qué tontería! ¡Como si no hubiera nada mejor sobre qué escribir! Veamos si en la otra carilla hay algo más interesante.

"Me place mucho informarte de todo cuanto ocurre en nuestra casa. Creo que ya te hablé del señor más importante de la casa, al cual Sofía llama papá. Es un hombre muy raro…"

¡Ah, por fin! Ya sabía yo que los perros tienen opiniones políticas sobre todas las cosas. Veamos lo que dice sobre papá…

"…Un hombre muy raro. Permanece la mayoría del tiempo callado. Rara vez habla; pero la semana pasada hablaba sin cesar consigo mismo. No hacía más que preguntarse: '¿Lo recibiré o no?' Cogía un papel en una mano, mientras la otra permanecía vacía, y volvía a repetir: '¿Lo recibiré o no?' Una vez hasta se dirigió a mí con la siguiente pregunta: 'Tú qué crees, Medji, ¿lo recibiré o no?' Yo no pude comprender lo que quería decirme con eso; sólo olfateé su zapato y me fui. Una semana después, *ma chère*, papá estaba loco de alegría. Toda la mañana recibió visitas de unos señores vestidos de uniforme que lo felicitaron por algo. Durante la comida estuvo tan alegre como nunca le viera; no paraba de contar chistes. Después de comer, me levantó en sus brazos y me acercó a su cuello, diciéndome: '¡Mira, Medji, lo que llevo!' Yo vi sólo una cinta, la olfateé, pero no hallé en ella ni el menor aroma; finalmente, la lamí con cuidado, estaba algo salada."

¡Bueno! Me parece que este perro es un poco demasiado atrevido. Haría falta darle una buena paliza. ¡Así, pues, nuestro hombre es ambicioso! Habrá que tenerlo en cuenta.

"Adiós, *ma chère*. Me marcho corriendo... Mañana acabaré la carta."

"¡Hola, otra vez estoy contigo! Hoy, con Sofía, mi señorita..."

¡Ah, veamos lo que pasa con Sofía! ¡Es una canallada! Bueno, no importa, no importa; vamos a continuar...

"...Sofía, mi señorita, estuvo todo el día sumamente agitada. Se preparaba a asistir a un baile, y yo me alegré, pues aprovecharía su ausencia para escribirte. Mi Sofía está siempre muy contenta cuando va a un baile, aunque mientras se arregla siempre está enfadada. No logro comprender, *ma chère*, el placer que encuentra la gente yendo a un baile. Sofía vuelve a casa a las seis de la mañana. Y siempre veo, por su aspecto cansado y su cara pálida, que a la pobrecilla no le han dado de comer. Confieso que jamás podría vivir de este modo. Si no me dieran perdices con salsa o alas de pollo fritas, no sé lo que sería de mí. También es muy bueno un poco de salsa con kacha. Pero las zanahorias, las alcachofas y los nabos nunca serán buenos..."

Tiene un estilo irregular. En seguida se ve que esta carta no ha sido escrita por una persona. Empieza bien, pero acaba de cualquier forma. Veamos otra carta; parece demasiado larga; además, no lleva ni fecha.

"¡Ay, querida mía! Cómo siente una la proximidad de la primavera. Mi corazón palpita como si aguardara algo. Me zumban los oídos. Así es que a menudo tengo que levantar la pata y me apoyo y acerco a una puerta para escuchar. He de decirte que tengo muchos admiradores. A menudo los contemplo sentada en la ventana. ¡Ay, si supieras qué feos son algunos! Uno de ellos es de lo más vulgar, es un perro callejero de lo más estúpido y creído; camina por la calle dándose aires de importancia. Y cree que todos han de mirarle. Pero ¡qué va, yo ni siquiera me he fijado en él! También un dogo, de aspecto terrible, suele pararse ante mi ventana. Si se levantara sobre las patas traseras, lo que de seguro el muy tonto no sabrá hacer, le llevaría la cabeza al papá de Sofía, no obstante ser éste un hombre bastante alto y corpulento. Debe de ser de lo más insolente. Yo gruñí un poco en dirección suya; pero él, como si nada. Podría haberme hecho un guiño, pero es un bruto, no tiene modales. Se está mirando mi ventana, con sus orejas largas y su lengua al aire. ¿Y crees acaso que mi corazón permanece insensible a todas estas ofertas? No, te equivocas, *ma chère*... ¡Si hubieras visto a uno de mis admiradores, llamado Trésor, cuando salta la verja de la casa vecina!... ¡Ay *ma chère*, qué carita tiene!"

¡Bah! ¡Qué asco! ¡Qué demonios! ¿Cómo es posible llenar las páginas con semejantes tonterías? Ya no quiero saber nada de perros; quiero a una persona. Sí, eso es, una persona para que pueda enriquecer el caudal de mi alma..., y en vez de ello, ¡qué es lo que encuentro!

¡Tonterías, sólo tonterías! Demos la vuelta a la página, a ver si hay algo mejor.

"Sofía estaba sentada junto a una mesita cosiendo; yo miraba por la ventana a los paseantes, pues me gusta mucho observarlos, cuando entró el lacayo y anunció:

"—El señor Teplov.

"—Que pase —exclamó Sofía, y se abalanzó sobre mí para besarme—. ¡Ay, Medji! ¡Si supieras quién es! Es un gentilhombre de la Cámara, moreno, con ojos negros y brillantes como el fuego.

"Sofía se marchó corriendo a su habitación. Un minuto después entraba el joven gentilhombre de la Cámara, que gastaba patillas. Se acercó al espejo y se atusó el cabello, luego inspeccionó la habitación. Yo dejé oír un gruñido y me senté en mi sitio. Sofía no tardó en venir y respondió alegremente a su saludo, y yo, como si no reparase en nada, continuaba mirando por la ventana, no obstante haber inclinado la cabeza en dirección a ellos para oír lo que decían. ¡Ay *ma chère*! ¡De qué tonterías hablaban! Hablaban de una señora que durante el baile se equivocó e hizo una figura en vez de otra; de un tal Bobov, que llevaba charretera y se parecía mucho a una cigüeña, y que por poco se cae. También contaron que una tal Lidina se imaginaba tener los ojos azules, cuando en realidad los tenía verdes, y otras tonterías por el estilo. '¡Qué diferencia tan grande hay entre el gentilhombre y Trésor!', pensé para mí. Ante todo, el gentilhombre tiene una cara ancha y completamente plana, con unas patillas alrededor, como si se las hubiera atado con un pañuelo negro. Trésor, sin embargo, tiene una carita fina y en la frente una pequeña calva blanca. ¡En cuanto al talle de Trésor, ni se le puede comparar con el de Teplov! ¡Y no hablemos ya de los ojos y de los modales! ¡Jesús, qué diferencia! ¡No sé, *ma chère*, lo que ha podido encontrar en su Teplov y por qué se muestra tan entusiasmada!…"

A mí también me parece eso un poco extraño. No puede ser que Teplov la haya seducido hasta tal punto. Veamos más adelante.

"Me parece que, si le gusta este gentilhombre, le ha de gustar también ese funcionario que está en el despacho de papá. ¡Ay *ma chère*, si vieras qué feo es! Se parece a una tortuga vestida con un saco…

"¿Quién será este funcionario?… Tiene un apellido rarísimo. Siempre está sentado sacando punta a las plumas. Su pelo es como el heno y papá lo manda siempre en lugar del criado…"

Me parece que esta perra maldita hace alusiones sobre mí. ¡Pero qué voy a tener yo el pelo como el heno!

"Sofía no puede menos que reírse cada vez que lo ve…"

¡Mientes, perra maldita! ¡Se habrá visto qué lengua de víbora! ¡Como si yo no supiera que todo ello es pura envidia! Acaso se figura que ignoro que son cosas del jefe de sección. Ya sé que me tiene un odio feroz y que hace cuanto está en sus manos para fastidiarme. Pero voy a mirar otra carta. Puede que encuentre allí la clave de todo.

"Mi querida Fidele, perdóname por no haberte escrito en tanto tiempo, pero es que estaba completamente hechizada. Ha dicho un escritor que el amor es una segunda vida, y esto es muy exacto. Además, en casa han sucedido grandes cambios. El gentilhombre viene ahora todos los días, y Sofía está perdidamente enamorada de él. Papá está muy contento. Hasta le oí decir a Gregorio, que es el que nos barre el suelo y que casi siempre habla consigo mismo solo, que pronto habrá boda, porque papá quiere casar a Sofía, o con un general, o con un gentilhombre de Cámara, o con un coronel..."

¡Qué diablos! No puedo seguir leyendo... Todo lo mejor ha de ser siempre, o para un gentilhombre de Cámara o para un general. ¡Parece que has encontrado un pobre tesoro y crees que podrás conseguirlo, pero te lo arrebata un general o un gentilhombre de Cámara! ¡Qué demonios! Quisiera ser general, no para obtener su mano y las demás cosas, sino para ver con qué consideración iban a tratarme y cuántos miramientos me dedicarían. Después podría decirles en pleno rostro que me importaban un bledo.

¡Demonios, qué pena! Rompí en mil pedazos las cartas de la estúpida perra.

3 de noviembre

No puede ser. Es mentira. ¡La boda no se efectuará! ¡Qué más da que sea un gentilhombre de Cámara! Esto no es más que un cargo de dignidad, no es ninguna cosa visible que se pueda coger con las manos. Por ser él un gentilhombre de Cámara no le va a salir otro ojo en la frente ni va a tener una nariz de oro, sino que la tiene igual que yo y que todos los demás mortales; pero no come ni tose con ella, sino que huele y estornuda como todos. Ya en diversas ocasiones quise averiguar de dónde provenían semejantes diferencias. ¿Por qué he de ser yo un consejero titular y con qué motivo? Puede que yo sea algún conde o algún general, y que sólo así paso por un consejero titular. Quizás ignore yo mismo quién soy. ¡Cuántos ejemplos hay en la historia! Se ha dado el caso de que un sencillo villano, no digamos ya un noble, o un vulgar campesino de repente descubre que es todo un personaje e incluso, a veces, un rey. ¡Y si un sencillo mujik llega a estas alturas, qué será entonces de un noble! Si, por ejemplo, de repente entrase yo vestido con el uniforme de general, llevando una charretera en el hombro derecho y otra en el izquierdo, y con una cinta azul en el pecho, ¿qué pasaría entonces? ¿Qué diría mi hermosa ninfa? ¿Se opondría su papá, nuestro director? ¡Oh! Él es muy vanidoso. Es un masón, no cabe duda de que es masón, aunque aparente ser tan pronto una cosa como otra. Pero yo en seguida me di cuenta de que era masón, y si le tiende la mano a uno, sólo le da los dos dedos. ¿Acaso no puedo ser nombrado ahora mismo general, gobernador o intendente, o recibir cualquier cargo importante? ¿Me gustaría saber por qué soy consejero titular? ¿Sí, por qué he de ser precisamente consejero titular?

5 de diciembre

Hoy estuve toda la mañana leyendo periódicos. ¡Qué cosas tan raras suceden en España! ¡Hasta me fue imposible comprenderlo del todo! Se dice que el trono se halla vacante y que los altos dignatarios están en una situación muy difícil respecto a la elección del heredero, y que de allí proviene la indignación general. Esto me parece sumamente extraño. ¿Cómo puede estar el trono vacante? Dicen también que cierta doña ha de subir al trono. Pero una doña no puede subir al trono, eso es imposible, pues el trono debe ser ocupado por un rey. Pero dicen que no hay rey, mas es inadmisible que no haya un rey. Un Estado no puede estar sin un rey. Este debe de existir, pero seguramente está de incógnito. A lo mejor, se encuentra allí mismo; pero por razones de índole familiar o por temor a las potencias vecinas, como Francia y los demás países, se ve obligado a esconderse. También puede ser por otros motivos.

8 de diciembre

Ya estaba dispuesto a ir a la oficina, pero me detuvieron diferentes motivos y en particular mis reflexiones. No puedo dejar de pensar en los asuntos de España. ¿Cómo puede ser que una doña sea reina? No lo permitirían. Inglaterra, sobre todo, no lo permitiría, y, además, los asuntos políticos de toda Europa. También se opondrán a ello el emperador de Austria y nuestro zar... Confieso que estos acontecimientos obraron con tanta fuerza sobre mí, que fui incapaz de hacer nada durante todo el día. Marva me hizo observar que durante la comida estuve muy agitado. En efecto, al parecer, dejé caer dos platos al suelo, que se hicieron añicos; tan distraído me hallaba. Después de comer, salí; pero no pude sacar nada en limpio. Después, estuve la mayor parte del tiempo tumbado en la cama, reflexionando sobre los asuntos de España.

Año 2000, 3 de abril

¡Hoy es un gran día! ¡En España hay un rey! ¡Por fin ha sido encontrado! Y este rey soy yo. Reconozco que al parecer me ha iluminado un rayo. No comprendo cómo pude pensar e imaginarme que era un consejero titular. ¿Cómo pudo ocurrírseme una idea tan loca? Menos mal que entonces no se le antojó a nadie meterme en una casa de locos. Ahora me ha sido revelado todo, ahora lo veo todo con claridad. Antes no comprendía, antes diríase que todo lo que veía estaba sumido en la niebla. Todo esto sucede, creo yo, porque la gente se imagina que el cerebro de una persona está en su cabeza; pero no es así, es el viento quien lo trae del mar Caspio. Primero declaré a Marva quién era yo. Al enterarse de que se hallaba ante el rey de España, alzó los brazos al cielo y por poco se muere del susto. Ella es tonta y jamás habrá visto al rey de España. Sin embargo, procuré calmarla y le aseguré con palabras indulgentes que estaba lleno de benevolencia para con ella y que no le guardaba rencor por haberme limpiado mal los zapatos algunas veces. Hace falta tener en cuenta que la pobre forma parte del pueblo y que no se le puede hablar de temas elevados. Se asustó porque está convencida de que todos los reyes de España son como Felipe II. Pero yo le expliqué que entre Felipe II y yo no había el menor parecido, y que yo no tenía capuchinos. No fui a la oficina. ¡Que se vaya al diablo! ¡No, ya no me cogerán más, amigos! ¡Se acabó, ya no copiaré más sus odiosos documentos!

8 de octubre. Entre el día y la noche.

Hoy vino a verme el ejecutor con el propósito de que fuera a la oficina, pues hacía más de tres semanas que no aparecía por allí. Yo fui a la oficina por pura broma. El jefe de sección pensaba seguramente que yo iba a saludarlo y pedirle excusas; pero yo sólo le eché una mirada indiferente, que no era ni demasiado colérica ni demasiado familiar o benévola. Miré a todos esos bribones que estaban en la cancillería, y pensé: "¿Qué pasaría si supieran quién está entre ustedes?..." ¡Dios mío! ¡Qué jaleo se armaría! El jefe de la sección en persona vendría a saludarme, haciéndome un profundo saludo, igual que hace ahora con nuestro director. Pusieron delante de mí unos documentos para que hiciera un resumen de ellos. Pero yo ni siquiera moví un dedo. Unos cuantos minutos después todos se hallaban sumamente agitados; al parecer, iba a venir el director. Muchos empleados se precipitarían a su encuentro. Pero yo no me moví de mi sitio. Cuando el director pasó por nuestra sección, todos se abrocharon el frac; mas yo no hice nada. ¡Venía el director! Bueno, ¿y qué? ¡Jamás iba a levantarme delante de él! ¡Qué era un director! (¡Era un corcho y no un director! Un corcho de lo más corriente y nada más.) Uno de esos corchos con los que se tapan las botellas. Lo que más me hizo gracia fue cuando me trajeron un documento para que lo firmase. Ellos se figuraban que iba a firmar humildemente en el bajo de la página, pero yo escribí en el sitio principal, allí donde firma el director, Fernando VIII. Hacía falta ver qué silencio tan religioso reinó en la sala. Yo sólo hice un ademán con la mano y dije: "No son necesarios juramentos de fidelidad". Después de lo cual salí. Me fui directamente al piso del director, que no estaba en casa. El criado no quería dejarme pasar; pero yo le dije unas cuantas palabras, y su efecto fue tal, que se quedó helado con los brazos caídos. Me dirigí sin cavilar al gabinete. La hallé sentada ante el espejo. Al entrar yo, dio un salto atrás. Yo, sin embargo, no le dije que era el rey de España; sólo le declaré que le esperaba una felicidad tal, que ni siquiera podía imaginársela, y que, a pesar de todas las intrigas de nuestros enemigos, estaríamos juntos. No quise decirle más, y salí. ¡Oh, qué ser más pérfido es la mujer! Sólo ahora he comprendido lo que son las mujeres. Hasta ahora nadie sabía de quién estaba enamorada la mujer. Yo fui el primero en descubrirlo. La mujer está enamorada del demonio. Sí, y esto no es ninguna broma. Los fisiólogos escriben tonterías acerca de ella; pero ella sólo ama al demonio. Mire, desde el palco pasea sus gemelos. ¿Cree usted que mira a ese señor gordo con una condecoración? Nada de eso, mira al demonio que tiene detrás de su espalda. ¡Mírele, se ha escondido en la condecoración! ¡Mire ahora cómo le hace señas con el dedo! Y ella se casará con él.

Sí, se casará. Y todos esos funcionarios padres de familia, todos esos que se insinúan en todos los sitios procurando introducirse en la Corte, y dicen que son patriotas y esto y aquello, todos esos patriotas no aspiran más que a conseguir arrendamientos. Serían, por dinero, capaces de vender a su madre, a su padre e incluso a Dios.

Todo esto no es más que vanidad, y eso se explica, porque debajo de la lengua hay una pequeña ampolla, y dentro de ella, un gusanillo del tamaño de un alfiler, y todo esto lo hace cierto barbero que vive en la calle Gorojovaia. No me acuerdo cómo se llama; pero todo el mundo sabe que quiere predicar el mahometismo por el mundo entero, junto con una comadrona. Por eso dicen que en Francia la mayoría de las personas se convierten al mahometismo.

Cierta fecha. Un día sin fecha

Me paseé de incógnito por el Nevski. Pasó el coche del zar, y toda la gente se quitó el sombrero; yo también lo hice y me comporté como si no fuera rey de España. Encontré poco adecuado descubrir mi personalidad, así, delante de todos. Ante todo, he de presentarme en la Corte. Lo único que me retiene hasta ahora es que no tengo ningún traje de rey. Si por lo menos pudiera conseguir algún manto... Pensé encargárselo al sastre; pero esta gente es tan burra, y, además, no cuidan de su trabajo desde que se han dedicado a los asuntos, y se están la mayoría del tiempo en la calle. Decidí hacer el manto de mi nuevo uniforme de gala, que sólo me puse dos veces; pero temiendo que estos granujas fueran a estropeármelo, resolví hacerlo yo mismo. Cerré la puerta de mi cuarto para que nadie me viera, y emprendí la labor. Lo desarmé todo con ayuda de las tijeras, pues su corte ha de ser totalmente distinto.

No recuerdo la fecha ni el mes. El diablo sabrá qué mes era.

El manto ya está acabado. Marva dio un grito cuando me lo vio puesto. Sin embargo, no me atrevo aún a presentarme en la Corte. Hasta ahora no ha llegado la diputación de España. Y sin la diputación resultaría incorrecto. Rebajaría con ello mi dignidad. La estoy esperando a cada momento.

Día 1º

Me extraña que los diputados tarden tanto. ¿Qué motivos pudieron retenerlos? ¿Acaso Francia? Sí, es el reino más desfavorable a todo. Fui a Correos para informarme de si habían llegado los diputados españoles. Pero el empleado de allí es completamente estúpido y no sabe nada. Sólo me dijo: "No; aquí no hay ningún diputado español; pero si quiere mandar una carta, puede hacerlo y nosotros la certificaremos según la tarifa indicada". ¡Voto a mil diablos! ¡Quién habla de cartas! Eso son tonterías. Las cartas sólo las escriben los farmacéuticos...

Madrid, 30 de febrero

Y heme aquí en España. Esto ha sucedido con tanta rapidez, que apenas si puedo volver de mi asombro. Esta mañana se presentaron en casa los diputados españoles, y yo me fui con ellos en una carroza. Me extrañó la extraordinaria rapidez del viaje, íbamos con tanta velocidad, que en menos de media hora llegamos a la frontera de España. Claro está que ahora en toda Europa los caminos de hierro colado son muy buenos y el servicio de barcos está muy organizado. ¡Qué país tan extraño es España! Al entrar en la primera habitación, vi a muchas personas con el pelo cortado al rape, y en seguida me figuré que debían de ser dominicos o capuchinos, pues tienen el hábito de afeitarse la cabeza. El comportamiento del canciller de Estado conmigo me pareció de lo más extraño: me llevó de la mano y me condujo a un cuarto, a cuyo interior me empujó, diciéndome:

—Quédate aquí. Y si persistes en pasar por el rey Fernando, ya te quitaré yo las ganas de seguir haciéndolo.

Pero yo sabía que esto no era más que una prueba, y protesté enérgicamente, lo que me valió por parte del canciller dos golpes en la espalda. Fueron tan dolorosos, que me faltó poco para gritar; pero me contuve al pensar que esto era sólo una costumbre caballeresca que siempre tenía lugar en los grandes acontecimientos, ya que en España se conservaban aún las tradiciones caballerescas. Al quedarme solo decidí ocuparme de los asuntos de Estado. Descubrí que la China y España eran el mismo país, y que sólo por ignorancia se consideran como estados diferentes. Aconsejo a todo el mundo que escriba en un papel la palabra España, y verá como sale China.

Pero me está disgustando sumamente un acontecimiento que tendrá lugar mañana. Mañana, a las siete, se producirá un fenómeno terrible. La Tierra va a sentarse sobre la Luna. Acerca de esto ha escrito el célebre químico inglés Wellington. Confieso que sentí cómo mi corazón empezaba a latir de inquietud al pensar en la delicadeza y falta de resistencia de la Luna. Todos sabemos que la Luna se fabrica generalmente en Hamburgo, y, además, muy mal. Me sorprende cómo Inglaterra no presta atención a ello. La fabrica un tonelero cojo, y es evidente que el muy tonto no tiene el menor conocimiento de la Luna. Ha puesto una cuerda de alquitrán y el resto es de aceite de madera, y por eso huele tan mal por toda la Tierra, de tal forma que tiene uno que taparse las narices. Pero la Luna es un globo tan delicado, que es imposible que la gente viva allí, y ahora sólo viven las narices. Ésta es la razón por la cual no podemos ver nuestras narices, ya que todas están en la Luna.

Al pensar que la Tierra, materia pesada y potente, iba a sentarse sobre la Luna, y al imaginarme el tormento que sufrirían nuestras narices, se apoderó de mí una inquietud tal, que me puse los calcetines y me calcé en el acto para correr a la sala del Consejo de Estado y dar órdenes, con el fin de que la policía no permitiese a la Tierra sentarse sobre la Luna. Los numerosos capuchinos que hallé en la sala del Consejo de Estado eran personas muy inteligentes, y cuando les dije: "Caballeros, salvemos a la Luna, porque la Tierra quiere sentarse encima de ella", todos en el acto se precipitaron para cumplir mi real deseo. Algunos treparon por las paredes con el fin de alcanzar la Luna; pero en aquel momento entró el gran canciller. Al verle, todos echaron a correr y yo, como rey, me quedé solo. Pero, con gran sorpresa por mi parte, me golpeó con un palo y me echó a mi cuarto. Tal es el poder de las costumbres populares y tradicionales en España.

Enero del mismo año, que tuvo lugar después de febrero

Hasta ahora no puedo comprender qué país tan raro es España. Las costumbres populares y el ceremonial de la Corte son completamente extraordinarios. No comprendo, decididamente no comprendo nada. Hoy me han afeitado la cabeza, a pesar de que grité como un condenado, diciendo que no quería ser un monje. Pero ya soy incapaz de recordar lo que me pasó cuando empezaron a verterme agua fría sobre la cabeza. ¡Jamás experimenté un infierno semejante! Estaba a punto de volverme rabioso, y apenas pudieron retenerme. No comprendo el significado de esta extraña costumbre. ¡Es una costumbre estúpida, absurda! Me niego a comprender la insensatez de los reyes, que hasta ahora no han sabido deshacerse de estas costumbres. A juzgar por todo, me figuro que habré caído en manos de la Inquisición, y seguramente aquel a quien tomé por el canciller no es más que el gran inquisidor. Pero lo único que aún no logro comprender es cómo un rey puede someterse a la Inquisición. Claro que de esto pueden tener la culpa Francia y Polignac. ¡Ah, este Polignac! ¡Qué bestia! ¡Juró oponerse a mí hasta la muerte! Y por eso me persiguen todo el tiempo; pero ya sé, amigo mío, que obras bajo la presión de Inglaterra. Los ingleses son unos grandes políticos que siempre se insinúan en todos los sitios. Y sabe el mundo entero que cuando Inglaterra aspira rapé, Francia estornuda.

Día 25

Hoy el gran inquisidor vino a mi habitación. Pero yo, en cuanto oí sus pasos desde lejos, me escondí debajo de la silla. Él, al ver que no estaba empezó a llamarme. Al principio gritó:

—¡Poprischew!

Yo permanecí callado.

Después dijo:

—¡Aksanti Ivanovich, consejero titular, noble!

Pero yo permanecía callado.

—¡Fernando VIII, rey de España!

Yo quise sacar la cabeza, pero pensé: "No, amigo, ya no me engañas. Otra vez me vas a echar agua fría sobre la cabeza". Pero debió de verme, y me hizo salir con su palo de debajo de la silla. ¡Qué daño hace ese maldito palo! Sin embargo, fui recompensado de todo con el hallazgo que hice hoy. Descubrí que cada gallo tiene una España y que la lleva debajo de las plumas. Pero el gran inquisidor se fue muy enfadado, amenazándome con terribles castigos. Yo no hice caso de su ira impotente, ya que obra sólo como una máquina, como un instrumento en mano de los ingleses.

Día 34 de febrero de 343

¡No, ya no tengo fuerzas para aguantar más! ¡Dios mío!, ¿qué es lo que están haciendo conmigo? Me echan agua sobre la cabeza. No me hacen caso, no me miran ni me escuchan. ¿Qué les he hecho yo, Señor? ¿Por qué me atormentan? ¿Qué es lo que esperan de mí? ¡Ay, infeliz de mí! ¿Qué les puedo dar yo? Yo no tengo nada. No tengo fuerzas, no puedo aguantar más todos los martirios que me hacen. Tengo la cabeza ardiendo, y todo da vueltas en torno mío. ¡Sálvenme, llévenme de aquí! ¡Que me den una troika con caballos veloces! ¡Siéntate, cochero, para llevarme lejos de este mundo! ¡Más lejos, más lejos, para que no se vea nada!... ¡Cómo ondea el cielo delante de mí! A lo lejos centelleaba una estrella, el bosque de árboles sombríos desfila ante mis ojos, y por encima de él asoma la luna nueva. Bajo mis pies se extiende una niebla azul oscura; oigo una cuerda que sueña en la niebla; de un lado está el mar, y del otro, Italia; allí, a lo lejos, se ven las chozas rusas. ¿Quizá sea mi casa la que se vislumbra allá a lo lejos? ¿Es mi madre la que está sentada a la ventana? ¡Madrecita, salva a tu pobre hijo! ¡Vierte unas cuantas lágrimas sobre su cabeza enferma! ¡Mira cómo lo martirizan! ¡Ampara en tu pecho a tu pobre huérfano! En el mundo no hay sitio para él. ¡Lo persiguen! ¡Madrecita, ten piedad de tu niño enfermo!... ¡Ah! ¿Sabe usted que el bey de Argel tiene una verruga debajo de la nariz?

LA AVENIDA NEVSKI

No hay nada mejor, por lo menos para Petersburgo, que la perspectiva Nevski[3]. Ella allí lo significa todo. ¡Con qué esplendor refulge esta calle, ornato de nuestra capital!... Yo sé que ni el más mísero de sus habitantes cambiaría por todos los bienes del mundo la perspectiva Nevski... No sólo el hombre de veinticinco años, de magníficos bigotes y levita maravillosamente confeccionada, sino también aquel de cuya barbilla surgen pelos blancos y cuya cabeza está tan pulida como una fuente de plata, se siente entusiasmado de la perspectiva Nevski. ¡En cuanto a las damas!... ¡Oh!... Para las damas, la perspectiva Nevski es todavía más agradable. ¿Y para quién no es ésta agradable?... Apenas entra uno en ella percibe olor a paseo. Aunque vaya uno preocupado por algún asunto importante e indispensable, es seguro que al llegar a ella se olvidan todos los asuntos.

Éste es el único lugar donde la gente se exhibe, sin sentirse acuciada por la necesidad o el interés comercial que abraza a todo Petersburgo. Diríase que el hombre que se encuentra en la perspectiva Nevski es menos egoísta que el de Morskaia, Gorojovaia, Liteinaia, Meschanskaia y demás calles, en las que la avaricia, el afán de lucro y la necesidad aparecen impresos en los rostros de los peatones y de los que la atraviesan al vuelo de sus berlinas u otros carruajes. La perspectiva Nevski es la principal vía de comunicación de Petersburgo; aquí el habitante del distrito de Petersburgski o de Viborgski, que desde hace años no visitaba a su amigo residente en Peski o en Moskovskaia Sastava, puede estar seguro de que lo encontrará sin falta. Ninguna guía ciudadana ni ninguna oficina de información podrían suministrar noticias tan exactas como puede hacerlo la perspectiva Nevski. ¡Oh, todopoderosa perspectiva Nevski!... ¡Única distracción del humilde en su paseo por Petersburgo! ¡Con qué pulcritud están barridas sus aceras y..., Dios mío..., cuántos pies han dejado en ellas sus huellas! La torpe bota del soldado retirado, bajo cuyo peso parece agrietarse el mismo granito; el zapatito diminuto y ligero como el humo de la joven dama, que vuelve su cabecita hacia los resplandecientes escaparates de los almacenes, como el girasol hacia el sol; el retumbante sable del teniente lleno de esperanzas que las araña al pasar..., ¡todo deja impreso sobre

---

[3] En Petersburgo la mayoría de las avenidas se llaman "perspectivas".

ellas el poder de su fuerza o de su debilidad! ¡Cuánta rápida fantasmagoría se forma en ellas tan sólo en el transcurso de un día! ¡Qué cambios sufren en veinticuatro horas!

Empecemos a considerarlas desde las primeras horas de la mañana, cuando todo Petersburgo huele a panes calientes y recién hechos, y está lleno de viejas con vestidos rotos y envueltas en capas, que asaltan primeramente las iglesias y después a los transeúntes compasivos. A esta hora la perspectiva Nevski está vacía: los robustos propietarios de los almacenes y sus comisionistas duermen todavía dentro de sus camisas de holanda o enjabonan sus nobles mejillas y beben su café; los mendigos se agolpan a las puertas de las confiterías, donde el adormilado Ganimedes que ayer volaba como una mosca portador del chocolate, ahora, sin corbata y con la escoba en la mano, barre, arrojándoles secos pirogi y otros restos de comida. Por las calles circula gente trabajadora; a veces, también mujiks rusos dirigiéndose apresurados a sus tareas y con las botas tan manchadas de cal, que ni siquiera toda el agua del canal de Ekaterininski, famoso por su limpieza, hubiera bastado para limpiarlas. A esta hora no es prudente que salgan las damas, pues al pueblo ruso le agrada usar tales expresiones, como seguramente no habrán oído nunca ni en el teatro. A veces, un adormilado funcionario la atraviesa con su cartera bajo el brazo, si se da el caso de que su camino al Ministerio pase por la perspectiva Nevski.

Decididamente, puede decirse que a esta hora, o sea hasta las doce del mediodía, la perspectiva Nevski no constituye objetivo para nadie, y sirve solamente como medio: poco a poco va llenándose de personas que por sus ocupaciones, preocupaciones y enojos no piensan para nada en ella. El mujik ruso habla de la grivna o de los siete groschi; los viejos y las viejas agitan las manos o hablan consigo mismos, a veces entre fuertes gesticulaciones; pero nadie los escucha ni se ríe de ellos, con excepción acaso de los muchachuelos de abigarradas batas que, llevando en las manos pares de zapatos o botellas vacías, corren por la perspectiva Nevski. A esta hora, aunque se hubiera usted puesto en la cabeza un cucurucho en lugar de un sombrero, aunque su cuello sobresaliera demasiado sobre su corbata, puede estar bien seguro de que nadie se fijará en ello.

A las doce, en la perspectiva Nevski hacen invasión los preceptores de todas las naciones, acompañados de sus discípulos, que lucen cuellos de batista. Los Jones ingleses y los Coco franceses llevan colgados del brazo a los alumnos que les han sido confiados, y con la conveniente respetabilidad explican a éstos que los rótulos que se encuentran sobre las tiendas están allí colocados para que pueda saberse lo que se contiene en dichas tiendas. Las institutrices, pálidas misses rosadas eslavas, caminan majestuosamente tras sus ligeras y movibles muchachas, ordenándoles que levanten un poco más el hombro y se enderecen.

Para abreviar: a esta hora la perspectiva Nevski es una perspectiva Nevski pedagógica. Sin embargo, cuanto más se acercan las dos de la tarde, más disminuye el número de preceptores, pedagogos y niños. Éstos han sido desplazados de allí por sus tiernos padres, que pasan llevando del brazo a las compañeras de sus vidas, de nervios débiles y vestidas de abigarrados colores. Poco a poco, a su compañía se unen todos aquellos que han terminado sus bastante importantes ocupaciones caseras, tales como, por ejemplo, los que han consultado al médico sobre el tiempo o sobre el pequeño grano salido en la nariz, los que se han informado de la salud de los caballos y de sus hijos (que, dicho sea de paso, muestran grandes capacidades), los que han leído los carteles y un artículo importante en los periódicos sobre los que llegan y los que se van, y, por último, los que han bebido su taza de café o de té; a éstos se unen también aquellos a quienes el destino, envidioso, deparara la bendita categoría de "funcionario" encargado de importantes asuntos: se unen los que, empleados en el Ministerio del Exterior, destacan por la nobleza de sus ocupaciones y costumbres. ¡Dios mío! ¡Qué empleos y servicios tan maravillosos existen!... ¡Cuánto elevan y regocijan el alma! Pero..., ¡ay de mí!... Yo, por no estar empleado, he de privarme del gusto que me proporcionaría el fino comportamiento de los superiores...

Todo lo que encuentre usted en la perspectiva Nevski está impregnado de conveniencia. Los caballeros de largas levitas y manos metidas en los bolsillos; las damas de redingotes de raso blanco, rosa, azul pálido y sombrero. Aquí encontrará usted patillas únicas, a las que se deja pasar con extraordinario, con asombroso arte, bajo la corbata. Patillas de terciopelo, de raso, negras como el carbón, pero, ¡ay!, pertenecientes tan sólo a los miembros del Ministerio del Exterior. A los empleados de otros departamentos el destino les ha negado esas negras patillas, y con enorme disgusto se ven obligados a llevarlas de color rojizo.

Aquí encontrará usted maravillosos bigotes. Ninguna pluma, ningún pincel puede describirlos. Bigotes a cuyo cuidado se ha dedicado la mejor mitad de la vida, que son objeto de largas atenciones durante el día y durante la noche; bigotes sobre los que fueron vertidos exquisitos perfumes, aromas y las más raras y costosas pomadas de todas clases; bigotes que se envuelven por la noche en el más fino papel; bigotes a los que va dirigido el afecto más conmovedor de sus poseedores y que despiertan la envidia de los transeúntes.

Sombreros, vestidos, pañuelos multicolores y vaporosos, que a veces hasta dos días seguidos han logrado la preferencia de sus propietarias, podrían con sus mil clases diversas deslumbrar a cualquiera en la perspectiva Nevski.

Se diría que todo un mar de maripositas desprendiéndose de los largos tallos se eleva de repente, agitándose cual resplandeciente nube, sobre los negros escarabajos del sexo masculino. Aquí encontrará usted cinturas tales como nunca las habrá soñado: finitas, estrechitas; talles no más gruesos que el cuellecito de una botella, y al encontrarse con ellos se apartará usted con respeto, para evitar el poder tropezarlas por descuido con un codo descortés. De su corazón se apoderarán entonces la timidez y el miedo de quebrar con la desconsiderada respiración tan maravillosa obra de la naturaleza y el arte. Y ¡qué mangas de señora verá usted en la perspectiva Nevski!... ¡Ay, qué maravilla! Se asemejan un poco a dos globos de oxígeno, hasta el punto de que la dama podría elevarse en el aire si el hombre no la sujetara; porque alzar una dama en el aire resulta igual de fácil y agradable que llevarse a los labios una copa llena de champaña.

En ningún sitio, al encontrarse, se saludan las gentes con tanta nobleza y desembarazo como en la perspectiva Nevski. Aquí encontrará usted la sonrisa única, la sonrisa que es una obra maestra; a veces tal, que, por el contrario, se verá usted más bajo que la misma hierba, y a veces tal, que se sentirá más alto que el pararrayos del Almirantazgo y levantará orgulloso la cabeza. Aquí encontrará usted a los que conversan sobre el tiempo o el último concierto con una extraordinaria nobleza y el sentido de su propia dignidad. Aquí encontrará usted millares de caracteres incomprensibles y fenómenos. ¡Oh, Creador!... ¡Qué caracteres tan extraños encuentra uno en la perspectiva Nevski! Hay allí infinidad de gentes que al ver a usted le mirarán irremisiblemente a los zapatos, y si usted pasa sin detenerse, se volverán de fijo para mirarle a los faldones.

Todavía no he podido comprender por qué ocurre esto. Al principio pensé que se trataría de zapateros; pero luego resultó que no era así. La mayor parte estaban empleados en diversos departamentos; muchos de ellos podrían escribir de una manera perfecta una comunicación y dirigirla de un departamento oficial a otro, o pasearse o leer periódicos en las confiterías... O sea, que la mayor parte son gente como es debido.

En esta bendita hora de las dos a las tres de la tarde (que puede calificarse de capital movible de la perspectiva Nevski) tiene lugar la principal exposición de las mejores obras del hombre. El uno exhibe una elegante levita guarnecida del mejor castor; otro, una maravillosa nariz griega; el tercero usa unas magníficas patillas; la cuarta un par de bellos ojos y un asombroso sombrerito; el quinto, una sortija con talismán pasada al elegante meñique; la sexta, un piececito dentro de un encantador y diminuto zapato; el séptimo, una corbata que despierta la curiosidad, y el octavo, unos bigotes que sumergen en asombro. Pero... dan las tres y la exposición se termina y la muchedumbre disminuye... A las tres sobreviene un nuevo cambio.

En la perspectiva Nevski, de repente, se hace la primavera; toda ella se cubre de funcionarios de uniformes verdes. Hambrientos consejeros titulares de Corte y de otras clases emplean todas sus fuerzas en acelerar su paso. Los funcionarios jóvenes y los secretarios se apresuran a aprovechar un poco más el tiempo y a pasear por la perspectiva Nevski con un porte que no demuestra que se han pasado seis horas seguidas sentados en una oficina del Estado; pero los viejos secretarios y consejeros titulares de la Corte caminan de prisa y con la cabeza baja. No tienen tiempo de ocuparse en la contemplación de los transeúntes. No se sienten todavía liberados de sus preocupaciones. En sus cabezas hay un enredo y todo un archivo de asuntos empezados y sin terminar; ha de pasar mucho tiempo hasta que dejen de ver, en lugar de un anuncio, la carpeta llena de papeles o el rostro carnoso del jefe de la cancillería.

A partir de las cuatro la perspectiva Nevski queda vacía, y será raro que encuentre usted en ella un solo funcionario. Alguna costurerilla que, saliendo de la tienda, corre con la caja entre las manos por la perspectiva Nevski; alguna lastimosa víctima de la prodigalidad, vestida con un mísero capote; algún bobalicón a quien se encuentra de paso y para el cual las horas son iguales; alguna alta y larguísima inglesa con el *ridicule* y el libro entre las manos; algún cobrador, el ruso de levita de mezcla de algodón (cuya cintura descansa en mitad de la espalda) y de delgada barba, que vive una vida prendida con alfileres, en la que todo se tambalea —la espalda, los brazos, los pies y la cabeza— cuando respetuosamente circula por la acera; algún artesano... y a nadie más encontrará usted en la perspectiva Nevski.

Pero tan pronto como desciende el crepúsculo sobre las casas y las calles, y el farolero cubierto de esparto se sube en su escalera para encender los faroles, y a las vitrinas de los escaparates se asoman aquellas estampas que no se atrevían a asomarse durante el día..., entonces la perspectiva Nevski vive de nuevo y empieza a moverse. Ha llegado la hora misteriosa en la que las lámparas prestan a todo una sugestiva y maravillosa luz. Encontrará usted a muchos jóvenes, solteros en su mayor parte, vestidos de levita y cubiertos con un capote. A esta hora se percibe que las gentes persiguen un fin o al menos algo parecido a un fin, un algo excesivamente inconsciente; los pasos se hacen más rápidos y desiguales, las largas sombras se deslizan raudas por las paredes y el suelo de la calle y casi alcanzan con sus cabezas el puente Politzeiski. Los jóvenes funcionarios y secretarios pasean durante largo rato, pero los viejos consejeros titulares y de Corte se quedan en su mayoría en casa, bien porque sean casados o porque sus cocineras alemanas les preparan muy bien la comida. Aquí encontrará usted a los viejos respetables que con tan importante aire y asombrosa nobleza paseaban a las dos por la perspectiva Nevski. Les verá usted correr, lo mismo que a los jóvenes secretarios, con objeto de mirar bajo el sombrero de alguna de esas damas, cuyos gruesos labios y maquilladas mejillas tanto gustan a muchos de los paseantes y aún más a los cobradores y comerciantes que, vestidos siempre de levita al estilo alemán, circulan en tropel y cogidos generalmente del brazo.

—¡Para! —gritó en este momento el teniente Piragov, dando un tirón al joven vestido de frac y cubierto con una capa que marchaba a su lado—. ¿Has visto?

—He visto. ¡Maravillosa! Es enteramente la Biancca de Peruggini.

—Pero ¿de quién estás hablando?

—¡Pues de ella! ¡De aquella de pelo oscuro!… ¡Qué ojos!… ¡Dios mío, qué ojos!… ¡Todo!… ¡El contorno! ¡El óvalo del rostro! ¡Es un milagro!

—Te estoy hablando de la rubia. De la que pasó tras ella por aquel lado… ¿Por qué no sigues a la morena si te ha gustado tanto?

—¡Oh!… ¿Cómo hacerlo?… —exclamó el joven vestido de frac, ruborizado. ¡Como si fuera una de esas que pasan por el atardecer por la perspectiva Nevski!… ¡Debe de ser una dama muy principal! Solamente su capa debe de valer por lo menos 80 rublos.

—¡Bobo!… —dijo con viveza Piragov, empujándolo con fuerza hacia el punto en donde flotaba la capa de alegre colorido. ¡Anda, pánfilo, que se te va a escapar! Yo, mientras tanto, iré tras la rubia.

Y ambos amigos se separaron.

"¡Ya las conocemos a todas!", pensó para sí Piragov con una sonrisa complacida y vanidosa, convencido de que no existía belleza que pudiera resistírsele.

El joven del frac y la capa se dirigió con tímido paso hacia el punto en que ondeaba a lo lejos la capa de vivos colores, que tan pronto brillaba a la luz del farol, al pasar junto a éste, como se cubría inmediatamente de oscuridad al alejarse. El corazón le latía en el pecho, y sin querer apresuraba el paso. No se atrevía siquiera a pensar que pudiera tener algún derecho a la atención de la belleza que se le escapaba volando a lo lejos, cuanto menos a dar cabida en su pensamiento a la negra alusión del teniente Piragov. Sólo quería ver la casa…, fijarse en dónde tenía la vivienda aquella encantadora criatura, que parecía haber caído directamente del cielo a la perspectiva Nevski, y que seguramente desaparecería no se sabría por dónde. Marchaba tan de prisa, que empujaba sin cesar fuera de la acera a los respetables señores de canosas patillas.

Este joven pertenecía a una clase que entre nosotros constituye un fenómeno bastante raro, y que tanto podía pertenecer a la ciudad de Petersburgo como la persona que vemos en sueños al mundo real. Esta casta excepcional era muy extraordinaria en aquella ciudad, donde todos eran funcionarios, comerciantes o artesanos alemanes. Era pintor. ¿No es verdad que era aquél un extraño fenómeno? ¡Un pintor de Petersburgo! ¡Pintor en la tierra de las nieves! ¡Pintor en el país de los finlandeses…, donde todo es húmedo, liso, llano, pálido, gris y embrumado! Estos pintores no se parecen a los pintores italianos, orgullosos, ardientes como Italia y su cielo. Por el contrario, son en su mayor parte gente buena, tímida, que se turba fácilmente, despreocupada, apegada calladamente a su arte, que bebe té junto a sus dos amigos en su pequeña habitación, que habla modestamente del tema querido y no piensa en nada superfluo. Acostumbra llevar a su casa a alguna mendiga vieja y la obliga a permanecer allí durante seis horas con objeto de plasmar después sobre el lienzo su expresión lastimera sin sentimiento. Dibuja la perspectiva de su habitación, llena de fruslerías artísticas: brazos y pies de escayola, que el polvo y el tiempo han tornado del color del café; rotos y pintorescos caballetes, la paleta volcada, el amigo que toca la guitarra, las paredes manchadas de pintura, la ventana abierta, a través de la cual se ve pasar el pálido Neva y los pobres pescadores vestidos con camisas rojas. El colorido de sus obras suele ser gris y turbio, como si llevara impreso el sello del Norte.

Además, se aplican a su trabajo con verdadero deleite. Frecuentemente esconden dentro de sí verdadero talento, y si sobre ellos hubiera soplado el fresco viento de Italia, seguramente ese talento se hubiese desarrollado con la misma brillantez y libertad que la planta sacada de la habitación al aire libre. Por lo general son muy tímidos: la vista de una condecoración o de unas gruesas charreteras produce en ellos tal azoramiento, que sin querer rebajan al punto el precio de sus creaciones. Gustan a veces de elegantizarse; pero esta elegancia resulta en ellos demasiado chillona, y se asemeja un poco a un remiendo. Los verá usted a veces vestidos con un magnífico frac y una capa manchada, con un rico chaleco de terciopelo y una levita sucia de pintura, del mismo modo que verá usted la cabecita de ninfa dibujada en el fondo de la obra realizada anteriormente con deleite, si no se ha encontrado sitio mejor donde dibujarla. Nunca lo mirará directamente a los ojos, y si lo hace será de un modo vago; no lo penetrará con la mirada del observador o con aquella de águila del oficial de Caballería.

Esto sucede porque al mismo tiempo que sus rasgos está contemplando los rasgos de algún Hércules que se encuentra en su habitación o porque se está representando ante él el cuadro que se propone crear. Por eso, a menudo contesta de una manera descosida y a veces hasta incoherente, ya que todas las ideas que se mezclan en su cabeza aumentan su timidez. A esta clase pertenecía el joven pintor Peskarev, tímido y fácilmente azorado, pero cuya alma estaba llena de chispas de sentimiento dispuestas a convertirse en llama. Con oculto temblor se apresuraba hacia aquel objeto de su atención que tanto lo había asombrado, pareciendo extrañarse él mismo de su atrevimiento. La criatura desconocida que se había apoderado de sus pensamientos y de sus sentimientos volvió de repente la cabeza y lo miró. ¡Dios mío!... ¡Qué rasgos prodigiosos!... La maravillosa frente, de una blancura cegadora, estaba sombreada por el magnífico cabello. Una parte de los maravillosos bucles caía bajo el sombrero y rozaba la mejilla, teñida de un fresco y fino rubor producido por el frío nocturno. La boca parecía cerrarse sobre un enjambre de maravillosos ensueños. ¡Todos cuantos recuerdos conservamos de la niñez, todo cuanto nos conduce al ensueño o a la callada inspiración —como nos conduce la lamparita ante la imagen—, todo parecía unirse y reflejarse en su armoniosa boca! Miró a Peskarev, y el corazón de éste latió bajo aquella mirada. Lo miraba y un sentimiento de indignación se traslucía en su mirada por verse objeto de aquella persecución tan descarada; pero aun el mismo enfado era encantador en aquel rostro maravilloso.

Lleno de vergüenza y timidez, se detuvo él, bajando la cabeza; pero... ¿cómo perder de vista a esta divinidad sin saber siquiera dónde se hospedaba? Tales pensamientos llenaban la cabeza del joven soñador, que decidió seguirla. Sin embargo, para no hacerlo notar dejó aumentar la distancia que los separaba, mirando al parecer distraídamente a los anuncios, pero sin perder de vista ni un solo paso de la desconocida. Los transeúntes eran más escasos; la calle se hacía más tranquila; la bella volvió la cabeza, y a él le pareció que una ligera sonrisa brillaba en sus labios. Todo su organismo tembló, sin poder dar crédito a sus ojos. No. Era sin duda la linterna, que con su engañadora luz había hecho expresar a su rostro aquella especie de sonrisa. No. Eran sus propios ensueños los que se reían de él. Sin embargo, la respiración se detuvo en su pecho; todo latía en su interior; todos sus sentimientos ardían, y todo ante él se cubrió de una bruma. La acera pasaba volando bajo sus pies; las berlinas, con sus caballos al galope, parecían estar inmóviles; el puente se estiraba y se partía por el centro de su arco; las casas estaban invertidas; la garita le salía al encuentro, cayendo sobre él, y la alabarda del guardia, mezclada a las palabras y las tijeras dibujadas en oro, parecían brillar en las mismas pestañas de sus ojos. Todo esto lo había producido una mirada, el girar de la linda cabecita. Sin oír, sin ver, pasaba volando sobre las maravillosas huellas de aquellos piececitos, esforzándose en contener la rapidez de su paso, que marchaba al mismo ritmo que su corazón. A veces se apoderaba de él la duda. ¿Era verdad que la expresión de su rostro había sido benévola?... Entonces se detenía un momento; pero el latido de su corazón y la invencible fuerza e inquietud de todos sus sentimientos lo impulsaban hacia adelante. Ni siquiera se fijó en que, de repente, una casa de cuatro pisos se elevaba ante él. Sus cuatro brillantes filas de ventanas lo miraron todas a un tiempo, y la verja de la entrada le propinó su empujón de hierro. Vio volar a la desconocida escalera arriba, la vio volverse, llevarse un dedo a los labios y hacerle seña de seguirla. Sus rodillas temblaban, ardían sus pensamientos y sentimientos, un relámpago de alegría penetró con insoportable agudeza en su corazón. No. ¡Esto ya no era ensueño! ¡Dios mío! ¡Cuánta dicha en un instante! ¡Qué vida tan maravillosa en sólo dos minutos!

Sin embargo..., ¿no sería un sueño todo esto? ¿Era posible que aquella por cuya celestial mirada estaría dispuesto a dar toda su vida, y respecto de la cual comunicaba una dicha acercarse tan sólo a su vivienda, fuera ahora tan atenta y benévola con él? Subió volando la escalera. No lo dominaba ningún pensamiento terreno; no se sentía excitado por la llama de la pasión terrena. No. En aquel minuto era limpio y puro, como el adolescente virgen que experimenta todavía la necesidad del amor espiritual. Lo que en un hombre vicioso hubiera despertado atrevidos pensamientos hacía los suyos aún más elevados.

Esta confianza otorgada por la débil y maravillosa criatura le imponía la promesa de austeridad del caballero. La promesa de cumplir como un esclavo todas sus órdenes. Deseaba únicamente que aquellas órdenes fueran las más difíciles e irrealizables para volar con mayor esfuerzo a su conquista. No dudó por un momento de que algún misterioso y al mismo tiempo importante suceso obligaba a la desconocida a hacerlo objeto de su confianza, de que le exigiría servicios de mucho interés, y sentía ya dentro de sí fuerza y decisión para todo.

La escalera ascendía, y con ella ascendían también sus fugaces ensueños.

—Vaya usted con cuidado —sonó la voz, cual un arpa, llenando nuevamente de temblor todas sus venas.

En la sombría altura del cuarto piso la desconocida golpeó en la puerta, que se abrió, y ambos entraron. Una mujer de exterior bastante agradable, llevando una vela en la mano, les salió al encuentro; pero miró a Peskarev de una manera tan extraña y descarada, que éste, sin querer, bajó los ojos. Entraron en la habitación. Tres figuras femeninas en distintos rincones se ofrecieron a sus ojos. Una de ellas hacía solitarios, otra estaba sentada ante el piano y tocaba con dos dedos una especie de lastimera y antigua polonesa, mientras la tercera, sentada ante el espejo, peinaba sus largos cabellos sin pensar en interrumpir su *toilette* por la entrada de una persona desconocida. El desagradable desorden que sólo se encuentra en la vivienda del solterón reinaba por doquier. Los muebles, bastante buenos, estaban cubiertos de polvo; la araña había llenado con su tela el friso tallado; por la puerta entreabierta de la habitación se veía brillar la bota guarnecida de espuela y el color rojo del uniforme, mientras una fuerte voz masculina y una risa femenina se dejaban oír sin ningún recato.

¡Dios mío!... ¡Dónde ha venido a caer!... Al principio no quería creerlo, y se puso a examinar con atención los objetos que llenaban la habitación; pero las paredes vacías y las ventanas sin visillos no revelaban la presencia de ningún ama de casa cuidadosa; los rostros gastados de estas lastimosas criaturas, una de las cuales vino a sentarse ante su misma nariz, mirándolo con la misma tranquilidad con que se mira una mancha en el vestido ajeno..., todo le confirmaba que había penetrado en el asqueroso cobijo donde tiene su morada el lastimoso vicio producto de la vana instrucción y de la terrible abundancia de gente de la capital, cobijo donde el hombre pisotea y se ríe de todo lo limpio y sagrado que adorna la vida; donde la mujer, esta gala del mundo, aureola de la creación, se transforma en un ser extraño y ambiguo, que al mismo tiempo que la pureza del alma perdió toda su feminidad, adquiriendo los repugnantes ademanes y el descaro del hombre y cesando de ser aquella débil criatura tan distinta de nosotros, pero tan maravillosa.

Peskarev la miraba con ojos asustados de pies a cabeza, como queriendo asegurarse de que era la misma que lo había hechizado, haciéndolo seguirla por la perspectiva Nevski. Ella, sin embargo, aparecía ante él igualmente bella. Su cabello era igual de maravilloso, y sus ojos continuaban pareciendo celestiales. Su frescura era radiante, tenía sólo diecisiete años y se veía que el temible vicio había hecho su presa en ella desde hacía poco tiempo, y que aún no se atrevía a rozar sus mejillas, frescas y ligeramente sombreadas de fino rubor. Era maravillosa. Peskarev permanecía inmóvil ante ella y ya dispuesto a olvidarse de todo, como se olvidaba antes; pero la bella, aburrida de tan largo silencio, le sonrió de una manera significativa mirándolo a los ojos. Esta sonrisa estaba impregnada de cierto lastimoso descaro. Era tan extraña a su rostro y le iba tan mal como la expresión beatífica al del usurero o el libro de contabilidad al poeta. Él se estremeció. Se abrió la linda boca y comenzó a decir algo, pero necio y trivial… Se veía que al hombre, al perder la pureza, le abandona también la inteligencia. No quiso escuchar nada. Se produjo de una manera risible y con la sencillez de una criatura. En vez de aprovechar tal benevolencia, en vez de alegrarse de esta ocasión, como lo hubiera hecho sin duda cualquier otro en su lugar, echó a correr como un cordero salvaje hacia la calle.

Con la cabeza baja y los brazos caídos permaneció sentado en su habitación, como el pobre que después de encontrar una perla sin precio la ha dejado caer al mar.

¡Tan bella! ¡Unos rasgos tan maravillosos…, y en qué lugar se encuentra!, era todo lo que se sentía capaz de articular.

Nunca, en efecto, se apodera tanto de nosotros la piedad como ante la vista de la belleza alcanzada por la respiración podrida del vicio. ¡Si fuera, al menos, la fealdad la que girara con él!… ¡Pero la belleza!… ¡La tierna belleza!… En nuestro pensamiento sólo puede unirse con la pureza y la limpidez. La bella que había hechizado al infeliz Peskarev era ciertamente un maravilloso y extraordinario fenómeno. Su presencia en aquel despreciable ambiente resultaba aún más extraordinaria. Todas sus facciones estaban dibujadas con tal nitidez, toda la expresión de su maravilloso rostro respiraba tal dignidad, que de ninguna manera podía creerse que el vicio hubiera dejado caer sobre ella sus terribles garras. Hubiera constituido una perla sin precio, el universo entero, el paraíso, la riqueza toda de un apasionado esposo, hubiera sido una prodigiosa y plácida estrella dentro de un círculo familiar, y un movimiento de su maravillosa boca hubiera bastado a dispensar dulces órdenes, hubiera aparecido como una diosa entre la muchedumbre de un salón, deslizándose sobre el claro parquet iluminado por el resplandor de las velas, recogiendo la callada devoción de la multitud de admiradores rendidos a sus pies… Pero, ¡ay!, por la voluntad terrible del espíritu infernal que desea destruir la armonía de la vida, había sido arrojada con risa grotesca en el abismo…

Destrozado de piedad se hallaba sentado ante la vela encendida; hacía tiempo que había pasado la medianoche, y cuando la campana de la torre dio las doce y media continuaba sentado, inmóvil, inactivo y desvelado. La somnolencia, aprovechando su quietud, comenzaba cautelosamente a apoderarse de él; ya la habitación empezaba a desaparecer; tan sólo la llama de la vela traslucía a través de los sueños, venciéndolo, cuando de repente un golpe en la puerta lo hizo estremecerse y lo obligó a recobrarse. La puerta se abrió, dando paso a un lacayo vestido de rica librea[4]. Jamás había entrado una rica librea en su solitaria habitación y menos aún a hora tan extraordinaria. Se quedó asombrado y mirando con impaciente curiosidad al recién llegado lacayo.

—La señora en cuya casa —dijo con un respetuoso saludo el lacayo— hace unas horas tenía usted la amabilidad de encontrarse, me ordena que le ruegue que vaya a visitarla y le envía su berlina[3].

Peskarev estaba callado y sorprendido. "Berlina..., lacayo de librea... ¡No! Aquí hay seguramente una confusión...", pensó.

—Escuche, amigo —pronunció con timidez—: usted seguramente se ha equivocado de lugar. Seguramente la señora ha enviado a buscar a algún otro que no soy yo.

—No, señor; no me he equivocado. ¿No fue usted quien tuvo la amabilidad de acompañar a la señora a pie hasta la casa de la calle Leteinaia, habitación del cuarto piso?

—Sí. Fui yo.

—¡Entonces!... Dese prisa, por favor. La señora desea verle sin falta y le pide que vaya directamente a su casa.

Peskarev bajó corriendo la escalera. En efecto, en la calle había una berlina. Se sentó en ella, se cerraron las portezuelas, las piedras de la calle resonaron bajo las ruedas y los cascos, y la perspectiva de las casas, iluminadas con brillantes anuncios, pasó volando ante las ventanillas de la berlina. Peskarev reflexionaba durante el camino, sin saber cómo explicarse esta aventura. "Casa propia, berlina, lacayo de rica librea..." No podía relacionar nada de esto con la habitación del cuarto piso, las ventanas empolvadas y el piano abierto. La berlina se detuvo ante una entrada brillantemente alumbrada, asombrándole de súbito la fila de carruajes, las voces de los cocheros, las ventanas resplandecientes y el sonido de la música que llegaba hasta él. El lacayo de la rica librea lo ayudó a bajar de la berlina, acompañándolo en actitud respetuosa hasta el vestíbulo, provisto de columnas de mármol, en el que se encontraba

---

[4] Traje de uniforme, generalmente con levita y distintivos, que llevan algunos empleados y criados.

un portero con uniforme guarnecido de oro, y se veían capas y pellizas diseminadas por diversos lugares, así como una brillante lámpara.

Una airosa escalera de refulgentes barandillas e impregnada de aromas conducía al piso superior. Ya estaba sobre ella..., ya había entrado en la primera sala, asustado y retrocediendo sus pasos a la vista de tanta gente. La extraordinaria variedad de rostros lo dejó completamente aturdido. Le parecía como si algún demonio hubiera desmenuzado el mundo en infinidad de diversos pedazos y que todos aquellos pedazos se hubieran mezclado allí. Los hombros resplandecientes de las damas, los negros fraques, las arañas, las lámparas, los vaporosos volantes de gasa, las etéreas cintas y el grueso contrabajo que asomaba por la barandilla..., ¡todo lo deslumbraba! Vio de pronto reunidos tantos viejos venerables y hombres maduros, de decorados fraques; damas que con tanta ligereza, altivez y gracia se deslizaban por el parquet o permanecían sentadas en fila; oía tantas palabras pronunciadas en francés o en inglés; era tal, además, la distinción de los jóvenes de negros fraques, hablaban y vacilaban con tanta dignidad, sabían tan bien lo que tenían que decir o no decir, con tal solemnidad bromeaban, con tal respeto sonreían, llevaban unas patillas tan perfectas, con tanto arte sabían mostrar sus impecables manos arreglándose la corbata, las damas eran tan vaporosas, estaban tan sumergidas en la propia complacencia, bajaban con tanto encanto los ojos..., que...

Pero ya la modesta actitud de Peskarev, apoyado temeroso en la columna, revelaba el aturdimiento en que se encontraba. La muchedumbre rodeaba en aquel momento el grupo de los que bailaban. Volaban entre éste transparentes creaciones de París y vestidos tejidos por el mismo aire; las bellas rozaban descuidadamente el parquet con sus piececitos y hubieran sido más etéreas todavía si no lo hubieran siquiera rozado. Pero una de ellas estaba vestida mejor que ninguna, más ricamente y con más brillantez. El gusto más exquisito podía apreciarse en toda su vestimenta, pareciendo al mismo tiempo que ella ni se preocupaba de ésta ni le concedía la menor importancia. No miraba a la muchedumbre de espectadores en torno. Sus maravillosas y largas pestañas bajaban indiferentes sobre sus ojos, y la resplandeciente palidez de su rostro sorprendía más cuando, al inclinar la cabeza, una ligera sombra cubría su encantadora frente. Peskarev puso en juego todos sus esfuerzos para, atravesando la muchedumbre, poder contemplarla, pero para mayor enojo suyo una inmensa cabeza de oscuro y rizado pelo le interceptaba sin cesar la vista. La muchedumbre, además, lo estrujaba de tal manera, que no se atrevía a avanzar ni a retroceder por miedo a empujar a alguno de los consejeros. Sin embargo, pudo al fin adelantarse, y miró su traje para arreglar su atavío. "¡Santo cielo!... ¡Qué era aquello!... ¡Tenía toda la levita manchada de pintura!" En la prisa por llegar se había olvidado de ponerse un traje conveniente. Enrojeciendo hasta las orejas, bajó la cabeza y hubiera querido que lo tragara la tierra...; pero esto era imposible. Los gentileshombres de cámara, de resplandecientes trajes, formaban tras ella una compacta pared. Deseaba ahora encontrarse lo más lejos posible de la bella de maravillosas pestañas y linda frente. Temeroso levantó la suya para cerciorarse de que no lo miraban, pero..., ¡Dios mío!, estaba ante él... "¿Qué es esto?... ¿Qué es esto?... ¡Es ella!", exclamó casi en voz alta. En efecto, era ella; la misma a la que había visto por primera vez en Nevski; a la que había acompañado hasta su vivienda.

Ella alzó los párpados y contempló a todos con su clara mirada. "¡Qué bella es, ay!...", pudo tan sólo murmurar con entrecortada respiración. La joven miraba a todo aquel círculo que deseaba atraer su atención; pero su mirada era cansada y distraída cuando sus ojos, apartándose de él, encontraron los de Peskarev. "¡Oh, qué cielo aquel! ¡Qué paraíso! ¡Que otorgue fuerzas el Creador para soportar su contemplación! ¡Una vida entera no bastaría a contenerle y destrozará y enajenará el alma!"

Le hizo una seña, pero no con la mano; fueron los ojos los que la expresaron, pero con tal fineza, que nadie pudo observarla y sólo él la comprendió. El baile se prolongó durante largo tiempo, la fatigada música parecía apagarse y morir, pero de nuevo crecía, chillaba y retumbaba. Por fin cesó. Ella se sentó; su pecho se alzaba con la respiración bajo el fino cendal de la gasa; su mano... (¡supremo Hacedor! ¡Qué mano maravillosa!) cayó sobre las rodillas, oprimiendo con su peso el vaporoso vestido que parecía irradiar música y cuyo fino color lila subrayaba aún más perceptiblemente su brillante blancura. "¡Tan sólo rozar aquella mano! ¡Nada más! ¡Ningún deseo más! ¡Cualquier otro pensamiento sería una osadía!..." Se encontraba detrás de su silla; pero no se atrevía a hablar..., no se atrevía a respirar...

—¿Está usted aburrido? —exclamó ella—. También yo me aburro. Observo que me aborrece usted —añadió después, bajando las largas pestañas.

—¿Aborrecerla yo?... ¿A usted? —intentó decir Peskarev completamente desconcertado.

Seguramente hubiera dicho muchas más incoherencias si en ese momento no se les hubiera acercado un chambelán cuya cabeza lucía un rizado tupé y que comenzó a hacer gratas e ingeniosas observaciones.

Mostraba éste de agradable manera una fila de dientes bastante bonitos, mientras con cada una de sus sutilezas introducía un afilado clavo en el corazón del joven pintor. Alguien por fin, y en buena hora, se dirigió al chambelán para hacerle una pregunta.

—¡Qué insoportable es! —dijo la bella, levantando sus celestiales ojos—. Voy a sentarme al otro lado del salón. Vaya usted allí.

Después, deslizándose entre la muchedumbre, desapareció. Como un loco se abrió paso a empujones entre la muchedumbre hasta trasladarse al otro lado. "¡Conque era ella!" Estaba sentada como una reina, pero más maravillosa que ninguna, y lo buscaba con los ojos.

—¿Está usted aquí? —pronunció en voz baja—. Voy a ser sincera con usted. Seguramente le habrán parecido extrañas las circunstancias de nuestro encuentro. ¿Será posible que haya usted pensado que yo pertenecía a aquella clase despreciable entre la que me encontró? Le parecerá extraña mi actitud, pero le revelaré un secreto. ¿Será usted capaz —agregó, mirándolo fijamente a los ojos— de no traicionarlo nunca?

—¡Oh!... ¡Lo seré! ¡Lo seré!...

En aquel momento se aproximaba un caballero de edad avanzada, que comenzó a hablar con ella en un idioma desconocido para Peskarev, ofreciéndole después el brazo. La joven lanzó una mirada suplicante a Peskarev y le hizo seña de permanecer en el mismo lugar esperando su regreso; pero él, presa de impaciencia, no tenía ya fuerza para recibir órdenes, aunque partieran de aquella boca. Se dispuso a seguirla; pero la muchedumbre vino a separarlos, y dejó de ver el vestido de color lila. Intranquilo, se dirigía de una sala a otra, empujando sin miramiento a todos cuantos encontraba; pero en ellas sólo había gente sentada ante las mesas, jugando a las cartas y sumergida en silencio mortal. En el rincón de un aposento discutían varios ancianos caballeros sobre las ventajas del servicio militar sobre el civil; en otro, algunas personas vestidas con magníficos fraques desgranaban ligeras observaciones sobre el trabajo, en varios volúmenes, de un laborioso poeta. Peskarev sintió de pronto que un señor de bastante edad y respetable aspecto lo cogía por el botón de su frac, proponiéndole que opinara sobre su última, justa, observación; pero el joven lo empujó brutalmente sin fijarse en que aquél ostentaba en el pecho una condecoración en demasía significativa. Se dirigió corriendo a otro aposento, pero tampoco allí estaba ella; un tercero, y tampoco.

—¿Dónde está? ¡Démenla! —exclamó desesperado—. ¡Yo no puedo vivir sin mirarla! ¡Quiero escuchar lo que quería decirme!

Pero toda su búsqueda resultó vana. Inquieto, cansado, se apoyó en un rincón mirando a la muchedumbre. Sus ojos, forzada su vista, empezaban a verlo todo nebuloso. Por fin empezaron a aparecérsele con claridad las paredes de su habitación. Levantó los ojos; ante él estaba la palmatoria con su vela a medio consumir, cuyo sebo se derretía sobre la mesa.

¿Se había dormido entonces? Y ¡qué sueño aquel, Dios mío!... ¿Por qué se despertó?... ¿Por qué no esperó un minuto más?... ¡Seguramente que ella habría vuelto!... Una luz enojosa, como nimbo empañado y desagradable, se asomaba por la ventana. ¡La habitación estaba llena de un desorden tan turbio y tan gris!... ¡Oh, qué repugnante era la realidad!... ¿Cómo poder compararla con el sueño?... Se desvistió rápidamente y envolviéndose en la manta se echó sobre la cama, anhelando volver, aunque sólo fuera por un instante, a aquel sueño desaparecido. Éste no tardó mucho tiempo en llegar, pero no en la forma que él deseaba: tan pronto veía al teniente Piragov con una pipa en la mano, como a un portero de academia, a un consejero o la cabeza de la lechera a la que en tiempos hiciera un retrato, o cualquier otro absurdo semejante.

Hasta el mediodía permaneció echado en la cama intentando dormir, sin que ella apareciera. ¡Si tan sólo por un momento hubiera dejado ver sus maravillosos rasgos! ¡Si sólo un momento se hubiera oído el ruido de sus ligeros pasos, o hubiera pasado raudo ante él el brillo de su brazo desnudo!...

Rechazando toda otra idea, olvidándose de todo, permanecía sentado en actitud desconsolada y sumergido únicamente en aquel ensueño. Sin moverse, sin tocar ningún objeto, miraban sus ojos, vacíos de interés y de toda vida, por la ventana que se abría sobre el patio, en el que un sucio aguador vertía el agua que se hacía hielo en el aire, y la cascada voz de un vendedor pregonaba: "¿Venden ropa vieja?..." Todo lo real, todo lo cotidiano, hería de extraña manera sus oídos. Así permaneció sentado hasta la noche, en que se tendió otra vez, ansioso, sobre la cama. Durante mucho tiempo luchó con el insomnio, pero por fin pudo vencerlo. De nuevo el sueño, pero el sueño vulgar..., feo... "¡Dios mío, apiádate de mí! ¡Aunque sólo sea un minuto!... ¡Un minuto solamente, muéstramela!" De nuevo esperó la llegada de la noche, de nuevo se durmió, soñó de nuevo con algún funcionario que era a la vez funcionario y fagot. ¡Oh!... ¡Aquello era insoportable!... ¡Por fin surgió ella!... ¡Su cabecita cubierta de rizos... lo miraba!... Pero ¡qué breve había sido su aparición!... De nuevo la niebla, de nuevo un sueño disparatado.

Al cabo, aquellos sueños llegaron a constituir su vida entera, y desde ese instante su vida adquirió un giro extraño. Podía decirse que dormía despierto y velaba dormido. Si alguien lo hubiera visto sentado y silencioso, delante de una mesa vacía, o andando sin rumbo por la calle, seguramente lo hubiera tomado por un lunático o por un ser destrozado por el abuso de las bebidas alcohólicas. Su mirada no revelaba la existencia de ningún pensamiento, y su habitual distracción había ido en aumento, hasta el punto de borrar de su semblante todo rastro de sentimiento. Sólo cuando llegaba la noche volvía a la vida.

Tal estado llegó a agotar sus fuerzas, siendo por fin su mayor martirio la pérdida total del sueño. Deseando defender aquella su única riqueza, puso en juego todos los medios para recobrarla. Había oído decir que había algo para conseguirlo y que esto era tan sólo el opio. Pero ¿dónde procurarse este opio? Recordó que conocía a cierto persa que tenía una tienda de chales y que siempre que lo encontraba le pedía que le hiciera el dibujo de alguna bella. Decidió dirigirse a él, pensando en que sin ninguna duda podía procurarle el opio que buscaba. El persa lo recibió sentado sobre sus pies cruzados en el diván.

—¿Para qué quieres el opio? —preguntó. Peskarev le refirió su insomnio.

—Bien. Yo te daré el opio que quieres, pero tendrás que dibujarme alguna beldad. Que sea bonita, que tenga las cejas negras y los ojos grandes como las aceitunas y que me dibujes a mí echado a su lado fumando mi pipa. ¿Me oyes? Que sea bonita…, que sea muy bonita.

Peskarev lo prometió todo. El persa salió un instante del aposento y volvió trayendo un tarrito lleno de un líquido oscuro, del que cuidadosamente vertió parte en otro tarrito que entregó a Peskarev diciéndole que no había de emplear más de siete gotas disueltas en agua. Ansioso, cogió aquél el valioso tarrito, que ni por un montón de oro hubiera cambiado, y alocado volvió a su casa. Al llegar a ésta echó unas cuantas gotas en un vaso de agua, las bebió y se echó a dormir.

¡Dios mío! ¡Qué alegría!… ¡Ella!… ¡Otra vez ella! Pero ahora completamente en distinto aspecto. ¡De qué bella manera estaba sentada junto a la ventana de una alegre casita de campo! Su vestimenta respiraba aquella sencillez con que la revistió el pensamiento del poeta. El peinado… ¡Qué sencillo este peinado y qué bien le iba!… Un pequeño pañuelo estaba echado al desgaire sobre su esbelto cuello. Todo en ella era recato, todo revelaba un inexplicable sentido del gusto. ¡Qué grato y gracioso modo de andar el suyo! ¡Cuánta música en el sonido de sus pasos y en el de su sencillo vestido! ¡Qué linda su muñeca oprimida por un brazalete!… Le decía, con una lágrima temblándole en los ojos:

—No me desprecie... No soy la que usted cree... ¡Míreme! ¡Míreme fijamente y dígame!... ¿Puedo ser yo capaz de lo que usted piensa?

—¡Oh!... ¡No, no! ¡El que se atreva a pensarlo...!

Pero en aquel momento se despertó, conmovido, deshecho y con los ojos llenos de lágrimas. "¡Más valiera que no hubieras existido nunca! ¡Que no hubieras pertenecido a este mundo y fueras sólo producto de la inspiración del artista! ¡No me hubiera entonces separado del lienzo, y eternamente te hubiera mirado y te hubiera besado!... ¡Hubiera vivido, hubiera respirado de ti como de un maravilloso ensueño y hubiera sido dichoso! ¡No hubiera tenido otros anhelos! Te hubiera evocado como a un ángel guardián antes del sueño o la vigilia, contemplándote cuando tuviera que expresar algo beatífico. En cambio, ahora..., ¡qué terrible vida!... ¿De qué puede servirme vivir? ¿Acaso la vida de un loco puede ser grata para los parientes y amigos que lo quisieron en un tiempo? ¡Dios mío!, ¿qué vida es la nuestra? ¿Una eterna pugna entre el sueño y la realidad?"

Semejantes pensamientos se sucedían en él sin cesar. No pensaba en nada. Apenas comía nada, y sólo con la impaciencia y pasión del amante esperaba la noche y con ella la llegada de la tan deseada aparición. Aquellos pensamientos, siguiendo siempre un mismo curso, llegaron a adquirir tal dominio sobre su ser y su imaginación, que la deseada imagen se le aparecía ya casi cada día y siempre en un aspecto contrario a la realidad; tan límpidos e iguales a los de un niño eran sus pensamientos. A través de aquel ensueño el objeto que lo motivaba se hacía más puro, transformándose completamente.

El opio encendía más vivamente sus pensamientos, y no hubo nunca un enamorado hasta un último y mayor grado de locura; uno más impulsivo, terrible, arrollador y rebelde que este pobre infeliz.

Entre todos sus sueños había uno que lo alegraba particularmente sobre los otros. Soñaba con su estudio. ¡Se veía en él tan alegre!... ¡Con tanto deleite sostenía la paleta entre las manos!... Ella estaba sentada allí. Era su mujer. Sentada a su lado, apoyaba su codo encantador sobre el respaldo de su silla, observando su trabajo. Sus lánguidos y cansados ojos parecían cargados de dicha. En toda la habitación se respiraba un ambiente de paraíso. ¡Era todo tan claro, tan cómodo! ¡Oh, supremo Creador!... Ella inclinaba su maravillosa cabecita sobre su pecho... ¡Nunca había tenido un sueño mejor! Después de él, se levantó más despejado y menos distraído que antes.

En su mente nacían extraños pensamientos. "¡Quién sabe si ha sido empujada al vicio por alguna terrible e involuntaria circunstancia! ¡Quién sabe si su alma se siente inclinada al remordimiento!... Puede que ella misma quiera escapar a su terrible situación... ¿Será posible asistir indiferente a su perdición, cuando bastaría tenderle la mano para sacarla de ella?" Sus pensamientos iban cada vez más lejos. "Nadie me conoce —se decía—. ¿A quién importo yo y quién me importa a mí? Si da pruebas de un claro remordimiento y cambia de vida, me casaré con ella. ¡Debo casarme con ella! Y seguramente haré mejor que otros que se casan con sus amas de llaves y hasta a menudo con las más despreciables criaturas. Mi rasgo, en cambio, sería desinteresado y hasta puede que grande. Devolveré al universo su más maravilloso adorno."

Cuando hubo formado este proyecto sintió que el rubor encendía su rostro. Se acercó al espejo y se asustó de la demacración de sus mejillas y de la palidez de su rostro. Comenzó a vestirse esmeradamente. Se lavó, se peinó, se puso un frac nuevo y un elegante chaleco, se echó una capa sobre los hombros y se lanzó a la calle. Al respirar el aire libre sintió un frescor en el corazón como el convaleciente que sale por primera vez después de una larga enfermedad. El corazón le latía al acercarse a aquella calle que sus pies no habían vuelto a pisar desde el fatal encuentro.

Empleó mucho tiempo en buscar la casa, pues la memoria parecía fallarle. Dos veces pasó por la calle sin saber ante qué casa detenerse. Por fin, en una creyó ver la que buscaba. Subió apresuradamente la escalera y golpeó sobre la puerta, que se abrió y... ¿quién imaginan ustedes que le salió al encuentro? ¡Su ideal! ¡Su imagen misteriosa! ¡El objeto de sus ensueños, al que se sentía tan terriblemente ligado con tanto sufrimiento y a la vez con tanta dulzura!... ¡Ella! ¡Ella misma estaba delante de él!... Temblando, apenas podía sostenerse sobre los pies en su arrebato de alegría: ¡tal era su debilidad!

Estaba tan hermosa como siempre, aunque sus ojos parecían adormecidos y la palidez asomaba a su rostro, que comenzaba a perder algo de su frescura. Sin embargo, seguía siendo hermosa.

—¡Ah!... —exclamó al ver a Peskarev y restregándose los ojos; en aquel momento eran las dos de la tarde—. ¿Por qué huyó usted de nosotras aquel día?

Exhausto, él había caído sentado en una silla y la miraba.

—Acabo de despertarme. Me trajeron a las siete de la mañana. Estaba completamente borracha —añadió con una sonrisa.

¡Oh! ¡Más hubiera valido que fuera muda antes que pronunciar tales palabras!... Como en un panorama, toda la vida de aquella mujer se mostró ante los ojos de él. No obstante, resolvió probar si sus admoniciones eran capaces de ejercer algún efecto. Recobrando el ánimo, con la voz temblorosa y al mismo tiempo llena de pasión, empezó

133

a dibujarle todo el horror de la situación en que la veía. Ella lo escuchaba con atención y con aquel sentimiento de asombro que despierta en nosotros lo inesperado y lo extraño. Sonriendo ligeramente, dirigió una mirada a su amiga sentada en un rincón, que, dejando de limpiar el peine que estaba limpiando, se puso también a escuchar con atención al nuevo predicador.

—Es verdad que soy pobre —dijo por último Peskarey, después de su largo sermón— pero trabajaremos, nos esforzaremos a cuál más en mejorar nuestra vida. Nada hay más grato que debérselo todo a sí mismo. Yo, ocupado con mis pinturas; tú, sentada a mi lado, inspirando mis trabajos, bordarás o te emplearás en otras labores manuales, y no necesitaremos de nada más.

—¿Cómo iba a ser posible eso? —dijo ella, interrumpiendo su discurso y con cierto desprecio—. Yo no soy ninguna costurera o lavandera... para ponerme a trabajar.

¡Dios mío!... ¡Toda aquella vida baja y despreciable, que el ocio y el vacío, los dos fieles compañeros del vicio, ocupaban únicamente, se revelaba en estas palabras!

—¿Por qué no se casa usted conmigo? —dijo con descaro, de pronto, la amiga, que hasta entonces permanecía callada en un rincón—. Si yo llego a ser su mujer, me pasaré la vida así sentada.

Y diciendo esto, su lastimoso rostro adoptó una necia expresión, que hizo reír mucho a la bella.

¡Oh! ¡Esto ya era demasiado! Para soportarlo no le quedaban fuerzas. Incapaz de pensar ni de sentir ya nada, echó a correr fuera de allí. Su cerebro se turbó. Estúpidamente, sin rumbo determinado, vagó todo el día por las calles. Nadie pudo saber nunca dónde pasó la noche, y sólo a la mañana siguiente el torpe instinto lo condujo a su casa, en la que penetró pálido, con terrible aspecto y síntomas de locura en el semblante. Se encerró en su habitación, sin dejar pasar a nadie ni pedir nada. Cuatro días transcurrieron y su cuarto continuaba cerrado; después, una semana, sin que éste se abriera.

Se acercaron las gentes a su puerta, empezaron a llamar a ella, pero sin recibir respuesta; por fin la forzaron, y encontraron su cadáver con un tajo en la garganta. Una navaja cubierta de sangre se encontraba en el suelo, mientras que por sus brazos convulsivamente extendidos y el rostro terriblemente contorsionado podía deducirse que su mano no había sido certera y que había sufrido largo tiempo antes de que su alma pecadora abandonara su cuerpo.

Así, pues, pereció, víctima de su loca pasión, el pobre tímido, modesto, infantilmente ingenuo Peskarev, dotado de aquella chispa de talento que quién sabe si algún día se hubiera trocado en brillante llama. Nadie lo lloró, nadie estuvo junto a su cadáver en aquella hora, fuera del acostumbrado policía y el indiferente médico municipal. Su ataúd, sin celebración de oficios religiosos, fue llevado a Ojta, y con la única compañía de un viejo guarda, antiguo soldado, quien no cesó de llorar durante el fúnebre acto, y esto porque había bebido demasiado vodka. Ni siquiera el teniente Piragov vino a contemplar el cadáver del infeliz al que en vida dispensara su alta protección. No tenía tiempo para ello en aquel momento, pues se había visto mezclado con un acontecimiento extraordinario. Vamos, pues, a ocuparnos de él.

No me gusta nada todo lo relacionado con los difuntos, y siempre me resulta desagradable contemplar el desfile de un entierro, con su largo cortejo que se atraviesa en el camino, y cómo un soldado inválido, vestido de capuchino, se ve obligado a tomar rapé con la mano izquierda, porque lleva la derecha ocupada en sujetar un hachón. La vista de una rica carroza fúnebre, con su ataúd de terciopelo, causa siempre enojo en mi alma, mientras que la caja rota y desnuda de un pobre diablo, tras la que se arrastra una mendiga que no tenía mejor cosa que hacer y que se cruzó con él en la calle, me produce, en cambio, una mezcla de enojo y compasión.

Me parece recordar que abandonamos al teniente Piragov en el momento en que se separaba del desdichado Peskarev, apresurándose tras la rubia. Era esta rubia una criaturita ligera y bastante atractiva. Se detenía ante todas las tiendas, miraba los cinturones, pañuelos, pendientes, guantes y demás chucherías, moviéndose sin cesar, mirando en todas direcciones y volviendo la cabeza hacia atrás. "Bien, bien…, palomita mía", decía con aire satisfecho de sí mismo Piragov, prosiguiendo su persecución y ocultando el rostro bajo el embozo del capote, por si encontraba a alguno de sus conocidos. No estará de más, sin embargo, dar a conocer a los lectores quién era el teniente Piragov.

Antes de decirlo, convendría también ocuparnos un poco de la sociedad a que éste pertenecía. Hay algunos oficiales en Petersburgo que constituyen una cierta clase media de la ciudad. En la comida ofrecida por un consejero que después de cuarenta años de servicios obtuvo su categoría, encontrará usted siempre a uno de ellos. Entre unas cuantas pálidas (y tan descoloridas como Petersburgo) hijas de familia, de las cuales algunas alcanzaron una excesiva madurez; junto a la mesita de té, el piano y en medio de los bailes familiares, inseparables de todo esto, verá usted brillar a la luz de la lámpara, entre la rubia formalita, su hermanito o el amigo de la casa, las inevitables charreteras. No es empresa fácil divertir ni hacer reír a estas señoritas de sangre fría, y es preciso para ello disponer de mucho arte o, mejor dicho, no tener ninguno. Es necesario hablar de una manera que no sea ni demasiado inteligente ni demasiado chistosa y que todo esté impregnado de aquella mezquindad que tanto gusta a las mujeres.

En su habilidad para ejercitar este arte, hay que hacer justicia a dichos señores oficiales. Estos tienen el don especial de saber hacer reír y de saber escuchar a estas bellas descoloridas. Exclamaciones ahogadas en risa, semejantes a éstas: "¡Ah!... ¡Cállese ya!... ¿No le da vergüenza hacer reír de esa manera?...", suelen ser para ellos la mejor recompensa.

En la alta sociedad no se les ve con frecuencia; mejor dicho, no se les ve nunca. Son arrojados de ella por los llamados aristócratas. Sin embargo, se les considera gente erudita y bien educada. Les agrada charlar de literatura, alaban a Bulgarin, Pushkin y Grech y hablan con desprecio y de manera punzante de A.A. Orlov. No dejan pasar ninguna conferencia sin asistir a ella, aunque ésta verse sobre la contabilidad o sobre selvicultura. En el teatro, sea cual sea la obra, verá usted siempre a alguno de ellos, a no ser que la obra representada sea Filatki o cualquier otra de este género, que tanto ofende a su refinado gusto. En el teatro se pasan la vida. Son el público más ventajoso para las empresas teatrales. De una obra les agradan especialmente los buenos versos; también les complace llamar a escena con fuerte voz a los artistas. Muchos de ellos, por tener un empleo de profesor en una institución del Estado o por preparar a los alumnos para una de esas instituciones, llegan a poseer un coche y un tronco de caballos. Su círculo entonces se amplía y consiguen por fin hasta casarse con la hija de un comerciante, que sabe tocar el piano y que tiene 100,000 (o cerca de 100,000) rublos de dote y un montón de parientes barbudos. Sin embargo, a este honor no pueden aspirar hasta alcanzar por lo menos el grado de coronel, porque aquellos barbudos, aunque todavía olieran a coles, no querrían de ninguna manera casar sus hijas más que con generales o por lo menos con coroneles.

Éstos son los principales rasgos que caracterizaban a dichos jóvenes. El teniente Piragov, sin embargo, tenía una serie de habilidades de su propiedad particular. Sabía declamar de excelente manera los versos de Dimitri Donskoi y de Gore ot Uma, tenía un arte especial para extraer sortijillas de humo de su pipa (logrando formar hasta diez, las unas dentro de las otras), contaba con mucha gracia la anécdota del cañón y el rinoceronte. En suma, resulta bastante difícil enumerar todas las facultades con que el destino había dotado a Piragov. Gustaba de opinar sobre alguna actriz o bailarina, pero no con el tono rotundo con que suele hacerlo un joven alférez. Se sentía contento de su graduación, a la que sólo hacía poco tiempo ascendiera, aunque a veces, tendido en el diván, solía repetirse: "Todo son vanidades... ¿Qué importa que yo sea teniente?" Sin embargo, interiormente le halagaba aquella distinción.

En las conversaciones solía aludir a su graduación, y una vez, habiendo encontrado en la calle a un escribano del ejército que le pareció descortés, detuvo a éste y en pocas, pero enérgicas palabras, le hizo entender que ante él estaba un teniente y no un oficial cualquiera. Se sentía además especialmente elocuente, pues en ese momento pasaban delante de él dos señoras bastante agraciadas. Por lo general, Piragov aparentaba sentir pasión por todo lo que fuera fino, y protegía al pintor Peskarev, aunque esto tal vez ocurriera porque sentía grandes deseos de ver reproducida sobre un lienzo su vigorosa fisonomía. Pero ya hemos hablado bastante de las cualidades de Piragov. El hombre es una criatura tan portentosa, que resulta imposible enumerar todas sus cualidades, pues cuanto más considera uno éstas, más aparecen otras nuevas, por lo que la descripción de todas ellas sería interminable.

Así, pues, dijimos que Piragov continuaba su persecución de la desconocida, dirigiéndole de cuando en cuando alguna pregunta, a la que ella contestaba brevemente y con sonidos poco articulados.

Después de atravesar la puerta de Kasañ salieron a la calle Meschanskaia, calle de los estancos, de las tiendas de ultramarinos, de los artesanos alemanes y de las ninfas prebálticas. La rubia apresuró el paso y entró volando por la puerta de una casa bastante sucia. Piragov la siguió. Ella subió corriendo la estrecha y oscura escalera y se adentró por una puerta, por la que también Piragov penetró valientemente. Se encontró en una gran habitación de negras paredes, cuyo techo estaba sucio de hollín. Un montón de tornillos de hierro e instrumentos del mismo metal —relucientes cafeteras y palmatorias— estaba encima de la mesa. El suelo aparecía sembrado de virutas de cobre y de hierro. Piragov comprendió en el acto que aquélla era la casa de un artesano. La desconocida se metió por una puerta lateral. Piragov dudó un momento sobre lo que debía hacer; pero luego, siguiendo las reglas rusas, decidió seguir adelante. Entró en una segunda habitación, que no se parecía en nada a la primera y en la que reinaba cierto aseo, por lo que comprendió que su dueño era alemán. Después, la vista de algo particularmente extraño lo dejó asombrado.

Ante él estaba sentado Schiller. No aquel Schiller que escribió *Guillermo Tell* y la *Historia de la guerra de los Treinta Años*, sino el célebre Schiller, maestro forjador de la calle Meschanskaia. Junto a Schiller estaba, en pie, Hoffmann. No el escritor Hoffmann, sino el hábil zapatero de la calle Ofitzerskaia, gran amigo de Schiller. Éste, borracho, estaba sentado en una silla, golpeando el suelo con el pie y diciendo algo apasionado. Quizá esto solo no hubiera bastado a asombrar a Piragov; pero lo que sí le extrañó sumamente fue la posición singular de las figuras.

Schiller, sentado y alzando la cabeza, levantaba su asaz gruesa nariz, mientras Hoffmann sujetaba ésta con dos de sus dedos y daba vueltas sobre su superficie, con la mano, a una cuchilla de zapatero. Ambos hablaban en alemán, por lo que el teniente Piragov, que únicamente sabía decir en esta lengua *guten Morgen*, no podía comprender de lo que se trataba. En realidad, las palabras de Schiller eran las siguientes:

—¡No la quiero! ¡No necesito para nada la nariz! —decía gesticulando—. Sólo la nariz me hace gastar tres libras de tabaco al mes… ¡Por cada libra tengo que pagar 40 kopeks en una mala tienda rusa…, porque en la alemana no tienen tabaco ruso!… ¡Los pago!… Eso hace un rublo y 20 kopeks… ¡Al año…, 14 rublos y 40 kopeks! ¿Lo estás oyendo, amigo Hoffmann?… ¡Sólo la nariz me cuesta 14 rublos 40 kopeks!… Además, añade que los días de fiesta tomo rapé[4], porque esos días no quiero tabaco ruso malo. Me tomo al año 2 libras de rapé, que me cuestan 2 rublos cada una. Seis…, más 14…, son 20 rublos 40 kopeks… ¡Sólo en tabaco! ¿Es o no es un robo, te pregunto yo, amigo Hoffmann? ¿No es verdad?… —Hoffmann, también borracho, le contestaba afirmativamente—. ¡20 rublos y 40 kopeks!… ¡Soy alemán!… ¡Tengo un rey en Alemania!… ¡Yo no quiero mi nariz! ¡Córtamela! ¡Toma mi nariz!

Es indudable que sin la aparición del teniente Piragov, Hoffmann se la hubiera cortado, en efecto, sin más ni más, pues ya tenía cogida la cuchilla de la manera que se suele coger ésta cuando se dispone uno a cortar una suela. El que un desconocido, una persona extraña, viniera de pronto a molestarlos, produjo gran enojo a Schiller. A pesar de encontrarse bajo los vapores de la cerveza y del vino, sentía la inconveniencia de mostrarse en aquel estado y ocupado en tal operación ante un testigo. Mientras tanto, Piragov, inclinándose ligeramente, según su grata manera, dijo:

—Perdóneme…

—¡Fuera! —gritó Schiller, prolongando las sílabas.

Esto dejó perplejo al teniente Piragov. Tal conducta era completamente nueva para él. La sonrisa que empezaba a dibujarse en su rostro desapareció de repente. Con una expresión de dignidad afligida, dijo:

—Me parece esto extraño, señor mío… Seguramente no se ha fijado usted en que soy oficial…

—Y ¡qué importa que sea usted oficial! ¡Yo soy alemán de Suabia! También yo seré oficial alguna vez. Año y medio de junker, dos de teniente... Como quien dice, mañana seré oficial. ¡Pero no quiero servir! ¡A un oficial le hago yo así!

Y diciendo esto, Schiller sopló sobre la palma de su mano. El teniente Piragov comprendió que no le quedaba otra cosa que hacer más que marcharse. Esto, sin embargo, no se avenía con su rango y le resultaba desagradable. Mientras bajaba se detuvo varias veces en la escalera, como queriendo recobrar el ánimo y pensar en la manera de hacer sentir a Schiller su atrevimiento. Por fin decidió que se le podía perdonar, porque tenía la cabeza llena de cerveza y porque, además, su imaginación seguía ocupada en la bonita rubia, en vista de lo cual resolvió dar al olvido el asunto.

Al día siguiente, muy de mañana, el teniente Piragov se presentó en la forja del maestro. En la primera habitación le salió al encuentro la linda rubia, que con una voz bastante severa, que iba muy bien a su carita, le preguntó:

—¿Qué desea usted?

—¡Hola, guapita! ¿No me reconoce, picaruela? ¡Qué ojos tan bonitos!...

Y diciendo esto, el teniente Piragov intentó de graciosa manera levantarle la barbilla.

Pero la rubia, asustada, lanzó una exclamación, y con la misma severidad volvió a preguntarle:

—¿Qué desea usted?

—Verla nada más —dijo el teniente Piragov, sonriendo agradablemente y acercándose más a ella; pero observando que la asustadiza rubia intentaba deslizarse por la puerta, añadió—: Necesito, monina, encargarme un par de espuelas. ¿Podría usted hacérmelas? Aunque el que la quiera, más que espuelas necesitaría riendas. ¡Qué manitas tan lindas!

El teniente Piragov era siempre sumamente amable en esta clase de conversación.

—Voy a llamar en seguida a mi marido —exclamó la alemana.

Se fue, y a los pocos minutos el teniente Piragov vio aparecer a Schiller, con ojos adormilados y apenas recobrado de su borrachera de la víspera. Al mirar al oficial recordó como un sueño embrumado los acontecimientos del día anterior. No se acordaba de nada determinado, pero tenía el sentimiento de haber hecho alguna tontería, lo cual le hizo recibir al oficial con aire severo.

—Por un par de espuelas no puedo llevar menos de quince rublos —dijo, deseando deshacerse de Piragov, pues como honrado alemán le daba vergüenza encontrarse ante quien lo viera en situación inconveniente.

A Schiller le gustaba beber sin testigos, sólo en compañía de dos o tres amigos, y durante este tiempo se ocultaba a los ojos de todos, incluso de sus empleados.

—¿Por qué tan caro? —dijo Piragov, con cariñoso acento.

—Es un trabajo alemán —contestó Schiller con sangre fría, acariciándose la barbilla—. Un ruso llevaría por ello dos rublos.

—Muy bien. Para demostrarle que me inspira usted afecto y que deseo llegar a conocerle, le pagaré quince rublos.

Schiller se quedó parado un momento, reflexionando. En su calidad de honrado alemán, sentía vergüenza. Deseando declinar el encargo, declaró que antes de dos semanas no podría hacerlas. Pero Piragov, sin discusión alguna, manifestó su conformidad.

El alemán, pensativo, empezó a meditar sobre cómo efectuar el trabajo para que éste valiera, en efecto, quince rublos. En este momento la rubia penetró en la forja, poniéndose a buscar algo en la mesa llena de cafeteras. El teniente, aprovechando la meditación de Schiller, se acercó a ella y estrechó su brazo desnudo hasta el mismo hombro. Esto no gustó en absoluto a Schiller.

—*Meine Frau*! —gritó.
—*Was wollen Sie doch*? —contestó la rubia.
—*Gehen Sie* a la cocina!

La rubia se retiró.

—Entonces, ¿dentro de dos semanas? —preguntó Piragov.

—Sí... Dentro de dos semanas —contestó pensativo Schiller—. Ahora tengo mucho trabajo.

—Adiós. Ya vendré a verlo.

—Adiós —contestó Schiller, cerrando la puerta tras él. El teniente Piragov decidió no abandonar su empresa, a pesar de que la alemana le había dado pocas alas. No podía comprender cómo se le podía rechazar, cuando su amabilidad y brillante rango lo hacían acreedor a toda clase de atenciones. Hay que decir también que la mujer de Schiller, a pesar de su grato exterior, era muy tonta. La tontería, por otra parte, constituye el encanto principal de una esposa guapa; yo, por lo menos, he conocido a muchos maridos que se sienten encantados de la estupidez de sus mujeres y ven en ellas todos los síntomas de una ingenuidad infantil. La belleza hace en este punto verdaderos milagros.

Todos los defectos morales en una bella, en lugar de producir repugnancia, se tornan extraordinariamente atrayentes; el vicio mismo se respira en ellas con agrado; desaparece, en cambio, la belleza, y necesita una mujer ser por lo menos veinte veces más inteligente que el hombre para inspirarle, si no amor, por lo menos estimación. La mujer de Schiller, a pesar de su estupidez, era siempre fiel a su deber, y por ello había de ser bastante difícil a Piragov conseguir éxito en su atrevida empresa; empero, al vencimiento de los obstáculos va siempre unido un goce, y la rubia se le hacía cada día más interesante. Comenzó a venir con bastante frecuencia a preguntar por sus espuelas, cosa que acabó aburriendo a Schiller, hasta el punto de que empleó todos sus esfuerzos para terminarlas cuanto antes. Por fin quedaron hechas.

—¡Qué magnífico trabajo! —exclamó el teniente Piragov al ver las espuelas—. ¡Dios mío! ¡Qué bien hechas están! ¡Ni siquiera nuestro general tiene unas iguales!

Un sentimiento de satisfacción floreció en el alma de Schiller. Sus ojos adquirieron una expresión de alegría e hizo las paces con Piragov. "El oficial ruso es un hombre inteligente", pensó para sí.

—Entonces, ¿podría usted hacer también una empuñadura a un puñal o a cualquier otro objeto?

—¡Oh! ¡Claro que puedo! —dijo Schiller con una sonrisa.

—Pues entonces hágame una empuñadura a un puñal. Tengo uno turco muy bueno, al que quisiera cambiársela.

Esto fue como una bomba para Schiller. Su frente se frunció de repente. "Ahora esto…", pensó para sí, reprochándose el haber sido el causante de que le encargaran un nuevo trabajo. Rehusar le parecía una falta de honradez, y además el oficial ruso había alabado su trabajo. Movió ligeramente la cabeza, expresando su conformidad; pero el beso que Piragov al marcharse depositó con descaro en los mismos labios de la linda rubia lo sumergió en el mayor asombro.

No considero superfluo hacer conocer al lector más estrechamente a Schiller. Era éste un verdadero alemán, en todo el sentido de la palabra. Ya a los veinte años, en aquella dichosa edad en que el ruso vive como le viene en gana, había Schiller organizado su vida entera sin apartarse en ningún momento de aquel modo de vivir. Decidió levantarse a las siete de la mañana, comer a las dos, ser exacto en todo y emborracharse cada domingo. Decidió en el transcurso de diez años hacerse un capital de 50,000 rublos, y su decisión era tan firme y tan invencible como el destino mismo. Antes podría olvidarse un funcionario de dar la consabida vuelta por la portería de su superior, que un alemán faltar a su palabra.

En ningún caso aumentaba sus gastos, y si el precio de las papas era más alto de lo corriente, no añadía para su compra ni una sola kopeika, sino que reducía su cantidad, y aunque se quedaba a veces un poco hambriento, llegaba a acostumbrarse. Su exactitud se extendió hasta el punto de decidir no besar a su mujer más de dos veces en veinticuatro horas, y para no hacerlo ni una sola vez más no tomaba más que una cucharadita de pimienta en la sopa, aunque hay que decir que el domingo esta regla no se ejecutaba tan severamente, porque Schiller aquel día se bebía dos botellas de cerveza y una de vodka con cominos, que, sin embargo, solía ser objeto de su censura. Su manera de beber no era igual a la de un inglés, que en cuanto acaba de comer cierra la puerta con pestillo y se emborracha solo. Él, por el contrario, como buen alemán, bebía con inspiración; unas veces con el zapatero Hoffmann y otras con el carpintero Kuntz, también alemán y gran borracho. Así era, pues, el carácter del distinguido Schiller, que por esta vez se veía en una situación excesivamente difícil. A pesar de ser flemático y alemán, el proceder de Piragov despertaba en él algo semejante a los celos. No obstante, movía la cabeza y no podía encontrar la manera de deshacerse de aquel oficial ruso. Mientras tanto, Piragov, fumando su pipa en el círculo de sus amigos (porque quiere el destino que donde haya oficiales haya pipas), hacía alusiones significativas, envueltas en grata sonrisa, sobre la aventura respecto de la bonita alemana, con la cual, según sus palabras, tenía ya mucha amistad, aunque en realidad casi había perdido ya toda esperanza de inclinarla a su favor.

Un día, mientras paseaba por la calle Meschanskaia mirando a la casa sobre la que destacaba hermosamente el anuncio de Schiller, en el que aparecían cafeteras y algún samovar, percibió con la mayor alegría la cabecita de la rubia, que se inclinaba por la ventana para mirar a los transeúntes. La saludó con la mano y dijo:

—*Guten Morgen*.

La rubia lo saludó a su vez como a un conocido.

—Qué, ¿está en casa su marido?

—Sí; está en casa —contestó la rubia.

—Y ¿cuándo no está en casa?

—Los domingos no está en casa —dijo la tontita rubia. "Bien —pensó para sí Piragov—. Hay que aprovechar esto."

Al domingo siguiente, como un aguacero inesperado, apareció ante la rubia. Schiller no estaba, en efecto, en casa. La linda dueña se asustó; pero Piragov, procediendo esta vez con mucho cuidado, la trató con gran respeto y mostró al saludarla toda la arrogancia de su esbelto talle. Bromeó agradablemente y con gran consideración; pero la tontita alemana le contestaba de una manera lacónica. Al cabo, y viendo que nada podía divertirla, le propuso bailar. La alemana se mostró conforme al momento, pues a todas las alemanas les agrada mucho bailar.

Piragov basaba mucho en esto sus esperanzas; primeramente, porque le gustaría; segundo, porque le daría ocasión de lucir su silueta y su habilidad, y tercero, porque bailando podía uno aproximarse más, abrazar a la bonita alemana y empezar su conquista. En una palabra, en esto radicaría su éxito.

Comenzó por una gavota, sabiendo que con las alemanas hay que emplear cierta graduación. Ella se colocó en el centro de la habitación y alzó el maravilloso piececito. Tal actitud admiró tanto a Piragov, que se apresuró a besarla. La alemana se puso a gritar, lo que la hizo aún más encantadora a los ojos de Piragov, que la cubrió de besos. De repente, la puerta se abrió y por ella entró Schiller, acompañado de Hoffmann y el carpintero Kuntz. Todos estos dignos artesanos estaban borrachos como cubas.

Dejo a mis lectores juzgar del frenesí y la indignación que se apoderaron de Schiller.

—¡Bruto! —gritaba, presa de la mayor furia—. ¿Cómo te atreves a besar a mi mujer? ¡Eres un canalla y no un oficial ruso! ¡Qué diablos, amigo Hoffmann! ¡Yo soy alemán, por fortuna, y no un cochino ruso! ¡Oh!... ¡No consiento que me engañe mi mujer! ¡Agárralo por el cuello, amigo Hoffmann!... ¡No lo consiento! —prosiguió, gesticulando mientras su cara se semejaba al paño rojo de su chaleco—. ¡Ocho años hace que vivo en Petersburgo! ¡En Suabia vive mi madre, y mi tío en Nüremberg! ¡Soy alemán! ¡Desnúdenlo! ¡Amigo Hoffmann, amigo Kuntz!... ¡Cójanlo por los pies y por las manos!

Y los alemanes cogieron por los pies y por las manos a Piragov. En vano se esforzaba éste por luchar. Aquellos tres artesanos eran los más robustos de todos los alemanes de Petersburgo. Se portaron con él de una manera tan brutal y tan descortés, que confieso no poder encontrar palabras capaces de describir el triste acontecimiento.

Estoy seguro de que al día siguiente Schiller, presa de una fuerte fiebre, temblaría como la hoja del árbol, esperando la llegada de la policía, como también estoy seguro de que hubiera dado todo lo indecible porque lo ocurrido la víspera hubiera sido un sueño. Sin embargo, esto ya no tenía remedio. En cuanto al enfado e indignación de Piragov..., nada había que pudiera comparárseles. La idea sólo de tan terrible ofensa le producía frenesí. Consideraba a Siberia y a todos los látigos como el ínfimo castigo para Schiller. Marchó corriendo a su casa para desde allí, después de vestirse, dirigirse directamente al general y describirle con los más vivos colores la furia de los artesanos alemanes. También se proponía presentar una queja al Estado Mayor, pensando también en elevar ésta aún más alto si el castigo infligido era pequeño.

No obstante, todo aquello terminó de una manera extraña: durante el camino entró en una confitería, en la que se comió dos hojaldres; leyó alguna cosa en el diario *Abeja del Norte* y salió de allí más aliviado del enfado. Además, la tarde, fresca y agradable, lo invitó a dar un paseo por la perspectiva Nevski.

Hacia las nueve, y habiéndose ya tranquilizado, empezó a encontrar incorrecto el molestar al general en un domingo, pensando también que estaría ausente. Por tanto, se dirigió a una reunión que celebraba en su casa el jefe del Colegio de Inspectores, a la que acudía una sociedad muy agradable compuesta de funcionarios y oficiales. Pasó con gran gusto la velada, distinguiéndose de tal manera al bailar la mazurka, que maravilló no solamente a las damas, sino también a los caballeros.

"¡Qué mundo tan extraño el nuestro!", pensaba yo cuando pasaba hace tres días por la perspectiva Nevski, acordándome de estos acontecimientos. ¡De qué modo tan singular, tan incomprensible, juega con nosotros el destino!... ¿Conseguimos alguna vez lo que deseamos? ¿Alcanzamos aquello para lo que están dispuestas nuestras fuerzas?

Todo ocurre, por el contrario, al revés. Al uno otorgó la suerte maravillosos caballos y pasea con ellos indiferente, sin reparar en su belleza, mientras que otro, cuyo corazón arde de pasión por los caballos, camina a pie y se satisface tan sólo chascando la lengua cuando delante de él pasa un buen trotador. Aquél dispone de un magnífico cocinero; pero, desgraciadamente, su boca es tan pequeña que no puede pasar por ella más de dos pedacitos; otro la tiene, en cambio, del tamaño del arco del edificio del Estado Mayor y ha de contentarse con comida alemana hecha a base de papas. ¡De qué extraña manera juega con nosotros el destino! Pero lo más singular de todo esto son los sucesos que ocurren en la perspectiva Nevski. ¡Oh!... ¡No crea usted en la perspectiva Nevski! Yo, cuando paso por ella, me envuelvo más fuertemente en mi capa y me esfuerzo en no mirar nada de lo que me sale al encuentro. ¡Todo es engaño! ¡Todo es ensueño! ¡Todo es otra cosa de lo que parece!

Imagina usted que el señor que pasea vestido de levita tan maravillosamente hecha es muy rico... Pues nada de eso. Ese señor se compone sólo de su levita. Usted imagina que aquellas dos gordinflonas detenidas ante una iglesia están apreciando su arquitectura... Nada de eso. Hablan de la manera extraña con que dos cuervos se sentaron uno frente a otro. A usted se le figura que aquel entusiasta que gesticula está contando cómo su mujer tiró por la ventana una bolita a un oficial desconocido..., cuando de lo que está hablando es de La Fayette. Piensa usted que estas damas... Pero a las damas créalas usted lo menos posible. Contemple lo menos posible los escaparates de las tiendas. Las bagatelas expuestas en ellas son maravillosas, pero huelen a enorme cantidad de dinero..., y, sobre todo..., ¡Dios le guarde de mirar bajo los sombreritos de las damas!... Aunque a lo lejos vuele, atrayente, la capa de una bella..., por nada del mundo iré en pos de ésta a curiosear. Lejos..., por amor de Dios..., ¡más lejos del farol! Pase usted muy de prisa, lo más de prisa que pueda, delante de él. Tendrá usted suerte si lo único que le ocurre es que le caiga una mancha de aceite maloliente sobre su elegante levita. Pero no es sólo el farol lo que respira engaño.

En todo momento miente la perspectiva Nevski; pero miente sobre todo cuando la noche la abraza con su masa espesa, separando las pálidas y desvaídas paredes de las casas, cuando toda la ciudad se hace trueno y resplandor, y minadas de carruajes pasan por los puentes, gritan los postillones saltando sobre los caballos y el mismo demonio enciende las lámparas con el único objeto de mostrarlo todo bajo un falso aspecto.

LA TERRIBLE VENGANZA

En el oscuro sótano de la casa del amo Danilo, y bajo tres candados, yace el brujo, preso entre cadenas de hierro; más allá, a orillas del Dnieper, arde su diabólico castillo, y olas rojas como la sangre baten, lamiéndolas, sus viejas murallas. El brujo está encerrado en el profundo sótano no por delito de hechicería, ni por sus actos sacrílegos: todo ello que lo juzgue Dios. Él está preso por traición secreta, por ciertos convenios realizados con los enemigos de la tierra rusa y por vender el pueblo ucranio a los polacos y quemar iglesias ortodoxas.

El brujo tiene aspecto sombrío. Sus pensamientos, negros como la noche, se amontonan en su cabeza. Un solo día le queda de vida. Al día siguiente tendrá que despedirse del mundo. Al siguiente lo espera el cadalso. Y no sería una ejecución piadosa: sería un acto de gracia si lo hirvieran vivo en una olla o le arrancaran su pecaminosa piel.

Estaba huraño y cabizbajo el brujo. Tal vez se arrepienta antes del momento de su muerte, ¡pero sus pecados son demasiado graves como para merecer el perdón de Dios!

En lo alto del muro hay una angosta ventana enrejada. Haciendo resonar sus cadenas se acerca para ver si pasaba su hija. Ella no es rencorosa, es dulce como una paloma, tal vez se apiade de su padre... Pero no se ve a nadie. Allí abajo se extiende el camino; nadie pasa por él. Más abajo aún se regocija el Dnieper, pero ¡qué puede importarle al Dnieper! Se ve un bote... Pero ¿quién se mece? Y el encadenado escucha con angustia su monótono retumbar.

De pronto alguien aparece en el camino: ¡Es un cosaco! Y el preso suspira dolorosamente. De nuevo todo está desierto... Al rato ve que alguien baja a lo lejos... El viento agita su manto verde, una cofia dorada arde en su cabeza... ¡Es ella!

Él se aprieta aún más contra los barrotes de la ventana. Ella, entretanto, ya se acerca...

—Katerina, hija mía, ¡ten piedad! ¡Dame una limosna!

Ella permanece muda, no quiere escucharlo. Tampoco levanta sus ojos hacia la prisión, ya pasa de largo, ya no se la ve. El mundo está vacío; el Dnieper sigue con su melancólica canción y la tristeza vacía el alma. Pero, ¿conocerá el brujo la tristeza?

El día está por terminar. Ya se puso el sol, ya ni se lo ve. Ya llega la noche: está refrescando. En alguna parte muge un buey, llegan voces.

Seguramente es la gente que vuelve de sus faenas y está alegre; sobre el Dnieper se ve un bote... Pero, ¿quién se acordará del preso? Brilla en el cielo el cuerpo de plata de la luna nueva. Alguien viene del lado opuesto del camino pero es difícil distinguir las cosas en la penumbra..., ¡pero sí!... Es Katerina que está volviendo.

—¡Hija, por el amor de Cristo! Ni los feroces lobeznos despedazan a su madre. ¡Hija mía!..., ¡mira al menos a este criminal padre tuyo!

Ella no lo escucha y sigue su camino.

—¡Hija!... ¡En el nombre de tu desdichada madre!

Ella se detuvo.

—¡Ven, ven a escuchar mis últimas palabras!

—¿Para qué me llamas, apóstata? ¡No me llames hija! Ningún parentesco puede existir entre nosotros. ¿Qué pretendes de mí en nombre de mi desdichada madre?

—¡Katerina! Se acerca mi fin. Sé que tu marido me atará a la cola de una yegua y luego la hará galopar por el campo... ¡Y quién sabe si no elegirá una ejecución más terrible!

—¿Acaso hay en el mundo una pena que se iguale a tus pecados? Espérala, nadie intercederá por ti.

—¡Hija! No temo el castigo, más temo los suplicios en el otro mundo... Tú eres inocente, Katerina, tu alma volará al paraíso, al reino de Dios. Mientras, el alma de tu sacrílego padre arderá en el fuego eterno, un fuego que nunca se apagará. Arderá cada vez más fuerte; ni una gota de rocío caerá sobre mí, ni soplará la más leve brisa...

—No está en mi poder aplacar aquel castigo —dijo Katerina, volviendo la cabeza.

—¡Katerina! ¡Una palabra más, tú puedes salvar mi alma!. Tú no te imaginas qué bueno y misericordioso es Dios. Habrás oído la historia del apóstol Pablo, un gran pecador que luego se arrepintió y se convirtió en un santo.

—¿Qué puedo hacer yo para salvarte? —respondió Katerina—. ¿Acaso yo, una débil mujer, puede pensar en ello?

—Si pudiese salir de aquí, renunciaría a todo y me arrepentiría. Confesaría mis pecados, me iría a una cueva, aplicaría ásperos cilicios sobre mi cuerpo y, día y noche, rogaría a Dios. No sólo no comería carne, ¡ni siquiera pescado comería! No cubriría con ningún manto la tierra sobre la que me echara a dormir. ¡Y rezaría, rezaría sin descanso! Y si después de todo esto la bondad divina no me perdona aunque sólo sea la décima parte de mis pecados, me enterraría hasta el cuello en la tierra y me amuraría dentro de una muralla de piedra. No tomaría alimento, no bebería agua. Dejaría todos mis bienes a los monjes para que durante cuarenta días con sus noches rezaran por mí...

Katerina se quedó pensativa.

—Aunque yo abriese la puerta —dijo—, no podría quitarte las cadenas...

—No son las cadenas lo que yo temo —dijo él—. ¿Crees que han encadenado mis manos y mis pies? No. Yo eché bruma en sus ojos y en lugar de mis brazos les tendí madera seca. ¡Mírame!... Ninguna cadena hay sobre mis huesos —añadió, surgiendo entre las sombras del sótano—. Tampoco temería estos muros y pasaría a través de ellos, pero tu marido no se imagina qué muros son éstos: los construyó un santo ermitaño y ninguna fuerza impura puede hacer salir a un prisionero, pues la puerta tiene que abrirse con la misma llave con que el santo cerraba su celda. ¡Una celda así cavaré para mí, pecador, el mayor de los pecadores!

—Escucha... yo te pondré en libertad, pero ¿y si me estás engañando? —dijo Katerina, deteniéndose junto a la puerta—. ¿Y si en lugar de arrepentirte sigues hermanado con el diablo?

—No, Katerina, ya me queda poca vida. Ya, aunque no fuera a ser ejecutado, mi fin estaría cerca. ¿Es posible que me creas capaz de exponerme al castigo eterno? —sonaron los candados—. ¡Adiós! ¡Que Dios todo misericordioso te ampare, hija mía! —dijo el hechicero, besándola en la frente.

—¡No me toques, horrendo pecador! ¡Vete, pronto! —decía Katerina.

Pero él ya había desaparecido.

—Lo he puesto en libertad —se dijo ella, asustada y mirando con ojos enloquecidos las paredes—. ¿Qué le diré a mi marido? Estoy perdida. Lo único que me queda es enterrarme viva —y sollozando se dejó caer en el tronco que servía de silla al prisionero—. Pero salvé un alma —dijo ella, quedamente—, hice una obra grata a Dios; ¿y mi marido?... Es la primera vez que lo engaño. ¡Oh, qué horrible! ¿Cómo podré guardar mi mentira? Alguien viene. ¡Y es él, mi marido! !Es él, mi marido! —gritó desesperadamente, y cayó a tierra desvanecida.

—Soy yo, mi niña. ¡Soy yo, mi corazón! —oyó decir Katerina, recobrándose y viendo ante sí a la vieja sirvienta. La mujer, inclinada sobre ella, parecía susurrar ciertas palabras y con su seca mano la salpicaba con gotas de agua fría.

—¿Dónde estoy? —decía Katerina, incorporándose a medias y mirando a su alrededor—. Ante mí se agita el Dnieper, y detrás de mí se alzan las montañas. ¿Adónde me has traído, mujer?

—Te he sacado en brazos de aquel sótano sofocante y luego cerré la puerta con la llave para que el amo Danilo no te castigue.

—¿Y dónde está la llave? —dijo Katerina, mirando su cinturón—. No la veo.

—La desanudó tu marido, hija mía, para ir a ver al brujo.

—¿Para verlo?... ¡Ay, mujer, estoy perdida! —exclamó Katerina.

—Dios nos libre de eso, mi niña. Tú debes permanecer callada, mi niña, nadie sabrá nada.

—¿Has oído, Katerina? —exclamó Danilo, acercándose a su mujer. Sus ojos llameaban, mientras el sable, tintineando, se balanceaba en su cinturón. La mujer quedó muerta de espanto—. ¡Él se escapó, el maldito Anticristo!

—¿Acaso alguien lo ha dejado huir, amado mío? —dijo ella, temblando.

—Seguramente lo dejaron salir, pero fue el diablo. Mira, en su lugar hay un tronco encadenado. ¡Por qué habrá hecho Dios que el diablo no tema las garras cosacas! Si sólo se me cruzara por la cabeza la idea de que alguno de mis muchachos me ha traicionado, y, si llegara a saber... ¡Ah!, no encontraría un castigo digno de su culpa...

—¿Y si hubiera sido yo? —dijo involuntariamente Katerina, pero enseguida se calló.

—Si tal cosa fuese verdad, no serías mi esposa. Te cosería dentro de una bolsa y te arrojaría al Dnieper.

Katerina se sintió desvanecer, le pareció que sus cabellos se separaban de su cabeza.

En la taberna del camino fronterizo se juntaron los polacos y hace dos días están de gran juerga. Hay bastante de toda esta chusma. Se habrán juntado probablemente para una incursión; algunos de ellos hasta llevan mosquete. Se oyen sonar las espuelas y tintinear los sables. Los nobles polacos beben, gritan y se vanaglorian de sus extraordinarias hazañas, se burlan de los cristianos ortodoxos, llaman a los ucranianos sus siervos, retuercen con aire digno sus mostachos y se repantigan en los bancos con las cabezas erguidas. Está con ellos el cura polaco, pero ese cura tiene la misma traza de sus compatriotas; ni por su aspecto perece un sacerdote: bebe y festeja como todos y con su impía lengua pronuncia palabras repugnantes. Tampoco los sirvientes se quedan atrás: arremangándose sus rotas casacas como si fueran hombres de bien, juegan a los naipes y pegan con ellos en las narices de los perdedores... Y se llevan mujeres ajenas... ¡Gritos, peleas!... Los señorones parecen poseídos y hacen bromas pesadas: tiran de la barba al judío tabernero y pintan, sobre su frente impura, una cruz; luego disparan contra las mujeres con balas de fogueo y bailan el krakoviak con su inmundo cura. Nunca se vio tal desvergüenza ni siquiera durante las incursiones tártaras: es posible que Dios haya querido, permitiendo estas atrocidades, castigar los pecados de la tierra rusa... Y entre el endemoniado rumor se oye mencionar la chacra del amo Danilo y de su hermosa mujer, allá, en la otra orilla del Dnieper. Para nada bueno se ha juntado esta pandilla.

El amo Danilo se halla sentado en su habitación, acodado sobre la mesa. Parece meditar. Desde el banco el ama Katerina canta una canción.

—¡Estoy muy triste, querida mía! —dijo el amo Danilo—. Me duele la cabeza, me duele el corazón. Algo me oprime... Se ve que la muerte anda rondando mi alma.

—¡Oh, mi amado Danilo! Apoya tu cabeza en mi pecho. ¿Por qué acaricias en tu corazón pensamientos nefastos? —pensó Katerina, pero no se atrevió a decirlo en voz alta. Se sentía culpable y le resultaba imposible recibir caricias de su esposo.

—Escucha, querida —dijo Danilo—. No abandones jamás a nuestro hijo cuando yo deje esta vida. Dios no te daría felicidad si lo abandonaras, ni en este mundo ni en el otro. ¡Sufrirán mis huesos al pudrirse en la tierra, pero más, mucho más, sufrirá mi alma!

—¿Qué dices, esposo mío? ¿No eras tú quien se burlaba de las débiles mujeres, tú, que ahora hablas como una de ellas? Aún has de vivir mucho tiempo.

—No, Katerina, mi alma presiente su próximo fin. Se vuelve triste la vida en esta tierra; se acercan tiempos aciagos. ¡Ah, cuántos recuerdos! ¡Aquellos años que ya no volverán! Aún vivía Konashevich, gloria y honor de nuestro ejército. Veo pasar ante mis ojos los regimientos cosacos. ¡Aquélla sí fue una época de oro, Katerina! El viejo hetmán montaba en su caballo moro, en sus manos refulgía el bastón, mientras a su alrededor se agitaba la infantería cosaca... ¡Ah, cómo se movía el rojo mar de jinetes de Zaporozhie. El hetmán hablaba y todos quedaban como petrificados. Y el viejo lloraba cuando recordaba nuestras antiguas hazañas, aquellas luchas cuerpo a cuerpo. ¡Ah, Katerina, si supieras cómo peleábamos con los turcos! En mi cabeza conservo una profunda cicatriz. Cuatro balas me han atravesado y ninguna de estas heridas ha terminado de curarse. ¡Cuánto oro arrebatamos entonces! Los cosacos traían sus gorras llenas de piedras preciosas. ¡Y qué caballos, Katerina, si supieras qué caballos apresábamos entonces! No, ya no podré pelear como entonces. Parece que no estoy viejo, mi cuerpo se mantiene ágil; pero la espada cosaca se cae de mis manos, vivo sin hacer nada y yo mismo ya no sé para qué vivo. No hay orden en Ucrania. Los coroneles y los esaúles[1] riñen entre sí como los perros; no hay guía que los dirija. Nuestras familias de abolengo adoptaron las costumbres polacas, aprendieron su hipócrita astucia... Vendieron sus almas al aceptar la unia[2]. Los judíos explotan al pobre. ¡Oh tiempos, tiempos pasados! ¿Dónde han quedado mis años juveniles? ¡Anda, muchacho! Tráeme de la bodega un jarro de hidromiel. Beberé por nuestra suerte de antaño, por los tiempos idos.

—¿Con qué vamos a convidar a las visitas, mi amo? ¡Por el lado de las llanuras se acercan los polacos! —dijo Stetzko, entrando en la jata[3].

—¡Sé muy bien a qué vienen! —exclamó Danilo, levantándose de su asiento—. ¡Ensillen los caballos, mis servidores. ¡Colóquenles sus guarniciones! ¡Todos los sables fuera de las vainas! ¡Ah, y a no olvidarse de la avena de plomo: recibiremos con honra a los visitantes!

Los cosacos aún no habían tenido tiempo de montar sus caballos y cargar sus mosquetes cuando los polacos, cuál ocres hojas cayendo de los árboles en otoño, cubrieron totalmente la falda de la montaña.

—¡Bueno, bueno! ¡Aquí hay con quién charlar a gusto! —dijo Danilo, mirando a los gordos señores que muy orondos se balanceaban en sus cabalgaduras con arneses de oro—. ¡Por lo que veo nos está esperando una fiesta hermosa! ¡Goza, pues, tu última hora, alma de cosaco! Ha llegado nuestro día: ¡a festejarlo, pues, muchachos!

Y comenzó la orgía de las montañas. Comenzó el gran festín: ya se pasean las espadas, vuelan los proyectiles, relinchan los corceles. Los gritos enloquecen la mente, el humo enceguece los ojos. Todo se mezcla; pero el cosaco siente dónde está el amigo y dónde el enemigo. Y cuando estalla una bala, cae del caballo un bravo jinete; cuando silba el sable, una cabeza rueda por tierra murmurando palabras confusas.

Pero en medio de la multitud siempre sobresale el rojo tope de un gorro cosaco. Es el amo Danilo: brilla el cinto de oro de su casaca azul, vuela como un torbellino la crin de su caballo moro. Está en todas partes, parece un pájaro. Grita y agita su sable de Damasco y pega golpes a diestra y siniestra...

—¡Pega, asesta tus sablazos, cosaco! ¡Date el gusto, diviértete, cosaco! Goza con tu corazón de valiente!, pero no vayas a distraerte con los arneses de oro y las ricas casacas. ¡Pisa con herraduras de tu corcel el oro y las piedras preciosas! ¡Clava tu lanza, cosaco! Goza, goza, pero mira hacia atrás, los impíos polacos están prendiendo fuego a las viviendas y se llevan el asustado ganado.

Y el amo Danilo, como un torbellino, vuelve grupas, y ya se ve su gorro con el tope rojo cerca de las jatas, y mengua la muchedumbre de los enemigos.

Varias horas duró la pelea entre cosacos y polacos. El número de éstos era cada vez menor, pero el amo Danilo parecía incansable. Con su larga lanza abatía a los jinetes enemigos, y su bravo caballo picoteaba a los que estaban de pie. Ya queda libre de invasores el patio, ya huyen los polacos, ya los cosacos se abalanzan sobre los enemigos muertos para arrancar sus casacas adornada de oro y los ricos arneses. Y el amo Danilo se disponía a reunir a su gente para iniciar la persecución, cuando... de pronto, se estremeció... Creyó ver al padre de Katerina. Estaba ahí, sobre la loma, apuntándole con un mosquete. Danilo fustigó su caballo hacia donde se hallaba el otro...

—¡Cosaco, estás ideando tu perdición!

Retumba el mosquete y el brujo desaparece detrás de la loma. Sólo el fiel Stetzko ve cómo desaparece la vestidura roja y el extraño gorro. Pero el cosaco vacila, cae a tierra. Ya se lanza el fiel Stetzko, para ayudar a su amo, tendido en tierra, cerrados sus claros ojos. Pero ya Danilo ha percibido la presencia de su fiel servidor. ¡Adiós, Stetzko! Dile a Katerina que no abandone a su hijo y no lo abandonen ustedes, mis fieles servidores —dijo, y luego calló.

Ya vuela el alma del cosaco de su cuerpo, morados están sus labios... Duerme el cosaco y ya nadie podrá despertarlo.

IVÁN TURGUÉNEV[5]

---

[5] Iván Serguéievich Turguénev. Escritor, novelista y dramaturgo, considerado el más europeísta de los narradores rusos del siglo XIX. Nacimiento: 9 de noviembre de 1818, Oriol, Rusia. Fallecimiento: 3 de septiembre de 1883, Bougival, Francia. Obras destacadas: Padres e hijos; Nido de nobles; Rudin; Mumú; Memorias de un cazador y Apariciones.

MUMÚ

En una de las calles periféricas de Moscú había en otro tiempo una casa gris con columnas blancas, entresuelo y balcón algo torcido, en la que vivía una viuda atendida por numerosa servidumbre. Sus hijos habían entrado en la administración de Petersburgo y sus hijas se habían casado; la señora apenas salía de casa y pasaba en completa soledad los últimos años de su triste y sombría vejez. Sus días de luz, más bien grises y desapacibles, habían pasado hacía tiempo; pero la tarde de su vida era más negra que la noche.

De sus numerosos domésticos el más notable era el portero Guerásim, hombre de talla gigantesca, complexión hercúlea y sordomudo de nacimiento. La señora lo había sacado de la aldea, donde vivía solo en una pequeña isba separado de sus vecinos, y donde estaba considerado el más laborioso de sus tributarios. Dotado de una fuerza excepcional, trabajaba por cuatro y despachaba con soltura las faenas; daba gusto verlo cuando araba un campo; con las enormes palmas apoyadas en el arado, se diría que él solo, sin la ayuda de su caballejo, abría el blando seno de la tierra; cuando, en torno al día de san Pedro, manejaba vigorosamente la guadaña, parecía que iba a segar a ras de tierra un bosquecillo de jóvenes abedules; y cuando, armado de un enorme mayal, trillaba el cereal sin tregua ni desmayo, los músculos oblongos y duros de sus hombros se levantaban y bajaban como una palanca. Su inquebrantable mutismo confería a su infatigable labor un aire de solemne gravedad. Era un mujik[1] excelente, y de no haber sido por su desgracia, cualquier muchacha lo habría aceptado de buen grado por marido... Pero un buen día lo llevaron a Moscú, le compraron unas botas, le confeccionaron un caftán para el verano y un abrigo de piel de cordero para el invierno, le pusieron en la mano una escoba y una pala, y lo nombraron portero.

En un principio no le gustó nada su nueva vida. Desde la infancia estaba acostumbrado a las labores del campo y a la aldea. Apartado por su desdicha del trato con los hombres, el mudo creció robusto como un árbol en tierra fértil... Trasplantado a la ciudad, se sentía desorientado, acosado por la perplejidad y la nostalgia, como un toro joven y fuerte al que de pronto sacan del pastizal donde la jugosa hierba le llega hasta el vientre, lo meten en un vagón de ferrocarril y lo llevan Dios sabe dónde en medio de un estrépito ensordecedor, nubes de humo, chispas y oleadas de vapor. En comparación con las duras faenas del campo, las obligaciones del nuevo cargo le parecían un juego; en media hora lo tenía todo hecho. Entonces se quedaba plantado en medio del patio, mirando con la boca abierta a los transeúntes, como si esperara que le aclarasen el enigma de su situación; o de pronto se retiraba a algún rincón y, arrojando la pala y la escoba, se tumbaba en el suelo boca abajo y pasaba horas enteras inmóvil, como una bestia en una trampa.

No obstante, el hombre se acostumbra a todo y Guerásim acabó habituándose a la vida en la ciudad. Sus escasas tareas se reducían a mantener limpio el patio, transportar dos veces al día un barril de agua, cortar y llevar leña a la cocina y a la casa, impedir el paso a las personas extrañas y vigilar por la noche. Hay que reconocer que cumplía a conciencia su cometido: en el patio no se veían astillas ni barreduras; si en la época del deshielo el extenuado caballejo confiado a sus cuidados se atascaba con el barril del agua en algún atolladero, Guerásim empujaba con el hombro y sacaba del barrizal no solo el carro, sino también el rocín; si se ponía a cortar leña, el hacha vibraba como un cristal y por todas partes saltaban virutas y tueros; y, en cuanto a las personas extrañas, desde que una noche sorprendió a dos ladrones y golpeó la frente del uno contra la del otro, haciendo casi innecesario llevarlos a la policía, se ganó el respeto de todo el barrio; hasta de día, ya no solo los rateros, sino cualquier persona desconocida que acertara a pasar por allí, al ver al terrible portero, se alejaba gesticulando y vociferando, como si Guerásim pudiera oír sus gritos.

Con el resto de la servidumbre mantenía buenas relaciones, aunque no podían calificarse de amistosas, pues le tenían miedo. Guerásim los consideraba de los suyos. Comprendía los gestos que le dirigían y ejecutaba a la perfección las órdenes que le transmitían, pero también conocía sus derechos, y nadie habría osado ocupar su lugar a la mesa. En general, Guerásim era un hombre grave y circunspecto, al que le gustaba que todo estuviera en orden; ni los gallos se atrevían a pelearse en su presencia, ¡ay de ellos si se les ocurría! Los agarraba al punto por las patas, les daba unas diez vueltas en el aire y los lanzaba cada uno en una dirección. Por el patio de la señora también deambulaban algunos gansos, pero, como es bien sabido, los gansos son aves serias y juiciosas; Guerásim los respetaba, los cuidaba y les daba de comer. Él mismo tenía aspecto de ganso respetable.

Le habían asignado un cuartucho que había encima de la cocina, que él arregló a su gusto: con planchas de roble construyó un lecho levantado sobre cuatro vigas, una verdadera cama de paladín, que no se habría doblado ni bajo un peso de cien puds; bajo la cama colocó un cofre enorme; en un rincón dispuso una mesa no menos maciza, flanqueada de una silla baja de tres patas, tan pesada que a veces el propio Guerásim la levantaba, la dejaba caer y sonreía. Cerraba el cuartucho con un candado negro cuya forma recordaba una rosca de pan; Guerásim llevaba siempre la llave en el cinto, pues no le gustaba que nadie entrara en su habitación.

Así transcurrió un año, a cuyo término se produjo un pequeño acontecimiento en la vida de Guerásim.

La vieja señora de la casa seguía en todo las antiguas costumbres y mantenía una numerosa servidumbre, compuesta no solo de lavanderas, costureras, carpinteros, sastres y modistas, sino incluso de un talabartero que también desempeñaba las funciones de veterinario, se ocupaba de los criados enfermos y hacía las veces de médico de cabecera de la señora, y, por último, de un zapatero llamado Kapitón Klímov, un borracho empedernido. Klímov se consideraba un hombre instruido y de buenos modales, desaprovechado y no estimado en toda su valía, condenado a vivir desocupado en un rincón de Moscú; si bebía, declaraba él mismo sopesando cada palabra y golpeándose el pecho con la mano, lo hacía para ahogar las penas. Un día en que la señora hablaba con su mayordomo Gavrila, hombre que, a juzgar por sus ojillos amarillentos y su nariz de pato, estaba predestinado a mandar, aquella se aquejó de las malas costumbres de Kapitón, al que la víspera habían encontrado en plena calle en un estado lamentable.

—¿Qué te parece si lo casáramos, Gavrila? —dijo de pronto—. Tal vez sentaría la cabeza.

—¡Por qué no! Claro que podemos —respondió Gavrila—, y le vendría muy bien.

—Sí, pero ¿quién querrá casarse con él?

—Claro... En cualquier caso, se hará como quiera la señora. Después de todo, él nos es muy útil. No podemos abandonarlo.

—Creo que Tatiana le gusta.

Gavrila estuvo a punto de poner una objeción, pero se mordió la lengua.

—¡Sí...! Que se case con Tatiana —decidió la señora, aspirando con placer un poco de rapé—, ¿lo oyes?

—A sus órdenes —respondió Gavrila y se retiró.

De vuelta en su habitación (situada en un pabellón y ocupada casi en su totalidad por cofres con remaches de hierro), lo primero que hizo Gavrila fue echar a su mujer, luego se sentó junto a la ventana y se quedó meditabundo. Por lo visto, la decisión inesperada de la señora lo había sorprendido. Finalmente se puso en pie y mandó llamar a Kapitón, que se presentó al poco rato... Pero antes de dar cuenta a los lectores de su conversación, no estará de más relatar en pocas palabras quién era esa Tatiana con la que debía casarse Kapitón y por qué la orden de la señora había desconcertado al mayordomo.

Tatiana era una de las lavanderas de las que hemos hablado más arriba (aunque por su habilidad y conocimientos en la materia solo se le confiaba la ropa blanca), contaba unos veintiocho años y era una mujer menuda, delgada, rubia, con lunares en la mejilla izquierda, señal de una vida desdichada según las creencias de los rusos... En realidad, no podía jactarse de su buena fortuna. Desde la primera juventud solo había recibido malos tratos; trabajaba por dos, sin recibir nunca la menor caricia; le daban ropa gastada y recibía una paga insignificante; tenía algunos tíos, aunque era como no tener a nadie: uno de ellos, viejo intendente, había sido enviado de vuelta al campo por su incapacidad; los otros eran campesinos: eso era todo. En otro tiempo había pasado por una muchacha bella, pero esa belleza no había tardado en marchitarse. Su comportamiento era de lo más sumiso o, mejor dicho, asustadizo; en lo concerniente a su propia persona mostraba una indiferencia absoluta, y por los otros sentía un miedo cerval; su única preocupación era terminar el trabajo a tiempo; nunca hablaba con nadie y la simple mención de la señora bastaba para hacerla temblar, aunque esta apenas se había fijado en ella.

Cuando trajeron a Guerásim de la aldea, por poco se desmayó de espanto al ver su enorme figura; trataba por todos los medios de no encontrarse con él y si por ventura tenía que pasar a su lado cuando se dirigía con premura al lavadero, entrecerraba los ojos. En un principio Guerásim no le prestó atención especial; luego empezó a sonreír cuando la veía, más tarde se acostumbró a seguirla con la mirada y acabó por no quitarle los ojos de encima. Se había enamorado de ella. ¡Solo Dios sabe si fue por la dulzura de su expresión o por la timidez de sus ademanes! En una ocasión en que la muchacha atravesaba el patio llevando cuidadosamente en la punta de los dedos una camisola almidonada de la señora, sintió que alguien le tiraba fuertemente del codo; se dio la vuelta y lanzó un grito: a su lado estaba Guerásim. Con una sonrisa estúpida y un mugido afectuoso, le ofrecía un gallo de pan de jengibre con adornos de oropel en la cola y en las alas. Tatiana hizo intención de rechazarlo, pero él se lo puso a la fuerza en la mano, sacudió la cabeza y se alejó, volviéndose para dirigirle otro mugido amistoso.

Desde ese día no la dejó tranquila: en cualquier lugar al que fuese aparecía él, le sonreía, mugía, movía las manos, sacaba de pronto una cinta y se la tendía, o bien barría el lugar por el que ella se aprestaba a pasar. La pobre muchacha no sabía cómo comportarse ni qué hacer.

Pronto toda la casa se enteró de las ocurrencias del portero mudo; sobre Tatiana llovieron burlas, sarcasmos y comentarios hirientes. No obstante, nadie se atrevía a mofarse de Guerásim, pues no le gustaban las bromas; cuando él estaba presente, también a ella la dejaban en paz. Le gustara o no, la muchacha se encontraba bajo su protección. Como todos los sordomudos, Guerásim era muy perspicaz y se daba perfecta cuenta cuando se reían de uno de los dos. Un día, durante la comida, la encargada de la ropa blanca, superiora de Tatiana, se ensañó con ella de tal modo que la pobre no sabía a dónde dirigir los ojos y, toda confundida, parecía a punto de echarse a llorar. De pronto Guerásim se levantó, extendió su enorme manaza, la puso sobre la cabeza de la encargada y la miró a la cara con tan intensa furia que esta pegó la nariz a la mesa. Todos se callaron. Guerásim volvió a coger la cuchara y siguió comiendo su sopa de col. "Este maldito mudo es un demonio", murmuraron en voz baja los presentes, mientras la encargada se ponía de pie y se dirigía a las dependencias de las sirvientas.

En otra ocasión, al advertir que Kapitón, el mismo Kapitón del que acabamos de ocuparnos, prodigaba galanterías a Tatiana, Guerásim lo llamó con el dedo, lo condujo a la cochera y, cogiendo por un extremo una lanza de carro que había en un rincón, lo amenazó con pocos pero elocuentes gestos. Desde entonces nadie se atrevió a molestarla. Y no le costó nada a Guerásim. Es cierto que la encargada de la ropa blanca se desmayó nada más llegar a las dependencias de las criadas y se condujo con tanta astucia que ese mismo día llegó a conocimiento de la señora el grosero proceder de Guerásim; pero la extravagante anciana se limitó a reír y, para gran despecho de la mujer, la obligó a relatarle varias veces cómo el portero la había forzado a doblar la cabeza con su ruda mano; al día siguiente envió a Guerásim un rublo de gratificación. Apreciaba la fidelidad y fortaleza de su guardián. Guerásim le tenía mucho miedo, pero de todos modos confiaba en su benevolencia y se disponía a solicitarle permiso para casarse con Tatiana. Solo esperaba disponer del nuevo caftán que el mayordomo le había prometido para presentarse ante la señora decorosamente vestido. Y, justo en ese momento, a la señora se le ocurría casar a Tatiana con Kapitón.

El lector comprenderá ahora la inquietud del mayordomo cuando oyó aquella proposición. "Es evidente que la señora aprecia a Guerásim", pensaba, sentado junto a la ventana (Gavrila lo sabía perfectamente, por eso él mismo lo trataba con deferencia), "pero de todos modos es mudo; no es necesario informar a la señora de que Guerásim corteja a Tatiana. A fin de cuentas, para ser justos, ¿qué clase de marido sería? Por otro lado, en cuanto llegue a oídos de ese ogro, que

Dios me perdone, que Tatiana se casa con Kapitón, es capaz de destrozar toda la casa. Con él no hay modo de entenderse. A ver quién hace entrar en razón a ese demonio, el Señor me perdone... ¡Así es...!"

La aparición de Kapitón interrumpió el hilo de sus reflexiones. El atolondrado zapatero entró en la habitación, se llevó las manos a la espalda y, apoyándose con desenfado en un saliente de la pared que había junto a la puerta, cruzó la pierna derecha sobre la izquierda y sacudió la cabeza como diciendo: "¡Aquí estoy! ¿Qué se le ofrece?".

Gavrila lo miró, al tiempo que tamborileaba en el marco de la ventana. Kapitón apenas entrecerró un poco los ojos empañados, pero no los bajó; hasta esbozó una leve sonrisa y se pasó la mano por los cabellos blanquecinos, que se encresparon en todas direcciones. Parecía pensar: "Sí, soy yo. ¿Qué estás mirando?".

—Buen pájaro estás hecho —dijo el mayordomo y de nuevo guardó silencio—. ¡Buen pájaro, no cabe duda!

Por toda respuesta Kapitón se encogió de hombros. "¿Acaso eres tú mejor?", se dijo.

—Mírate, mírate te digo —continuó Gavrila en tono de reproche—. ¡Vaya pinta tienes!

Kapitón dirigió una tranquila mirada a su chaqueta deslustrada y raída, a sus pantalones remendados; examinó con atención sus botas agujereadas, en especial la derecha, cuya punta apoyaba como un petimetre, y de nuevo clavó los ojos en el mayordomo.

—¿Qué tiene de malo?

—¿Qué tiene de malo? —repitió Gavrila—. ¿Y me lo preguntas? Pareces un demonio, el Señor me perdone; eso es lo que pareces.

Kapitón empezó a hacer guiños sin parar. "Regáñeme cuanto quiera, Gavrila Andréich", pensó de nuevo para sus adentros.

—Has vuelto a emborracharte —siguió Gavrila—. ¡Otra vez! ¿Eh? Responde.

—Como tengo tan mala salud, me veo obligado a recurrir a las bebidas alcohólicas —exclamó Kapitón.

—¡Mala salud...! No te han dado suficientes palos, eso es lo que te pasa; te enviaron a San Petersburgo de aprendiz... Ya veo que has aprendido mucho. No te ganas ni el pan que comes.

—A ese respecto, el único juez que reconozco, Gavrila Andréich, es Dios nuestro Señor. Solo Él sabe la clase de hombre que soy y si merezco o no el pan que como. Y en cuanto a la borrachera, debo decirle que el culpable no soy yo, sino un compañero que me tentó, me engatusó y luego se marchó, mientras yo...

—¡Mientras tú te quedabas tirado en medio de la calle! ¡Ah, solo sabes empinar el codo! Pero no se trata de eso ahora —continuó el mayordomo—, sino de lo siguiente: la señora... la señora... —prosiguió después de una pausa— quiere que te cases. ¿Lo oyes? Piensa que una vez casado sentarás la cabeza. ¿Lo entiendes?

—¡Claro que lo entiendo!

—Ya. Si de mi dependiera, te ibas a enterar de lo que es bueno. Pero eso es cosa de la señora. Entonces, ¿estás de acuerdo?

Kapitón sonrió.

—Al hombre le conviene casarse, Gavrila Andréich; por mi parte, lo haré con mucho gusto.

—Está bien —replicó Gavrila, al tiempo que pensaba: "No hay duda de que este hombre sabe expresarse"—. Pero no estoy seguro —prosiguió en voz alta— de que la novia que te han buscado te convenga.

—Perdone mi curiosidad, ¿de quién se trata...?

—De Tatiana.

—¿Tatiana?

Kapitón abrió los ojos como platos y se apartó de la pared.

—¿Por qué te has sobresaltado? ¿Acaso no te gusta?

—¡Cómo no va a gustarme, Gavrila Andréich! Es una buena muchacha, hacendosa y sumisa... Pero usted mismo sabe que ese ogro, ese monstruo de las estepas, está enamorado de ella...

—Lo sé, amigo, lo sé perfectamente —lo interrumpió con enfado el mayordomo—, pero...

—¡Hágase cargo, Gavrila Andréich! Me matará, como hay Dios que me matará, me aplastará como una mosca. Menudas manos tiene. ¿Se ha fijado usted en sus manos? Iguales que las de Minin y Pozharski.[2] ¡Como está sordo, no oye los golpes que propina! Maneja los puños como un hombre que los agitara en sueños. Y no hay modo de calmarlo. Como usted sabe muy bien, Gavrila Andréich, está sordo, y además es tonto absoluto. Es un animal, una bestia, Gavrila Andréich, o algo incluso peor... un zoquete. ¿Qué he hecho para merecer sus porrazos? Claro que no soy ni la sombra de lo que era: he aguantado muchas cosas, he pasado las de Caín y estoy más descascarillado que una vieja cacerola; no obstante, a pesar de todo, soy un ser humano, no una vil cacerola.

—Lo sé, lo sé, no hace falta que me des tantos detalles...

—¡Dios mío! —continuó el acalorado zapatero—, ¿cuándo acabarán mis infortunios? ¡Cuándo, Señor! ¡Soy un desdichado, un desdichado sin remisión! ¿Cuándo se ha visto una suerte como la mía? En mis años mozos me pegaba mi amo, un alemán; en la mejor época de mi vida me pegaba mi propio hermano, y, ahora, a la edad adulta, fíjese a lo que he llegado.

—¡Ah, cabeza hueca! —dijo Gavrila—. ¿Vas a dejar de quejarte de una vez?

—¡Y qué quiere que haga, Gavrila Andréich! No son los golpes lo que temo. Si me castigan entre cuatro paredes y me tratan con consideración en público, seguiré siendo una persona; pero que ese tipo se permita...

—Bueno, basta. Vete ya —lo interrumpió Gavrila con impaciencia. Kapitón dio media vuelta y se marchó cabizbajo—. Supongamos que no estuviera él por medio —le gritó el mayordomo—, ¿estarías de acuerdo?

—En ese caso, daría mi consentimiento —declaró Kapitón, alejándose.

Ni siquiera en los momentos más críticos el zapatero perdía su facundia.

El mayordomo dio varias vueltas por la habitación.

—Ahora tenemos que llamar a Tatiana —decidió por fin. Al cabo de unos instantes Tatiana entró en la habitación sin apenas hacer ruido y se detuvo en el umbral.

—¿Qué desea, Gavrila Andréich? —preguntó en voz baja. El mayordomo la miró fijamente.

—Oye, Tatiana —exclamó—, ¿quieres casarte? La señora te ha buscado un novio.

—Como usted diga, Gavrila Andréich. ¿Y de quién se trata? —añadió con indecisión.

—De Kapitón, el zapatero.

—Como ordenen.

—No cabe duda de que es un hombre un tanto irresponsable. Pero la señora tiene confianza en ti.

—A sus órdenes.

—El único problema es que ese sordo, Guerásim, anda detrás de ti. ¿Cómo has conseguido hechizar a semejante oso? Esa bestia es capaz de matarte...

—Me matará, Gavrila Andréich, sin duda que me matará.

—Bueno... ya lo veremos. Hay que ver con qué seguridad lo dices: "Me matará". ¿Es que tiene derecho a matarte? Juzga tú misma.

—No sé si lo tiene o no, Gavrila Andréich.

—¡Qué mujer! Que yo sepa, no le has prometido nada...

—¿Qué quiere decir?

El mayordomo guardó silencio y pensó: "¡Qué criatura tan inocente!".

—Bueno, está bien —añadió—, ya volveremos a hablar del asunto; ahora, márchate, Tatiana; ya veo que eres muy obediente.

Tatiana se dio la vuelta, se apoyó levemente en el marco de la puerta y salió.

"Es posible que mañana la señora se haya olvidado de la boda", pensó el mayordomo. "Además, ¿por qué preocuparse? Meteremos en cintura a ese bribón. Informaremos del asunto a la policía..."

—¡Ustina Fiódorovna! —gritó con rudeza a su mujer—. A ver si traes de una vez el samovar, querida...

Tatiana apenas salió del lavadero ese día. Primero se echó a llorar, luego se enjugó las lágrimas y retomó su labor. En cuanto a Kapitón, estuvo hasta la noche en la taberna con un amigo de aspecto sombrío, contándole con todo lujo de detalles que en San Petersburgo había servido a un señor muy distinguido, observador de las buenas costumbres, pero que tenía un pequeño defecto: empinaba mucho el codo y perseguía a las mujeres de toda suerte y condición... El compañero de aire sombrío se contentaba con introducir algún monosílabo; pero, cuando Kapitón le anunció finalmente que, como consecuencia de un desdichado incidente, al día siguiente tendría que suicidarse, el compañero señaló que era hora de irse a dormir. Y los dos amigos se separaron en silencio y con sequedad.

Sin embargo, la esperanza del mayordomo no se cumplió. La señora se había encariñado tanto de su proyecto de matrimonio que se pasó toda la noche hablando de él con una de sus damas de compañía, encargada exclusivamente de entretenerla en caso de insomnio y que, en consecuencia, se veía obligada a dormir de día, como el cochero nocturno. Después del té, cuando Gavrila compareció ante ella para pasar revista a diferentes cuestiones, su primera pregunta fue cómo iba el asunto de la boda. Como es natural, el mayordomo respondió que todo marchaba a las mil maravillas y que ese mismo día Kapitón iría a presentarle sus respetos. La señora se sentía algo indispuesta, así que no se ocupó mucho tiempo de los asuntos de la casa. El mayordomo regresó a su habitación y convocó un consejo. El asunto, ni que decir tiene, exigía un examen detallado. Tatiana, por supuesto, no puso la menor objeción; pero Kapitón declaró ante toda la concurrencia que solo tenía una cabeza, no dos ni tres... Guerásim paseó por sus compañeros una mirada rápida y severa, sin apartarse de los escalones de las dependencias de las criadas, como si adivinara que se estaba tramando algo contra él.

Los reunidos (entre los que se encontraba un viejo camarero, apodado el tío Cola, a quien todos acudían con respeto en busca de consejo, a pesar de que solo decía: "así es; sin duda; sí, sí") resolvieron ante todo, por la propia seguridad de Kapitón, encerrarlo en el cuarto de la máquina potabilizadora. Luego tuvo lugar una larga deliberación. Evidentemente, lo más fácil era recurrir a la fuerza; pero armarían jaleo, la señora se molestaría y Dios sabe lo que podía pasar. ¡Una desgracia! ¿Qué hacer? Después de mucho pensar, tomaron una decisión. Habían observado en repetidas ocasiones que Guerásim no soportaba a los borrachos… Cuando estaba en el portal, volvía la cabeza con disgusto cada vez que un hombre achispado pasaba junto a él con paso vacilante y la visera de la gorra sobre la oreja. Decidieron instruir a Tatiana para que se fingiera borracha y pasara junto a Guerásim tambaleándose y trompicándose. La pobre muchacha tardó mucho tiempo en dar su consentimiento, pero al final la convencieron; además, ella misma se daba cuenta de que no había otro modo de librarse de su adorador. Tatiana salió. Sacaron a Kapitón de su cuartucho: no en vano, el asunto también le concernía. Guerásim estaba sentado en un mogote junto a la cancela y hurgaba en la tierra con una pala… Los criados lo contemplaban desde todos los rincones y desde todas las ventanas, levantando ligeramente las cortinas…

La argucia salió a pedir de boca. En cuanto Guerásim vio a Tatiana, su primera reacción, como siempre, fue sacudir la cabeza y emitir un amistoso mugido; luego la contempló de cerca, soltó la pala, dio un respingo, se aproximó a ella, acercó su cara a la de la joven… Llena de terror, Tatiana se tambaleó aún más y cerró los ojos… Él la cogió del brazo, la arrastró por todo el patio y, entrando con ella en la habitación donde se había reunido el consejo, la lanzó directamente sobre Kapitón. Tatiana estaba más muerta que viva… Guerásim se quedó mirándola, hizo un gesto de desprecio con la mano, esbozó una amarga sonrisa y se encaminó con ruidosos pasos a su cuartucho, de donde no salió en veinticuatro horas. El postillón Antipka contó más tarde que había visto a través de una rendija de la puerta cómo Guerásim, sentado en la cama y con la mano apoyada en la mejilla, cantaba, es decir, gemía suave y acompasadamente, se balanceaba, cerraba los ojos y sacudía la cabeza, como los cocheros o los sirgadores cuando entonan sus melancólicos cantos. Antipka sintió miedo y se apartó de la rendija. Al día siguiente, cuando Guerásim salió de su cuartucho, no se advertía en él ningún cambio especial. Solo parecía algo más sombrío que de costumbre, y no prestó la menor atención ni a Tatiana ni a Kapitón. Esa misma tarde ambos fueron a ver a la señora con un ganso debajo del brazo y al cabo de una semana se casaron. El día de la boda Guerásim no modificó lo más mínimo su conducta; tan solo volvió del río sin agua, pues por el camino se le había roto el barril; y por la noche, en la cuadra, se puso a limpiar y restregar con tanto celo a su caballo que este se estremecía como una brizna en el viento y doblaba las patas bajo sus puños de hierro.

Todo eso sucedió en primavera. Pasó un año. En ese tiempo Kapitón se entregó de lleno a la bebida. Finalmente, considerándolo un hombre inútil para cualquier actividad, lo montaron en un carro y lo enviaron en compañía de su mujer a una aldea lejana. El día de la partida al principio se hacía el fanfarrón y afirmaba que en cualquier lugar al que lo mandaran, aunque fuera a esa región quimérica donde las mujeres, después de hacer la colada, cuelgan su pala en el mismo cielo, se abriría camino; pero luego perdió el ánimo, empezó a lamentarse de que lo obligaran a vivir entre personas incultas y al final cayó en tal estado de postración que ni siquiera le alcanzaron las fuerzas para ponerse la gorra; un alma caritativa se la encasquetó en la frente, colocó la visera en su lugar y le dio una palmada. Cuando todo estaba dispuesto para la marcha y los mujiks, con las riendas en la mano, solo esperaban que los presentes se encomendaran a Dios, Guerásim salió de su cuartucho, se acercó a Tatiana y le regaló como recuerdo un pañuelo rojo de algodón que había comprado para ella un año antes. Tatiana, que hasta ese momento había soportado con enorme resignación todos los contratiempos de su vida, en esta ocasión no pudo contenerse, estalló en un mar de lágrimas y, sentada en el carro, besó tres veces a Guerásim, como hacen los cristianos. Este quería acompañarla hasta la salida de la ciudad y se puso a caminar a un lado del carro, pero al llegar a Krimski Brod se detuvo de pronto, sacudió la mano con desaliento y siguió andando a lo largo del río.

Caía la tarde. Caminaba lentamente, contemplando el agua. De pronto le pareció que una criatura viva se debatía en el fango, junto a la ribera. Se agachó y vio un cachorro blanco con manchas negras que, a pesar de todos sus esfuerzos, no podía ganar la orilla; se agitaba, se escurría y su cuerpo menudo y mojado se veía sacudido por temblores. Guerásim se quedó mirando al desdichado perrito, lo cogió con una mano, se lo metió en el pecho y regresó a grandes zancadas a la casa. Nada más entrar en su cuartucho, depositó el perro en la cama y lo cubrió con su pesado abrigo; luego fue corriendo a la cuadra a por un haz de paja y a continuación trajo de la cocina una taza de leche. Al regresar, retiró con cuidado el abrigo, extendió la paja y puso la leche en la cama. El desdichado perrito no tenía más de tres semanas y hacía poco que había abierto los ojos, uno de los cuales hasta parecía algo mayor que el otro; no sabía beber de la taza y no paraba de temblar y de hacer guiños.

Con mucho cuidado, Guerásim le cogió la cabeza con dos dedos y le metió el hocico en la leche. De pronto, el perrito empezó a beber con avidez, resoplando, temblando, atragantándose. Guerásim no apartaba de él la mirada y de repente se echó a reír... Se ocupó de él toda la noche; lo acostó y lo secó; por último, acabó quedándose dormido a su lado, con un sueño apacible y sereno.

Pocas madres cuidan con tanta diligencia de su pequeño como Guerásim de su protegida. (El perro resultó ser una perrita.) Al principio pareció muy débil, delgaducha y fea, pero poco a poco fue recuperándose y restableciéndose, y al cabo de unos ocho meses, gracias a los cuidados incesantes de su salvador, se convirtió en una bella perrita de raza española, de largas orejas, rabo peludo en forma de tubo y grandes ojos expresivos. Le cogió mucho cariño a Guerásim, del que no se separaba ni un paso: lo seguía a todas partes, moviendo la cola. Sabiendo, como todos los mudos, que sus mugidos atraían la atención de los demás, Guerásim le dio el nombre de Mumú. Todos en la casa le tomaron afecto y la llamaron también Mumú. Era muy inteligente y cariñosa con cualquiera, pero solo sentía verdadero afecto por Guerásim, que a su vez la quería con locura; no obstante, ya fuera por temor o por celos, no podía soportar que otros la acariciasen.

Mumú lo despertaba todas las mañanas; tirándole del faldón del abrigo, le llevaba por la brida el viejo caballo, con el que vivía en buena armonía, le acompañaba al río con aire de importancia, vigilaba su pala y su escoba, y no permitía que nadie entrara en su cuartucho. Guerásim había practicado una abertura en la puerta para que la perrita pudiera pasar, y se diría que esta solo en ese lugar se sentía en su propio hogar; por eso, en cuanto traspasaba el umbral, saltaba alegremente a la cama. No dormía en toda la noche, pero no ladraba sin motivo, como esos perros estúpidos que, sentados sobre las patas traseras, el hocico levantado y los ojos entornados, le ladran a las estrellas por simple aburrimiento, por lo común tres veces seguidas. ¡No! La aguda vocecilla de Mumú solo resonaba en los casos graves: cuando un extraño se acercaba mucho a la valla o en algún lugar se oía un ruido o rumor sospechoso... En suma, era una guardiana perfecta. A decir verdad, además de ella había en el patio un viejo perro de color pajizo con manchas pardas, que respondía al nombre de Volchok, pero siempre estaba encadenado, incluso de noche, y su avanzada edad no le permitía exigir ninguna libertad; acurrucado en su cuchitril, rara vez emitía un ladrido ronco, apenas audible, que interrumpía enseguida, como si él mismo se diera cuenta de su completa inutilidad. Mumú no penetraba nunca en la casa señorial y cuando Guerásim llevaba leña a las habitaciones, siempre se quedaba rezagada y lo esperaba con impaciencia en las escaleras, aguzando las orejas y volviendo la cabeza a un lado y a otro en cuanto percibía el menor ruido detrás de la puerta.

Así transcurrió otro año. Guerásim seguía desempeñando las funciones de portero y se sentía muy satisfecho de su suerte, cuando de pronto se produjo un acontecimiento inesperado... Un hermoso día de verano la señora daba vueltas por el salón rodeada de sus damas de compañía. Estaba contenta, reía y bromeaba; las damas también reían y bromeaban, aunque no sentían una especial alegría: en la casa no eran muy apreciados esos periodos de buen humor; en primer lugar, porque en tales momentos la señora exigía de todo el mundo una jovialidad inmediata y total y se enfadaba si alguna cara no resplandecía de satisfacción; y en segundo, porque esos arrebatos duraban poco y por lo común dejaban paso a un humor sombrío y lúgubre. Ese día se había levantado de buen ánimo; al echar las cartas (siempre echaba las cartas por la mañana), le habían salido cuatro sotas, señal de que sus deseos iban a cumplirse; el té le pareció de un sabor exquisito, lo que le valió a la camarera unas palabras de elogio y una gratificación de diez cópecs. Con una dulce sonrisa en los arrugados labios la señora paseaba por el salón. En una de esas idas y venidas se acercó a la ventana, que daba a un jardincillo, en cuyo centro, bajo un rosal, Mumú roía con aplicación un hueso. La señora la vio.

—¡Dios mío! —exclamó de pronto—. ¿Qué perro es ese?

La pobre dama a la que se dirigió la señora se quedó desconcertada, presa de esa angustiosa inquietud del subalterno que no sabe cómo interpretar el pensamiento de su amo.

—No lo sé —murmuró—, me parece que es del mudo...

—¡Dios mío! —la interrumpió la señora—, ¡pero si es un perrito encantador! Que lo traigan aquí enseguida. ¿Hace mucho tiempo que lo tiene? ¿Cómo es posible que no lo haya visto hasta ahora? Que lo traigan.

La dama de compañía se dirigió al punto al vestíbulo.

—¡Stepán, Stepán! —gritó—. Vete enseguida a buscar a Mumú. Está en el jardincillo.

—¡Ah, se llama Mumú! —exclamó la señora—. Es un nombre muy bonito.

—¡Ya lo creo! —convino la dama de compañía—. ¡Date prisa, Stepán!

Stepán, un muchacho robusto que desempeñaba las funciones de lacayo, se dirigió a toda prisa al jardín y trató de coger a Mumú, pero la perrita se escurrió con facilidad entre sus dedos y, levantando el rabo, echó a todo correr en dirección a la cocina, donde en ese momento se encontraba Guerásim, limpiando y adecentando el barril, al que daba vueltas entre los brazos como si fuera un tambor de juguete. Stepán siguió a la perra y de nuevo trató de cogerla junto a los pies de su amo, pero el ágil animal no se dejaba agarrar por una mano extraña, saltaba y se escabullía. Guerásim contemplaba la escena divertido; finalmente, Stepán se levantó despechado y con gestos apresurados trató de explicarle que la señora exigía que le llevaran a la perra. Guerásim, algo sorprendido, llamó a Mumú, la levantó del suelo y se la entregó a Stepán, quien la llevó al salón y la depositó en el parqué. La señora se puso a llamarla con voz cariñosa, pero Mumú, que nunca había visto habitaciones tan espléndidas, se asustó mucho y quiso lanzarse sobre la puerta; no obstante, empujada por el servicial Stepán, se acurrucó temblando contra la pared.

—Mumú, Mumú, ven conmigo, ven con la señora —decía el ama—, acércate, tonta, no temas...

—Vamos, Mumú, acércate a la señora —repetían las damas de compañía—, acércate.

Pero Mumú miraba con desconfianza a su alrededor y no se movía de su sitio.

—Tráiganle algo de comer —dijo la señora—. ¡Qué tonta es! No quiere acercarse a la señora. ¿De qué tiene miedo?

—Todavía no está acostumbrada —comentó con voz tímida y melosa una de las damas de compañía.

Stepán trajo un platito de leche, lo puso delante de Mumú, pero esta ni siquiera lo olisqueó y siguió temblando y mirando a un lado y a otro como antes.

—¡Ah, qué boba eres! —exclamó la señora, acercándose a ella; se inclinó e hizo intención de acariciarla, pero Mumú volvió convulsivamente la cabeza y enseñó los dientes. La señora se apresuró a retirar la mano...

Hubo un momento de silencio. Mumú lanzó un débil gruñido, como si se lamentara y pidiera perdón... La señora se apartó y frunció el ceño. El brusco movimiento del animal la había asustado.

—¡Ah! —gritaron al unísono todas las damas de compañía—. ¿La ha mordido? ¡Dios no lo quiera! —Mumú no había mordido a nadie en su vida—. ¡Ay, ay!

—Llévensela de aquí —dijo con voz demudada la anciana—. ¡Maldita perra! ¡Qué mal genio tiene!

Y, volviéndose lentamente, se dirigió a su despacho. Las damas de compañía intercambiaron tímidas miradas y se aprestaron a seguirla, pero la señora se detuvo, las contempló con frialdad y exclamó:

—¿Qué hacen? No las he llamado —y desapareció.

En respuesta a los gestos imperiosos que le dedicaban las damas de compañía, Stepán cogió a Mumú, la sacó de allí a toda prisa y la depositó a los pies de Guerásim; al cabo de media hora reinaba ya en la casa un profundo silencio y la vieja señora estaba sentada en su sofá, con un aspecto más sombrío que una nube de tormenta.

¡Qué naderías bastan a veces para soliviantar el ánimo de una persona!

La señora estuvo de mal humor toda la jornada; no conversó con nadie, no jugó a las cartas y por la noche fue incapaz de conciliar el sueño. Se figuraba que el agua de colonia que le habían traído no era la misma que usaba habitualmente, que la almohada olía a jabón, y ordenó a la encargada de la ropa blanca que oliera todas las sábanas y las fundas; en una palabra, estaba muy agitada y acalorada. A la mañana siguiente mandó llamar a Gavrila una hora antes de lo acostumbrado.

—Dime, por favor —empezó en cuanto este, no sin cierta aprensión, franqueó el umbral de su despacho—, ¿qué perro se ha pasado ladrando toda la noche? ¡No me ha dejado dormir!

—¿Un perro? No sé... Como no sea la perra del mudo —exclamó con voz nada firme.

—Desconozco si es del mudo o de otro, solo sé que no me ha dejado pegar ojo. La verdad es que no comprendo qué hacen aquí tantos perros. Dime: ¿acaso no tenemos ya un perro guardián?

—Pues claro, el viejo Volchok.

—Entonces, ¿qué necesidad tenemos de otro perro? No hace más que alborotar. Decididamente en esta casa falta alguien que ponga orden. Eso es lo que pasa. ¿Y para qué quiere el mudo un perro? ¿Quién le ha dado permiso para tener un perro en mi patio? Ayer me acerqué a la ventana y vi a su perro echado en mi jardincillo, arrastrando y royendo no sé qué porquería, justo donde he plantado los rosales... —la señora guardó silencio —. Que hoy mismo desaparezca de aquí... ¿me oyes?

—Así se hará.

—Hoy mismo. Y ahora, retírate. Ya te llamaré más tarde para que me informes de todas las novedades.

Gavrila salió. Al atravesar el salón, el mayordomo, velando por el buen orden, trasladó la campanilla de una mesa a otra; en la sala, se sonó la nariz de pato tratando de no hacer ruido y salió al vestíbulo, donde Stepán dormía sobre un cofre, en esa posición en que suele representarse a los muertos en los cuadros de batallas, con los pies desnudos estirados convulsivamente debajo de la levita que hacía las veces de manta. El mayordomo lo despertó y le dio una orden en voz baja, a la que Stepán respondió con un sonido que tenía algo de bostezo y de carcajada. Mientras el mayordomo se alejaba, Stepán se incorporó, se puso el caftán y las botas, salió de la casa y se detuvo en las escaleras. No habían pasado ni cinco minutos cuando apareció Guerásim con un enorme haz de leña a la espalda, acompañado de su inseparable Mumú. (La señora había dado órdenes de que caldearan su dormitorio y su despacho incluso en verano.) Guerásim se puso de costado, empujó la puerta con el hombro y desapareció en el interior de la casa con su carga. Entretanto, Mumú, como de costumbre, se quedó fuera esperándolo. Entonces Stepán, aprovechando la ocasión propicia, se lanzó de improviso sobre la perra, como un halcón sobre un pollo, la inmovilizó apretándola con el pecho contra el suelo, la apretó en sus brazos y, sin ponerse siquiera la gorra, salió corriendo con ella, tomó el primer coche de alquiler que acertó a pasar por el lugar y se dirigió a toda prisa a Ojotni Riad, donde se apresuró a vender la perra por cincuenta cópecs, con la condición expresa de que la tuvieran atada al menos ocho días. Regresó sin pérdida de tiempo, pero antes de llegar, descendió del coche, bordeó la casa, se internó en el callejón trasero y se introdujo en el patio saltando la valla; temía encontrarse con Guerásim si entraba por el portón.

No obstante, su precaución era inútil: Guerásim ya no estaba allí. Al salir de los aposentos, había echado en falta a Mumú; no recordaba una sola vez en que no la hubiera encontrado en la entrada al regresar; se puso a correr de un lado para otro, buscándola por todas partes, llamándola a su manera... Se precipitó en su cuartucho, entró en el henil, salió a la calle... fue de aquí para allá... ¡Había desaparecido! Se dirigió a los criados, les preguntó por ella con signos en los que vibraba la desesperación, poniendo la mano a unos centímetros del suelo, dibujando su figura con los dedos... Unos desconocían dónde estaba Mumú y se limitaban a negar con la cabeza; otros sabían lo que había pasado con ella y por toda respuesta se reían; el mayordomo, por su parte, adoptó un aire muy serio y se puso a gritar a los cocheros. Entonces Guerásim salió corriendo del patio.

Ya oscurecía cuando regresó. Por su aspecto agotado, sus andares inciertos y su ropa polvorienta podía adivinarse que había recorrido medio Moscú. Se detuvo delante de las ventanas de la señora, dirigió una mirada a las escaleras en que se habían reunido seis o siete criados, se dio la vuelta y mugió una vez más: "¡Mumú!". Pero esta no le respondió. Guerásim se alejó. Todos lo seguían con la vista, pero nadie sonrió ni pronunció palabra... A la mañana siguiente el curioso postillón Antipka contó en la cocina que el mudo se había pasado la noche entera gimiendo.

Guerásim no apareció en todo el día, para gran disgusto del cochero Potap, que tuvo que ir por agua en su lugar. La señora preguntó a Gavrila si había cumplido su mandato y este respondió afirmativamente. A la mañana siguiente Guerásim salió de su cuartucho y retomó su trabajo. Fue a comer con sus compañeros y después se retiró sin saludar a nadie. Su rostro, ya de por sí inexpresivo, como el de todos los sordomudos, parecía totalmente petrificado. Después del almuerzo volvió a ausentarse del patio, pero al poco rato regresó y sin más preámbulos se dirigió al henil. Cayó la noche, serena, iluminada por la luz de la luna. Tumbado en el heno, Guerásim se revolvía inquieto y lanzaba profundos suspiros; de pronto sintió como si le tirasen del faldón del abrigo; se estremeció, pero no levantó la cabeza e incluso frunció el ceño; al poco rato volvió a percibir un tirón, más fuerte aún que el primero; pegó un salto y... reconoció a Mumú, que daba vueltas a su alrededor con un cabo de cuerda en el cuello. Un prolongado grito de alegría se escapó de su pecho mudo; cogió a Mumú y la apretó en sus brazos; en un momento la perra le lamió la nariz, los ojos, el bigote y la barba... Guerásim se quedó pensativo, luego salió del henil con mucho cuidado, miró a su alrededor y, tras convencerse de que nadie lo veía, ganó sin contratiempos su cuartucho. Había adivinado que la perra no se había escapado, sino que probablemente se la habían llevado cumpliendo órdenes de la señora; los criados le habían indicado por señas que le había enseñado los dientes; en consecuencia, decidió tomar medidas preventivas.

Lo primero que hizo fue darle unos trozos de pan, acariciarla y acostarla, luego se pasó toda la noche pensando en el mejor modo de esconderla. Finalmente, tomó la decisión de tenerla encerrada todo el día en el cuartucho, de ir a verla de vez en cuando y soltarla solo por la noche. Con su viejo abrigo tapó la abertura de la puerta sin dejar un resquicio y en cuanto empezó a amanecer salió al patio como si no pasara nada, conservando incluso (¡qué argucia tan inocente!) el aspecto triste de la víspera. Al pobre sordo no se le pasó por la cabeza que los ladridos de Mumú acabarían traicionándola: en realidad todos los habitantes de la casa no tardaron en enterarse de que la perra del mudo había vuelto y de que este la tenía encerrada en su cuartucho, pero, ya fuera por compasión hacia los dos, o quizá en parte por miedo a él, hicieron como si no estuvieran al tanto de su secreto. Solo el mayordomo se rascó la nuca y se dijo con un gesto destemplado de la mano: "¡Que Dios lo ampare! ¡Quizá la señora no se entere!".

En cualquier caso, el mudo nunca trabajó con tanto celo como ese día: limpió y raspó todo el patio, arrancó los hierbajos sin dejar ni uno, sacó con sus propias manos todos los postes de la cerca del jardín para asegurarse de su solidez y volvió a clavarlos; en una palabra, trajinó y se afanó de tal manera que hasta la señora se fijó en su diligencia. En el transcurso de la jornada Guerásim fue a ver un par de veces a escondidas a su reclusa y cuando cayó la noche se tumbó a su lado en el cuartucho, no en el henil, y hasta después de la una de la madrugada no la sacó al aire libre. Paseó con ella un buen rato por el patio y ya se disponía a regresar cuando de pronto, al otro lado de la valla, se oyó un ruido. Mumú levantó las orejas, gruñó, se acercó a la valla, olisqueó el suelo y empezó a lanzar penetrantes y estridentes ladridos: un borracho había pensado pasar allí la noche. En ese momento la señora acababa de quedarse dormida tras una prolongada "crisis nerviosa"; esas crisis siempre se producían después de una cena demasiado copiosa. Los inesperados ladridos la despertaron: el corazón se puso a latir con fuerza y luego pareció detenerse.

—¡Chicas, chicas! —gimió—. ¡Chicas!

Las asustadas damas de compañía se precipitaron en el dormitorio de la señora.

—¡Oh, oh, me muero! —exclamó esta, retorciéndose las manos con desesperación—. ¡Otra vez ese perro...! ¡Oh, que venga el doctor! Quieren matarme... ¡El perro, otra vez el perro! ¡Oh!

Y echó la cabeza hacia atrás, como dando a entender que se desmayaba.

Fueron corriendo a buscar al doctor, es decir, al médico de cabecera Jaritón, cuya ciencia se reducía a llevar botas de suela flexible, buscar con delicadeza el pulso, dormir catorce horas al día, suspirar el resto de la jornada y administrar una y otra vez a la señora gotas de lauroceraso. Jaritón acudió al momento, sahumó la habitación con plumas requemadas y, cuando la señora abrió los ojos, se aprestó a presentarle en una bandeja de plata una copa con las preciadas gotas. La señora las tomó, pero al poco rato volvió a quejarse con voz llorosa del perro, de Gavrila, de su suerte, de que era una pobre anciana abandonada, de que nadie se compadecía de ella, de que todos deseaban su muerte. Entretanto, la desdichada Mumú seguía ladrando, mientras Guerásim trataba de apartarla en vano de la valla.

—Otra vez... ¿Lo han oído? —balbució la señora y de nuevo puso los ojos en blanco.

El médico murmuró unas palabras a una de las damas de compañía, que se precipitó en el vestíbulo y sacudió a Stepán; este, a su vez, corrió a despertar a Gavrila, quien, dejándose llevar por un arrebato repentino, puso en pie a toda la casa.

Guerásim se volvió, vio luces parpadeantes y sombras en las ventanas y, presintiendo una desgracia, cogió a Mumú bajo el brazo, entró corriendo en su cuartucho y se encerró. Al cabo de unos instantes cinco criados trataban de forzar su puerta, pero no fueron capaces de vencer la resistencia del cerrojo. Gavrila se presentó en un estado de enorme agitación y ordenó que se quedaran allí de guardia hasta la mañana; luego se dirigió a las dependencias de las mujeres y, por mediación de Liubov Liubímovna, primera camarera, con cuyo concurso robaba y vendía té, azúcar y otros comestibles de la casa, mandó decir a la señora que el perro, por desgracia, había vuelto, pero que al día siguiente ya no estaría entre los vivos; asimismo rogaba a la señora que no se encolerizara y se tranquilizara. Es probable que la señora hubiera tardado en tranquilizarse, pero el médico, con las prisas, le había administrado cuarenta gotas en lugar de las doce habituales: las propiedades del lauroceraso surtieron efecto y un cuarto de hora más tarde la anciana se hundió en un sueño profundo y sereno; en cuanto a Guerásim, estaba tumbado en su cama, todo pálido, y apretaba con fuerza el hocico de Mumú.

A la mañana siguiente la señora se despertó muy tarde. Gavrila esperaba ese momento para ordenar el asalto definitivo al refugio de Guerásim, al tiempo que se preparaba para soportar una terrible tormenta. No obstante, esta no llegó a desencadenarse. Sin levantarse de la cama, la señora mandó llamar a su primera camarera.

—Liubov Liubímovna —empezó en voz baja y débil; a veces le gustaba presentarse como una pobre mártir, desamparada y sola; ni qué decir tiene que en tales casos de los criados se apoderaba una enorme confusión—, Liubov Liubímovna, ya ve en qué situación me encuentro; vaya a buscar a Gavrila Andréich, amiga mía, y hable con él. ¿Es posible que conceda más valor a una perra callejera que a la tranquilidad e incluso la vida de su señora? No quiero creerlo —añadió, con una expresión de profunda tristeza—; vaya a verlo, amiga mía, hágame ese favor, vaya a ver a Gavrila Andréich.

Liubov Liubímovna se encaminó a la habitación del mayordomo. No se sabe de qué estuvieron hablando, pero al cabo de un rato todos los criados atravesaron en tropel el patio en dirección al cuartucho de Guerásim; Gavrila iba delante, con la gorra en la mano, aunque no hacía viento; lo rodeaban lacayos y cocineros; el tío Cola miraba por la ventana y daba órdenes, es decir, agitaba los brazos; cerraban la comitiva unos cuantos muchachos, la mitad de ellos venidos de casas ajenas, que no paraban de saltar y de hacer muecas. En la estrecha escalera que conducía al cuartucho había un centinela; junto a la puerta montaban guardia otros dos hombres, armados con palos. Cuando aquel ejército ocupó toda la escalera, Gavrila se acercó a la puerta, dio un puñetazo y gritó:

—¡Abre!

Se oyó un ladrido apagado, pero no hubo respuesta.

—¡Te estoy diciendo que abras! —repitió.

—Gavrila Andréich —señaló Stepán desde abajo—, es sordo y por tanto no lo oye a usted.

Todos se echaron a reír.

—¿Y qué hacemos? —preguntó Gavrila desde arriba.

—Hay un agujero en la puerta —respondió Stepán—. Meta por él un palo y sacúdalo.

Gavrila se inclinó.

—Lo ha tapado con un abrigo.

—Empuje el abrigo hacia dentro.

De nuevo se oyó un ladrido apagado.

—Ella misma se delata —dijo uno de los asaltantes, y de nuevo estalló una risa general.

Gavrila se rascó detrás de la oreja.

—No, amigo —dijo por fin—, prefiero que empujes tú el abrigo.

—¡Como quiera!

Y Stepán trepó hasta arriba, cogió el palo, empujó el abrigo hacia dentro y agitó el palo en la abertura, al tiempo que decía:

—¡Sal, sal!

Aún seguía sacudiendo el palo cuando de pronto la puerta del cuartucho se abrió bruscamente. Toda la servidumbre bajó rodando las escaleras, con Gavrila a la cabeza. El tío Cola cerró la ventana.

—Bueno, bueno —gritó Gavrila desde el patio—, ¡cuidado con lo que haces, te lo advierto!

Guerásim seguía inmóvil en el umbral. La muchedumbre se reunió en el nacimiento de la escalera. Guerásim, apoyando levemente las manos en la cintura, miraba desde arriba a todos esos tipejos vestidos con caftanes alemanes; con su roja camisa de campesino parecía un gigante. Gavrila avanzó un paso y dijo:

—No te atrevas a faltarme al respeto, amigo. Y empezó a explicarle mediante signos que la señora exigía terminantemente que se deshiciera de la perra sin más dilación; y que si no obedecía, se atuviera a las consecuencias.

Guerásim clavó en él los ojos, señaló a la perra, hizo un gesto con la mano junto al cuello de Mumú, como si estuviera apretando un nudo, y dirigió al mayordomo una mirada inquisitiva.

—Sí, sí —contestó este, asintiendo con la cabeza—. Sin falta.

Guerásim bajó los ojos, luego se estremeció, volvió a señalar a Mumú, que no se apartaba de su lado, agitando inocentemente la cola y levantando las orejas llena de curiosidad, repitió el signo de estrangulamiento alrededor del cuello de la perra y se propinó un fuerte golpe en el pecho, como dando a entender que él mismo se encargaría de la ejecución de Mumú.

—Tratas de engañarnos —objetó Gavrila, ayudándose de gestos.

Guerásim lo miró, esbozó una sonrisa despectiva, volvió a golpearse el pecho y cerró de un portazo. Todos se miraron en silencio.

—¿Qué significa esto? —exclamó Gavrila—. ¿Se ha encerrado?

—Déjelo, Gavrila Andréich —dijo Stepán—. Hará lo que ha prometido. Él es así... Siempre cumple lo que promete. En ese sentido, no es como nosotros. Hay que decir las cosas como son. Sí.

—Sí —repitieron todos, sacudiendo la cabeza—. Así es.

El tío Cola abrió la ventana y también dijo:

—Sí.

—Bueno, ya veremos —comentó Gavrila—; en cualquier caso, habrá que seguir vigilando. ¡Eh, Yeroshka! —añadió, dirigiéndose a un hombre pálido, con una casaca amarilla de nanquín, que se daba el título de jardinero—, ¿no tienes nada que hacer? Coge un palo, quédate aquí sentado y, en cuanto suceda algo, ve corriendo a avisarme.

Yeroshka cogió un palo y se sentó en el último peldaño de la escalera. Mientras la muchedumbre se dispersaba, a excepción de algunos curiosos y de unos cuantos muchachos, Gavrila volvió a la casa y, por mediación de Liubov Liubímovna, informó a la señora que sus órdenes se habían cumplido; no obstante, por si acaso, envió al postillón en busca de un agente de policía. La señora hizo un nudo en su pañuelo, lo mojó en agua de colonia, lo olió, se frotó las sienes, tomó una taza de té y, aún bajo el efecto de las gotas de lauroceraso, volvió a quedarse dormida.

Una hora después de todo ese ajetreo, se abrió la puerta del cuartucho y apareció Guerásim. Vestía el catfán de los días de fiesta y llevaba a Mumú atada con una cuerda. Yeroshka se echó a un lado y lo dejó pasar. Guerásim se dirigió al portón. Los muchachos y todos cuantos se hallaban en el patio lo siguieron con la mirada sin decir palabra. Él ni siquiera volvió la cabeza y no se puso la gorra hasta que salió a la calle. Gavrila envió tras él a ese mismo Yeroshka, quien lo vio entrar en una taberna con el perro y se quedó esperando delante de la puerta.

En la taberna conocían a Guerásim y comprendían sus señales. Pidió sopa de col con carne y se sentó, apoyando los codos en la mesa. Mumú estaba a un lado de la silla y lo miraba tranquilamente con sus ojillos expresivos. Su pelaje resplandecía: era evidente que la habían cepillado hacía poco. Una vez que le sirvieron, Guerásim echó en la sopa unas migas de pan, partió la carne en trozos pequeños y puso el plato en el suelo. Mumú se aprestó a comer con su delicadeza habitual, rozando apenas el caldo con el hocico. Su amo pasó largo rato contemplándola; de pronto, dos gruesas lágrimas rodaron por sus mejillas: una cayó en la abultada frente de la perra y la otra en la sopa. Guerásim ocultó el rostro en las manos. Mumú se comió la mitad del plato y se apartó relamiéndose. Guerásim se puso en pie, pagó y salió, acompañado de la mirada algo sorprendida del camarero. Nada más verlo, Yeroshka se ocultó detrás de la esquina y, en cuanto pasó a su lado, se dispuso a seguirlo.

Guerásim andaba sin prisas, sin soltar en ningún momento a Mumú. Al llegar a la esquina de la calle, se detuvo indeciso, y al poco rato se dirigió con rápido paso a Krimski Brod. Por el camino entró en el patio de una casa que estaban ampliando y salió con dos ladrillos debajo del brazo. Al llegar a Krimski Brod siguió la orilla del río hasta llegar a un lugar en el que había dos barcas amarradas a una estaca (ya las había visto antes) y saltó a una de ellas con Mumú. Un viejo cojo salió de una cabaña levantada en el borde de un huerto y se puso a dar gritos, pero Guerásim se limitó a sacudir la cabeza, y se puso a remar con tanta fuerza que, a pesar de ir contracorriente, en un instante se encontró a unos cien sazhens de distancia. El viejo se quedó un buen rato en la orilla, se rascó la espalda primero con la mano derecha y luego con la izquierda, y a continuación regresó renqueando a su cabaña.

Guerásim siguió remando. Pronto quedaron atrás las casas de Moscú y en ambas orillas surgieron prados, huertos, campos, bosques e isbas. Llegaban olores de aldea. El mudo dejó los remos, inclinó la cabeza sobre Mumú, que estaba sentada ante él en un banco seco —pues el fondo estaba cubierto de agua— y se quedó inmóvil unos instantes, cruzando los poderosos brazos sobre el lomo de la perra, mientras la corriente iba arrastrando poco a poco la barca de vuelta a la ciudad. Por fin Guerásim se incorporó y con una expresión de rabia enfermiza se apresuró a atar los ladrillos a la cuerda, hizo un lazo y se lo pasó a Mumú por el cuello, levantó a la perra por encima de las aguas y la contempló por última vez... Ella lo miraba con confianza, sin temor, meneando apenas el rabo. Guerásim volvió la cabeza, entornó los ojos y abrió las manos... No oyó nada, ni el breve gruñido que emitió Mumú, ni el clamor del agua; para él el día más fragoroso era más silencioso y calmo que para nosotros la noche más serena. Cuando volvió a abrir los ojos, las pequeñas olas se sucedían veloces en el río, como persiguiéndose unas a otras, y batían los dos costados de la barca, lo mismo que antes; solo en la lejanía, detrás de él, se desplazaban hacia la orilla grandes círculos.

En cuanto Yeroshka perdió de vista a Guerásim, regresó a la casa e informó de cuanto había observado.

—No cabe duda —comentó Stepán—, va a ahogarla. No hay por qué preocuparse. Cuando promete algo...

Nadie vio a Guerásim durante el resto la jornada. No comió en casa. Cayó la tarde. Todos se reunieron para cenar, excepto él.

—¡Qué estrafalario es ese Guerásim! —exclamó una gruesa lavandera—. ¡Mira que holgazanear de ese modo por una perra! ¡Lo que hay que ver!

—Guerásim ha estado aquí —apuntó de pronto Stepán, rebañando la papilla con la cuchara.

—¿Cómo? ¿Cuándo?

—Hará unas dos horas. Así es. Me encontré con él en el portón; salía nuevamente del patio y se dirigía a algún sitio. Quise preguntarle por la perra, pero, por lo visto, no estaba de buen humor. Hasta me dio un empujón; probablemente solo quería que me apartara, que lo dejara en paz, pero me propinó tal empellón en el espinazo que casi me tumba —y con una débil sonrisa Stepán se encogió de hombros y se rascó la nuca—. Sí —añadió—, tiene una mano que es una bendición, no puede negarse.

Todos se rieron de Stepán y, cuando acabaron de cenar, se fueron a dormir.

Entretanto, en ese mismo momento, por la carretera de T. caminaba con pasos rápidos y sin detenerse una especie de gigante con un saco a la espalda y un palo largo en la mano. Era Guerásim. Se dirigía a toda prisa, sin volver la cabeza, a su casa, a su aldea, a su tierra natal. Tras ahogar a la pobre Mumú, fue corriendo a su cuartucho, metió varios enseres en una vieja manta, hizo un hato, se lo echó al hombro y se marchó. Se había fijado atentamente en el camino cuando lo llevaron a Moscú; la aldea de la que lo había sacado la señora estaba solo a veinticinco verstas de la carretera. Caminaba con un ardor inquebrantable, con una determinación desesperada y al mismo tiempo alegre. Avanzaba con el pecho descubierto, mirando con avidez y obstinación el camino. Apretaba el paso, como si su vieja madre lo esperara en la aldea natal, como si lo hubiera llamado a su lado después de larga peregrinación por tierras ajenas y entre gentes extrañas... Acababa de caer la noche, una noche de verano serena y tibia; a un lado, allí donde acababa de ponerse el sol, un último reflejo confería un toque de púrpura al cielo blancuzco, mientras en el otro se espesaba ya la penumbra azulada y gris. La noche avanzaba desde allí. En torno, las codornices piaban a centenares, los rascones se llamaban sin descanso... Guerásim no podía oírlos, como tampoco el delicado susurro nocturno de los árboles que dejaba atrás con sus recias zancadas, pero percibía el conocido olor del centeno, que maduraba en los campos cubiertos de sombra; sentía cómo el viento, que volaba a su encuentro —el viento de su tierra natal—, le acariciaba con delicadeza el rostro, jugaba con su cabello y con su barba; veía ante él el blanquecino camino, derecho como una flecha, el cielo tachonado de incontables estrellas, que alumbraban su marcha, y caminaba vigoroso y audaz como un león, de tal manera que cuando el sol naciente empezó a iluminar con sus rayos rojizos a ese enfurecido titán le separaban ya de Moscú treinta y cinco verstas...

Al cabo de dos días llegó a su casa, a su isba, para gran sorpresa de la mujer de un soldado a la que habían instalado allí. Se santiguó delante de los iconos e inmediatamente fue a ver al jefe de la aldea, que en un principio se quedó desconcertado; pero como la siega acababa de empezar y Guerásim era un trabajador excelente, le dieron una guadaña y Guerásim se puso a segar como en los viejos tiempos, y lo hizo con tanto celo que sus compañeros se quedaron con la boca abierta al ver el vigor con que cortaba y amontonaba el heno.

En Moscú, los criados echaron de menos a Guerásim al día siguiente de su fuga. Entraron en su cuartucho, lo revolvieron todo y a continuación fueron a dar parte a Gavrila, que también visitó el lugar, echó un vistazo, se encogió de hombros y llegó a la conclusión de que el mudo había huido o bien se había ahogado con la estúpida perra. Comunicó la desaparición a la policía e informó a la señora, que se encolerizó, vertió un mar de lágrimas, ordenó que lo buscaran costara lo que costase, afirmó que nunca había mandado que mataran a la perra y echó tal rapapolvo a Gavrila que este se pasó todo el día sacudiendo la cabeza y murmurando: "¡Bueno!", hasta que el tío Cola le hizo entrar en razón, diciéndole: "¡Bueno, bueno!".

Por fin llegaron noticias de la aldea comunicando la llegada de Guerásim. La señora se tranquilizó un poco; su primera reacción fue ordenar que lo trajeran inmediatamente de vuelta a Moscú, pero al cabo de un tiempo declaró que no tenía ninguna necesidad de un individuo tan ingrato. Por lo demás, la anciana murió poco después de ese incidente, y sus herederos no se ocuparon en absoluto de Guerásim; incluso decidieron enviar a trabajar al campo a los restantes criados de su madre.

Guerásim, pobre y sin tierras, aún vive en su isba solitaria; sigue siendo el mismo hombre robusto y vigoroso, trabaja por cuatro como antes y conserva ese aire grave y circunspecto. Pero sus vecinos han advertido que, desde su vuelta de Moscú, ha dejado de tratar a las mujeres, ni siquiera las mira, y que no quiere perros en su casa. "Por lo demás" comentan los campesinos, "es una suerte que no tenga necesidad de mujer. ¿Y qué falta le hace un perro? ¡Ningún ladrón se acercará a su puerta ni por todo el oro del mundo!" Hasta tal punto se han extendido los rumores sobre la fuerza hercúlea del mudo.

LA MUERTE

Vecino de campaña tengo a un propietario joven, cazador infatigable, pero de una destreza algo novicia.

Fui a verlo, en una hermosa mañana de julio, y le propuse salir a cazar gallos silvestres.

—Es lo mejor que se me podría proponer —dijo—. Acepto, sin embargo, con la condición de que iremos a Zucha después de pasar por mi posesión. Verá usted mis entinares, donde estamos haciendo cortas.

Consentí. En seguida hizo ensillar su yegua, vistió un traje verde cuyos botones de metal figuraban cabezas de jabalí, se proveyó de un morral, un frasco de pólvora trabajado en plata, y un fusil francés que acababa de adquirir.

Después de mirarse tres o cuatro veces en el espejo, partimos con Esperanza, como se llamaba un excelente perro de caza.

Seguía a mi vecino su "déciatski", hombrecillo rechoncho, cara cuadrada, espaldas anchas y espesas. Nos acompañaba también un intendente, individuo delgaducho y alto, de rostro estrecho, cuello de jirafa, rubio, miope; y afligido, además, por el nombre de Gottlieb von der Kock.

Mi amigo no tenía de siempre la posesión de esa tierra, sino heredada de una tía, la consejera Kardon Kartaef. Mujer tan obesa, que en los últimos tiempos de su vida le fue imposible caminar.

Llegados a la posesión, marchamos a través del soto.

—Espérenme aquí —dijo mi amigo Ardalion a los que nos acompañaban.

El alemán fue a sentarse a la sombra y abrió un libro sentimental de Juana Schopenhauer, y el "déciatski" permaneció montado y allí le vimos, al volver, pues no había cambiado de sitio.

Dimos varias vueltas y rodeos sin descubrir cosa alguna, hasta que Ardalion Mikailych me invitó a cruzar al entinar.

—Con mucho gusto —le respondí—, porque presiento que hoy no cazará nada.

Volvimos luego al prado donde habíamos dejado a nuestros compañeros. Cerró el alemán su libro y mediante muchos esfuerzos pudo ahorcajarse sobre su yegua, reacia y mañosa; a la menor contrariedad tiraba coces, y no valía más, por otra parte, que el caballo del "déciatski";

este no llegó a dominar su cabalgadura sino a fuerza de mucha espuela y latigazos.

No me era desconocido el lugar. Durante mi infancia lo visitaba con mi preceptor, Desiderio Fleury.

Este bosque de Chapliguina no era muy considerable. Pero los árboles habían alcanzado una altura prodigiosa: doscientas o trescientas encinas alternaban con fresnos gigantes. Sus grandes copas negruzcas se recortaban con la nitidez de los avellanos y de los serbales; sus últimas ramas rematában en un ramo de hojas verdes y allí planeaban gavilanes y mochuelos.

En la profundidad de este follaje espeso, otrora el mirlo silbaba alegremente, las urracas golpeaban con el pico la corteza de los árboles; las currucas diminutas gorjeaban en las ramas bajas, verdes y frescas, sin temor a las liebres que furtivamente atravesaban los setos. Una ardilla, a veces, asomándose, lucía su pelaje rojo amarillento y su cola empenachada.

Entre las helechos había lirios que mezclaban su aroma al de las violetas, cerca de las fresas coloradas y perfumadas.

Chapliguina me gustaba, por la delicia de su reposo hasta en los más fuertes calores; una atmósfera transparente nos envolvía con su embalsamada frescura. Horas de encanto había yo pasado en este bosque, horas de poesía y de ensueño. Por eso fue grande mi pena cuando ocurrieron los desastres causados por el invierno de 1840.

Mis viejos amigos, los grandes árboles, las encinas y hayas, estaban caídos en tierra; estos príncipes, reyes de la naturaleza, se pudrían como cadáveres de viles animales. Otros, heridos por el rayo, perdían su corteza. Aún conservaban algunos vestigios de juventud, pero ninguno tenía su pasada magnificencia.

Lo que me parecía más extraño es que ya no hubiese sombra en el bosque de Chapliguina. Estos nuevos titanes, víctimas de la cólera celeste, me llenaban de compasión. Hasta les atribuía sentimientos. Repentinamente acudieron a mi memoria los siguientes versos de Kaltsof:

Di qué
te has hecho, voz ideal,
fuerza orgullosa, virtud real.
¿A dónde ha ido, hacia qué nube,
tu fuerte savia que siempre sube?

—¿Cómo —pregunté a Ardalion— no se cortaron estos árboles en 1841 o 1842? Han perdido ahora la mitad de su valor.

—Debiera usted haberle hecho esta observación a mi tía —me respondió—. Muchas veces le ofrecieron comprarle esta madera, pero rehusó siempre.

—"¡Mein Gott, mein Gott!" —exclamaba el alemán—. ¡Qué lástima! ¡Qué pena!

Explicó el joven teutón, en un lenguaje más o menos incomprensible, todo el sentimiento que le inspiraban los árboles muertos. Por lo que toca al "déciatski", su indiferencia era absoluta, y se divertía en escalar los viejos troncos agusanados. Íbamos a llegar al sitio donde se hacía la corta, cuando se levantaron gritos y cruzaron confusos rumores. Un joven, de pronto, pálido, el traje deshecho, salió de la espesura, a pocos pasos de nosotros.

—¿Qué te ocurre? —preguntó Milkailych—. ¿Adónde corres así?

—¡Ah, señor, qué cosa más espantosa!

—Pero ¿qué pasa? ¡Habla, pues!

—El árbol, mi amo, el árbol aplastó a Máximo.

—¿Cómo?... ¿El capataz, el adjudicatario de los trabajos?...

—Sí, padre; estábamos ocupados en cortar un fresno. Máximo nos observaba y nos exhortaba, cuando la sed le hizo acercarse al pozo. En ese momento mismo el árbol cedió, le gritamos al capataz para que se apartase, pero ya era tarde. Dios sabe por qué cayó el árbol con tanta rapidez.

—¿Murió enseguida?

—No, padre; pero tiene las piernas y los brazos quebrados. Corro a llamar al médico Selivestrich.

Ardalion le ordenó que volase a la ciudad y volviese con un médico.

En el sitio referido hallamos al pobre Máximo en tierra; lo rodeaban algunos campesinos. No se quejaba, pero no era difícil advertir la dificultad de su respiración. En sus ojos había una mirada de asombro, un rictus en sus labios amoratados. La penumbra de un tilo envolvía su cara con cierto tinte mortuorio. Pudo, al fin, reconocer a Ardalion. Penosamente habló:

—¡Ah, padre!... Envíen a buscar al sacerdote. Dios me ha castigado... Hoy domingo trabajé con mis hombres. Por eso estoy castigado. No tengo ni brazos ni piernas... Veo venir la muerte... Si me queda dinero, que se lo den a mi mujer, después de pagar mis deudas. Siento que todo ha concluido, perdónenme.

—Dios te perdona —dijeron los campesinos mientras el moribundo se agitaba convulsivamente.

Hizo un esfuerzo y recayó.

—No hay que dejarlo morir —observó Ardalion—. Que tomen la estera del carro y lo lleven al hospital.

—Ayer —murmuró el moribundo— di el dinero a Jéfime... para la compra de un caballo; hay que dar el caballo a mi heredera...

Se le prometió que así se haría.

La muerte se lo llevaba, sus miembros se encogieron, después pareció encogerse.

—Ha muerto —dijeron algunos campesinos.

Silenciosamente nos apartamos y salimos al campo. La muerte del pobre capataz me hizo reflexionar.

Tiene el campesino ruso una manera característica de morir. No puede decirse que sea indiferencia en el momento supremo, y, sin embargo, el campesino encara la muerte como un simple trámite, como una formalidad inevitable.

Hace algunos años, un campesino hubo de morir quemado en el incendio de una granja. Un burgués lo salvó de morir allí. Fui a verlo en su cabaña. Todo era sombrío y el aire viciado, malsano.

—¿Dónde está el enfermo? —pregunté.

—Aquí, padre —me dijo una vieja campesina con la cantilena común a las mujeres afligidas.

Me acerqué al paciente; estaba cubierto con su manta y respiraba con dificultad.

—Y bien, hermano, ¿cómo va eso?

Al oírme, el enfermo ensayó un movimiento, aunque sus numerosas llagas le ocasionaban sufrimientos horribles.

—No te muevas —le dije—. ¿Cómo te encuentras?

—Muy mal, como ve; en artículo de la muerte.

—¿No deseas nada?

Silencio.

—¿Necesitas té?

—No, gracias.

Me aparté; me senté en un banco.

Allí estuve una hora en medio del silencio de la "isba". En un ángulo, detrás de una mesa, y bajo el sitio de los iconos, había una chicuela de cinco años, más o menos. Mordisqueaba una corteza de pan.

En el primer cuarto la cuñada del paciente picaba repollos para la provisión de invierno.

—¡Eh, Auxinia! —llamó el moribundo.

—¿Qué?

—Dame "kwass".

Se lo llevó la campesina y todo volvió al silencio.

—¿Le administraron los sacramentos? —aventuré a media voz.

—Sí, amo, antes de que usted llegara.

—Vamos —dije—, todo está arreglado; el enfermo aguarda la muerte, no espera otra cosa.

Salí de la "isba", cuyo olor me sofocaba.

Otra vez se me ocurrió ir a casa de un llamado Kapitan, cirujano en el hospital de Krasnagorié, que había sido con frecuencia mi compañero de caza.

Dicho hospital estaba establecido en un ala del antiguo castillo señorial. Su fundadora fue la señora del lugar. Había reglamentado todo, hasta los menores detalles del establecimiento, y hecho inscribir encima de la puerta: "Hospital de Krasnagorié". Un elegante libro estaba destinado a registrar los nombres de los enfermos. En la primera página, uno de los numerosos parásitos que vivían al abrigo de la caritativa señora, había escrito los versos que siguen:

En tan lindo paraje, donde reina alegría,
alzaron este templo la belleza y la fe;
admiren, habitantes de Krasnagorié,
de los señores suyos la tierna simpatía.

Otro había escrito:

Y yo también, ¡amo la naturaleza!

Y su firma Juan Kubiliatnikof.

El hermano Kapitan adquirió seis camas y se consagró enteramente a los enfermos pobres. Se le confió el cuidado de dos individuos, de los cuales, uno, Pablo, había sido grabador; padecía ausencias de espíritu, que para él significaban desagradables trastornos; y la otra era una anciana, de nombre Milikitrisa o Manos Secas. Encargada de la cocina, preparaba remedios, tisanas y, en algunas ocasiones, ayudaba al viejo Pablo a calmar a los enfermos demasiado agitados por la fiebre. Generalmente, el grabador, sombrío y taciturno, canturreaba una romanza en que había cierto asunto de Venus y de su belleza, etc. Además, tenía una manía curiosa: pedir permiso a todo el mundo para casarse con una tal Melania, muerta y enterrada desde hacía mucho tiempo. Manos Secas le reprendía amistosamente y procuraba tranquilizarlo, haciéndolo cuidar los pavos.

Mientras hablaba entró en el patio un carro de cuatro ruedas conducido por un campesino cuyo "armiak" nuevo dejaba recuadrarse las anchas espaldas; el caballo era fuerte y pesado como lo son en los molinos.

—¡Ah! ¡Buen día, Vasíli Dimitrich! —gritó el frater Kapitan desde la ventana—. Muy bien venido.

Y me advirtió:

—Es el molinero de Leonbovchinsk.

Descendió el campesino del carro, con dificultad, y una vez en la habitación del frater se persignó piadosamente al ver un crucifijo.

—Y bien, Vasili, ¿qué ocurre? Tiene usted mal aspecto.

—Sí, Kapitan, no ando bien.

—¿Qué le sucede a usted?

—Me sucede esto: Hace poco fui a la ciudad a comprar piedras de moler y las llevé al molino. Quise descargarlas sin ayuda. Pesaban demasiado y tuve que esforzarme. Desde entonces sufro mucho y ahora me siento bastante mal.

—Debe de ser una hernia —dijo Kapitan—. ¿Cuándo fue eso?

—Han pasado diez días.

—¡Ah! —exclamó el otro, sentenciosamente—. Con su permiso voy a examinarlo.

Y ambos se ocultaron detrás de una puerta.

—Mi pobre Vasili —dijo luego Kapitan—, esto no tiene solución. Si hubiese usted venido antes yo lo habría curado enseguida. Pero ahora ya se ha declarado la inflamación y puede empezar la gangrena. Necesita usted quedarse aquí algún tiempo. Haré todo lo posible para sacarlo del peligro, pero su situación es grave.

—¿Por una cosa de nada debo morir?

—Yo no digo que usted se muera, Vasili. Pero aseguro que no puede usted volver a su casa en semejante estado.

El molinero reflexionó, se rascó la frente y luego, tomando su bonete, se dirigió al patio.

—¿Adónde va usted, Vasili?

—Al molino. Si debo morir, es preciso que arregle algunos asuntos.

—Se arrepentirá usted: Ni siquiera comprendo cómo pudo llegar hasta aquí. Se lo ruego, quédese.

—No, hermano Kapitan; prefiero morir en mi casa.

—Es un caso gravísimo, Vasili; le aseguro que debe usted quedarse.

—No, no, vuelvo a casa; prescríbame alguna droga, algún remedio y nada más.

—No se conseguirá nada solamente con pociones.

—Estoy decidido, me voy.

—Ojalá no tenga usted que arrepentirse; tome esta receta.

Sacó el molinero cincuenta "kopecks", los entregó al enfermero y subió al carro.

—Adiós —dijo—; acuérdese usted bien de mí, no abandone a mis huérfanos si por acaso...

—Quédese usted, crea lo que le digo.

El campesino se limitó a hacerle una señal con la cabeza, castigó su caballo y salió a la calle grande, mal pavimentada y llena de baches. Vasili procuraba evitar las sacudidas; saludaba alegremente a sus conocidos y nadie pudo sospechar que moriría al día siguiente.

Ya lo dije: el ruso encara la muerte de una manera particular. ¡Cuántos ejemplos podría traer al caso!

¡Me acuerdo de ti, Avenik Sorokunof, que fuiste mi mejor amigo! Aún veo tu larga cara de tísico, tus ojos verdosos, tu modesta sonrisa, tus miembros flacuchos, y oigo tu palabra acariciadora y triste. Vivías en casa de un señor, gran rusófilo, Gur Krupionikof, donde educabas a sus hijos. Soportabas con paciencia angélica las burlas del señor Gur, las descortesías del intendente, las amargas molestias que te causaban tus alumnos. Si acaso erraba en tus labios alguna sonrisa llena de melancolía, jamás dejabas escapar una ligera queja.

¡Tu dicha inefable era cuando al anochecer, libre ya de toda obligación, venías a sentarte a la ventana. ¡Qué clase de encanto encontrabas en esas poesías que elevaban tu alma y te hacían olvidar los fastidios y las miserias! Había entonces otra expresión en tu cara y algo de radiante. Te sorprendías amando a la humanidad.

No puedo convertirte en un héroe, porque, sin duda, muchos sobrepasaban tu inteligencia, tu saber, pero nadie tenía tu buen corazón y tu sensibilidad.

Creímos que el campo repararía tu débil salud. Pero desmejorabas visiblemente, pobre amigo mío. Tu habitación daba al jardín. Allí las eglantinas y las rosas te ofrecían mezclados sus perfumes, los pájaros gorjeaban para ti, una acacia dejaba caer sus flores sobre tus cuadernos y tus libros preferidos.

Venía, a veces, un amigo de Moscú a visitarte. Gran ocasión de alegría. Escuchabas con éxtasis los versos que te recitaba. Pero el insoportable oficio de preceptor y una enfermedad incurable te consumían; te llevaban a la tumba los interminables y fríos inviernos de la campaña rusa, mi pobre, ¡pobre Avenik!

Poco antes de que muriese fui a verlo. Su amo, el señor Gur, no lo despedía. Pero lo privó del sueldo y había tomado, además, otro preceptor.

Ese día, me acuerdo, Sorokunof estaba a la ventana en un viejo sillón. El tiempo era magnífico. Un soberbio sol de otoño tendía alegremente sus reflejos sobre una hilera de tilos deshojados; solo algunas hojitas amarillas tiritaban al extremo de las ramas y volaban arrancadas por el viento. La tierra, ya sorprendida por las heladas, traspiraba bajo los rayos del sol. En los aires una sonoridad inaudita, un extraordinario eco.

Estaba mi amigo envuelto en un batón; una corbata verdosa ponía en su cara cierto tinte colérico.

Me recibió con alegría y, tendiéndome la mano, me hizo sentar a su lado. Estaba leyendo una colección de poesías de Koltsof, copiadas cuidadosamente.

—Poeta verdadero este —me dijo entre dos accesos de tos. Y con palabra afónica empezó a recitar la siguiente estrofa:

¿Tiene entonces ligadas sus alas el halcón?
¿Y cerrado el camino al espacio y al sol?

Le impedí continuar. El médico le había prohibido hablar. Aunque no seguía el movimiento científico y literario de la época, le interesaba algo el porvenir del mundo; particularmente llamaba su atención la filosofía alemana. Le hablé de Hegel y le hice una exposición de su sistema.

—Sí —reflexionó—, comprendo; grandes ideas, grandes ideas.

Esta curiosidad infantil de un hombre a la muerte, de un infeliz abandonado, me conmovió hasta las lágrimas. Sorokunof no se hacía ilusiones sobre su estado; sin embargo, nunca se quejaba de sus sufrimientos.

Procuré distraerlo. Conversamos de Moscú, de la literatura rusa, de nuestros comunes recuerdos de juventud. Hicimos memoria de amigos difuntos.

—¿Te acuerdas de Dacha? —dijo al fin—. ¡Qué alma tenía! ¡Y cómo me quería! ¿Qué será de esa hermosa flor? Tal vez habrá enfermado la pobre...

Yo le dejaba la ilusión y no le daba noticias de Dacha. Festejada, adulada por comerciantes ricos, solo soñaba con joyas y coches.

"Acaso", pensé, "su enfermedad no es incurable y se le podría sacar de aquí."

Adivinó mi pensamiento.

—Te advierto que no llegaré al invierno. No hay que incomodar a nadie. Además, estoy acostumbrado a esta familia.

—No tienen corazón —le respondí.

—Sin embargo, no es gente mala. Algo brutos tan solo. Por lo que se refiere a los vecinos... uno de ellos, el señor Kasakin, tiene un encanto de hija, instruida, ella...

Un acceso de tos le cortó la palabra.

—Si pudiese siquiera fumar... Pero ni eso.

—Debieras escribir a tu familia.

—No, sería inútil. Cuando haya muerto lo sabrán.

Le hice algunos relatos que le interesaron vivamente. Por la noche nos separamos. Ocho días después me llegó una carta del señor Gur, en estos términos:

Debo anunciarle, señor, que su amigo A. Sorokunof ha entregado su alma a Dios el jueves pasado y que esta mañana se le enterró a mi costa en el cementerio de la iglesia. Conforme a sus últimos deseos, le envío sus libros y cuadernos de poesías.

Le quedaban veintidós rublos y cosas que remitimos a sus herederos. Ha muerto en una especie de insensibilidad, hasta al despedirse de nosotros.

Mi esposa Cleopatra le manda saludos; le fatigó mucho los nervios la muerte de su amigo. En cuanto a mí, me gobierno la salud y me reitero su muy humilde servidor.

G. Krupionikof

Otros hechos análogos me acuden a la memoria, pero los dichos son suficientes.

Sin embargo, uno es bastante curioso y merece añadirse.

Una vieja propietaria murió en mi presencia no hace mucho tiempo. En pie, a la cabecera de su cama, el sacerdote decía las oraciones de los agonizantes. Al cabo de algunos minutos, notando que la enferma ya no se movía, la creyó muerta y acercó a su boca un crucifijo.

—No tan rápido, espere —balbuceó la vieja.

Metió una mano bajo la almohada.

Cuando la amortajaron, se encontró bajo su almohada una moneda de plata. Se había propuesto pagar ella misma al sacerdote que le administrase la extremaunción.

Sí, los rusos tienen una extraña manera de morir.

UN INCENDIO EN EL MAR

Era el mes de mayo de 1838.

Viajaba con muchos otros pasajeros, a bordo del Nicolás I, que cubría la ruta entre San Petersburgo y Lübeck. En aquella época la situación de los ferrocarriles era aún poco floreciente, por lo que todos los que viajaban lo hacían por mar. Por esa misma razón, muchos de ellos llevaban una silla de posta para continuar su viaje por Alemania, Francia, etc.

Llevábamos a bordo, aún lo recuerdo, veintiocho coches. Éramos unos doscientos ochenta pasajeros, una veintena de los cuales eran niños.

En aquel entonces, yo era muy joven y no me mareaba, por lo que disfruté mucho con todas las novedosas impresiones. En el barco viajaban algunas damas, notablemente bellas y bonitas. (¡Ay, la mayoría ya ha muerto!)

Era la primera vez que mi madre me dejaba viajar solo y había tenido que jurarle que me comportaría con prudencia y sobre todo que no tocaría las cartas... y fue precisamente esa última promesa la que me hizo faltar a la primera.

Una noche, en particular, se había reunido en la sala general un nutrido grupo de personas, entre ellas varios banqueros muy conocidos en San Petersburgo. Todas las noches jugaban a las cartas, y las piezas de oro, que entonces se veían con más frecuencia que ahora, hacían un ruido ensordecedor.

Uno de esos señores, viendo que me mantenía aparte y no sabiendo la razón que motivaba ese comportamiento, me propuso bruscamente que tomara parte en el juego. Cuando, con la ingenuidad de mis dieciocho años, le expliqué la causa de mi abstención, se echó a reír y, dirigiéndose a sus compañeros, gritó que había encontrado un tesoro: un joven que no había tocado una carta y que, por tanto, estaba predestinado a tener una suerte enorme, inaudita, ¡la verdadera suerte del inocente!...

No sé cómo sucedió, pero al cabo de diez minutos estaba sentado ante la mesa de juego y, con la mano llena de cartas y una parte asegurada, jugaba, jugaba como un loco.

Hay que confesar que el viejo proverbio no resultó falso. El dinero me venía a manos llenas; dos montones de oro se levantaban sobre la mesa, a ambos lados de mis manos temblorosas y cubiertas de sudor. El banquero que me había impulsado a jugar no dejaba de alentarme, de animarme... En verdad, ¡creí que mi fortuna ya estaba hecha!...

De pronto, la puerta de la sala se abrió de par en par, dejando paso a una señora que se puso a gritar con voz quebrada y desfallecida: "¡El barco está ardiendo!", y se desvaneció sobre el sofá. Fue como una violenta conmoción; todos saltaron de su asiento; el oro, la plata, los billetes de banco echaron a rodar, desparramados por todas partes, y todos nos precipitamos fuera. ¿Cómo no habíamos reparado antes en el humo que ya nos envolvía? ¡No lo comprendo! La escalera estaba llena de gente. Reflejos de un rojo denso, de un rojo de carbón de piedra brillaban por todas partes. En un abrir y cerrar de ojos todo el mundo se concentró en el puente. Dos grandes torbellinos de humo se elevaban a ambos lados de la chimenea y a lo largo de los mástiles, y un estrépito espantoso se levantó para no cesar ya. Se produjo un desorden indescriptible; se advertía que el sentimiento de conservación se había apoderado violentamente de todos los seres humanos, de mí el primero. Recuerdo haber cogido a un marinero por el brazo y haberle prometido diez mil rublos en nombre de mi madre si conseguía salvarme.

El marinero, naturalmente, no tomó en serio mis palabras; se liberó de mi abrazo, sin que yo insistiera más, pues comprendía que cuanto había dicho carecía de sentido. Por lo demás, casi todo lo que veía a mi alrededor tampoco lo tenía. Se tiene razón en afirmar que nada iguala el aspecto trágico de un naufragio, a no ser su aspecto cómico. Por ejemplo, un rico propietario, aterrorizado, se arrastraba por el suelo, besando frenéticamente la cubierta; al cabo de un rato, cuando la gran cantidad de agua arrojada en las aberturas de los depósitos de carbón aplacó momentáneamente la violencia de las llamas, se irguió en toda su altura y gritó con voz atronadora: "Hombres de poca fe, ¿cómo habéis podido creer que nuestro Dios, el Dios de los rusos, nos abandonaba?". Pero en ese mismo instante las llamas renacieron aún con mayor ímpetu y el pobre hombre de mucha fe volvió a ponerse a cuatro patas y a besar la cubierta. Un general, con la mirada extraviada, no dejaba de gritar: "¡Hay que enviar un correo al emperador! Se le envió un correo durante la revuelta de las colonias militares, en la que yo estuve presente, ¡y eso sirvió para que algunos de nosotros nos salváramos!". Un caballero, con un paraguas en la mano, se puso de repente a destrozar con furia un pequeño y poco logrado retrato al óleo colocado sobre su caballete (que se encontraba allí, entre los equipajes), practicando con la punta de su paraguas cinco agujeros en el lugar de los ojos, la nariz, la boca y las orejas. Acompañaba semejante destrucción con exclamaciones de esta guisa: "¿Para qué puede servir esto ahora?". Y ¡esa tela ya no le pertenecía! Un hombre gordo, bañado en lágrimas, con el aspecto de un cervecero alemán, no dejaba de vociferar con voz llorosa: "¡Capitán! ¡Capitán!". Y, cuando el capitán, impacientado, le cogió finalmente por el cuello de la chaqueta y le gritó: "Bueno, ¿qué pasa? Yo soy el capitán. ¿Qué es lo que quiere?", el hombre gordo se le quedó mirando con aire estúpido y siguió gimiendo: "¡Capitán!".

Con todo, fue ese capitán el que nos salvó la vida. En primer lugar, cambiando, antes de que se hiciera imposible entrar en la sala de máquinas, la dirección de nuestro navío, que, de haber enfilado directamente Lübeck en lugar de virar bruscamente hacia la costa, habría ardido irremediablemente antes de llegar a puerto; y en segundo lugar, ordenando a los marineros que sacaran sus cuchillos y se lanzaran sin piedad sobre todas las personas que trataran de coger una de las dos chalupas que todavía nos quedaban, pues las otras, a causa de la inexperiencia de los pasajeros que habían querido lanzarlas al mar, habían zozobrado.

Los marineros, daneses en su mayoría, con su rostro enérgico y frío y el reflejo casi sanguinolento de las llamas en la hoja de sus cuchillos, inspiraban un respeto involuntario. La borrasca, bastante fuerte, aumentó aún más con el incendio que aullaba en más de un tercio de la nave. Debo confesar, para agravio de mi sexo, que las mujeres, en esa circunstancia, mostraron más aplomo que la mayor parte de los hombres. Pálidas y blancas, la noche las había sorprendido en el lecho (apenas lucían otro vestido que sus mantas), me parecieron, a pesar de lo incrédulo que ya era en aquel entonces, ángeles caídos del cielo para avergonzarnos y comunicarnos valor. Por lo demás, también algunos hombres mostraron valentía. Recuerdo sobre todo a M. D., exembajador de Rusia en Copenhague; se había quitado los zapatos, la corbata y la chaqueta, cuyas mangas se había anudado sobre el pecho, y, sentado sobre un cable grueso y tenso, balanceaba los pies, fumaba tranquilamente su cigarro y miraba a unos y a otros con cierto aire de piedad burlona. En cuanto a mí, me refugié en una de las escalas exteriores y me senté en uno de los últimos peldaños. Contemplaba con estupor la espuma roja que borboteaba por debajo de mí; algunos de sus vellones me saltaban a la cara. Me decía: "¡Es aquí donde voy a tener que morir, a los dieciocho años!". Pues estaba decidido a ahogarme antes que abrasarme. Las llamas se encorvaban por encima de mí; podía distinguir perfectamente su aullido del de las olas.

No lejos de mí, en la misma escala, estaba sentada una viejecilla, una cocinera, probablemente de alguna de las familias que se dirigían a Europa. Con la cabeza hundida en las manos, parecía murmurar alguna plegaria. De repente, lanzó sobre mí una rápida mirada y ya porque leyera en mi rostro una determinación funesta, ya por alguna otra razón, me agarró del brazo y, con una voz casi suplicante, me dijo con insistencia: "No, señor, nadie tiene derecho a disponer de su propia vida y usted menos que los otros. Hay que sufrir la suerte que la Providencia nos envíe; de otro modo se trataría de un suicidio y sería usted castigado en el otro mundo".

No tenía ningún deseo de suicidarme, pero por una suerte de bravata bastante inexplicable en mi posición, en dos o tres ocasiones me mostré dispuesto a ejecutar la intención que me suponía; y en cada una de esas ocasiones la pobre vieja se abalanzaba sobre mí para impedir que cometiera lo que a sus ojos era un gran crimen. Al final, dominado por una especie de vergüenza, me detuve. En efecto, ¿por qué representar una comedia semejante en presencia de una muerte que en ese mismo momento creía verdaderamente inminente e inevitable? Por lo demás, no tuve tiempo de darme cuenta de cuán extraños eran esos sentimientos ni de admirar la falta de egoísmo (eso que en la actualidad se denominaría altruismo) de la pobre mujer, pues en ese momento el aullido de las llamas que se elevaban por encima de nosotros redoblaron su violencia; también en ese mismo instante, una voz de bronce (sin duda la de nuestro ángel salvador) exclamó por encima de nosotros:

"¿Qué hacéis ahí, desgraciados? ¡Vais a perecer, seguidme!". Y enseguida, sin saber quién nos llamaba ni dónde había que ir, la buena mujer y yo nos pusimos en pie, como accionados por un resorte, y nos lanzamos a través del humo, en pos de un marinero con una chaqueta azul, al que veíamos trepar delante de nosotros por una escala de cuerda. Sin saber por qué, trepé detrás de él por aquella escala. Creo que en ese momento, si se hubiera lanzado al agua o hubiera realizado cualquier otra acción extraordinaria, le habría imitado ciegamente. Después de haber subido dos o tres escalones, el marinero saltó con esfuerzo sobre lo alto de uno de los coches, cuya parte baja comenzaba ya a arder. Salté tras él y oí cómo la vieja saltaba detrás de mí; después, desde lo alto de ese primer coche, el marinero saltó a un segundo, y a continuación a un tercero, siempre seguido por mí; de ese modo, llegamos a la parte delantera del buque.

Casi todos los pasajeros se habían reunido allí. Los marineros, bajo la supervisión del capitán, se ocupaban en bajar al mar una de las dos chalupas, afortunadamente la más grande. Por encima de la otra borda del buque, divisé el abrupto acantilado que desciende hasta Lübeck, vivamente iluminado por el incendio. Había cerca de dos kilómetros hasta ese acantilado. Yo no sabía nadar. El lugar en el que habíamos encallado (pues eso es lo que había sucedido sin que nos diéramos cuenta) era probablemente muy poco profundo, pero las olas eran muy altas. No obstante, en cuanto divisé el acantilado se apoderó de mí el convencimiento de que estaba salvado, y para estupefacción de los que me rodeaban di varios saltos en el aire al tiempo que gritaba: "¡Hip! ¡Hip! ¡Hurra!". No quise aproximarme al lugar en que la multitud se apelotonaba para alcanzar la escala que conducía a la gran chalupa. Había allí muchas mujeres, viejos y niños; además, una vez que vi el acantilado, ya no tenía prisa, pues me sentía seguro de mi salvación. Advertí con asombro que casi ninguno de los niños tenía miedo; algunos de ellos, incluso, dormían en brazos de sus madres. No murió ninguno.

En medio del grupo de pasajeros, reparé en un general de alta talla, con las ropas chorreantes de agua, que inmóvil, se apoyaba contra un banco situado horizontalmente, que acababa de arrancar del barco. Me enteré de que, en un primer momento de terror, había rechazado brutalmente a una mujer que quería pasar antes que él para saltar a una de las primeras embarcaciones que zozobraron. Cogido por un *steward*, que lo devolvió al barco, el viejo soldado sintió vergüenza de su cobardía momentánea y juró que sería el último en abandonar la nave, después del capitán. Era un hombre de estatura elevada, pálido, con un desgarrón sangrante en la frente, y lanzaba a su alrededor miradas contritas y resignadas, como pidiendo perdón.

Durante todo ese tiempo, me fui aproximando al lado izquierdo del buque, y advertí que nuestra pequeña chalupa danzaba sobre las olas como un juguete; dos marineros que se encontraban en ella hacían gestos a los pasajeros para que se decidieran a saltar. Pero no era tarea fácil, pues el Nicolás I era un vapor de gran altura y era necesario caer a plomo para que la chalupa no volcara. Finalmente me decidí: en primer lugar puse mis pies en una cadena de ancla, que se extendía en el exterior del buque, y ya estaba dispuesto a lanzarme cuando una masa pesada y blanda se abalanzó sobre mí: una mujer se había agarrado a mi cuello y pendía inerte a lo largo de mi cuerpo. Confieso que mi primera intención fue apoderarme violentamente de aquella mano y desembarazarme de esa masa arrojándola por encima de mi cabeza; pero felizmente no obedecí a ese primer impulso. El choque hizo que los dos cayéramos al agua, pero por fortuna se encontraba allí, flotando delante de mi nariz, una cuerda que colgaba de no sé dónde; me aferré a ella ansiosamente con una mano, despellejándomela hasta hacerme sangre... Luego, lanzando una mirada por debajo de mí, me di cuenta de que tanto mi fardo como yo nos encontrábamos en el interior de la chalupa y... dando gracias a Dios, me dejé deslizar... El barco crujió por todas sus junturas…" "¡Hurra!", gritaron los marineros. Deposité a mi compañera desvanecida en el fondo de la barca y me volví hacia el vapor, en el que divisé una gran cantidad de cabezas, sobre todo de mujeres, que se apretujaban febrilmente a lo largo de la borda.

"¡Salten!", grité extendiendo los brazos. En ese instante, el éxito de mi audacia y la convicción de haberme salvado de las llamas me proporcionaron una fuerza y un valor inefables. Recogí a las tres únicas mujeres que se decidieron a saltar a mi chalupa con la misma facilidad con que se cogen manzanas en época de cosecha. Es de señalar que cada una de esas damas lanzaba un penetrante grito en el momento en que se arrojaban desde lo alto del buque, y al llegar abajo se desmayaban. Un caballero, probablemente perturbado, estuvo a punto de matar a una de esas desdichadas al arrojar un pesado cofrecillo que se rompió al chocar contra nuestra lancha y dejó al descubierto un neceser bastante rico. Sin preguntarme si tenía derecho a disponer de él, se lo regalé inmediatamente a los dos marineros, que lo aceptaron sin mayores escrúpulos. A continuación nos pusimos a remar hacia la orilla, acompañados de los siguientes gritos: "¡Vuelvan pronto! ¡Traigan la chalupa!". De ese modo, en el momento en que no hubo más que un metro de profundidad, tuvimos que descender. Desde una hora antes caía una lluvia fina y fría, que no tuvo ningún efecto sobre el incendio, pero que nos caló definitivamente hasta los huesos.

Finalmente llegamos a la bendita orilla, que no era más que un inmenso charco de lodo líquido y viscoso, en el que uno se hundía hasta las rodillas.

Nuestra barca se alejó rápidamente y, lo mismo que la gran chalupa, se puso a transportar a la gente del barco a la orilla. Pocos pasajeros perecieron, solo ocho en total; uno había caído en el depósito de carbón, otro se había ahogado por haber querido cargar con todo su dinero. Este último, del que apenas conocía el nombre, había jugado conmigo al ajedrez una buena parte de la jornada, y lo había hecho con tanto encarnizamiento que el príncipe W., que seguía nuestra partida, acabó exclamando: "¡Juega usted como si se tratara de un asunto de vida o muerte!".

En cuanto a los equipajes, se perdieron casi todos, lo mismo que los coches.

Entre las damas que habían escapado al naufragio había una tal señora T., muy hermosa y amable, que se veía muy apurada a causa de sus cuatro hijas y de sus niñeras. Había sido abandonada en la playa, con los pies desnudos y los hombros apenas cubiertos. Me sentí obligado a hacer el papel de caballero galante, lo que me costó la chaqueta, que había conservado hasta ese momento, la corbata e incluso las botas; además, un campesino con un carro tirado por dos caballos, a quien había encontrado en lo alto del acantilado y al que había enviado al encuentro de las náufragas, no juzgó oportuno esperarme, y partió para Lübeck con todas mis pasajeras, de modo que me quedé solo, medio desnudo y calado hasta los huesos, en presencia del mar, en el que nuestro barco acababa lentamente de consumirse. Y digo bien, pues nunca hubiera creído que una máquina tan grande pudiera ser destruida tan rápidamente. No era más que una amplia mancha resplandeciente inmóvil sobre el mar, atravesada por los contornos negros de las chimeneas y los mástiles, y recorrida por el vuelo cansino e indiferente de las gaviotas; después se convirtió en un gran penacho de cenizas sembradas de pequeñas chispas que se desparramaban en vastas líneas curvas sobre las olas ya menos agitadas. ¿Acaso no es también nuestra propia vida un puñado de cenizas que se dispersan al viento?, pensé.

Afortunadamente para el filósofo, cuyos dientes comenzaban a castañetear, otro carretero vino en su ayuda. El buen hombre me pidió dos ducados, pero en compensación me envolvió en su gruesa hopalanda y me cantó dos o tres canciones mecklemburguesas que me parecieron bastante bonitas. De ese modo llegamos a Lübeck al amanecer; allí volví a encontrarme con mis compañeros de infortunio, con los que partí para Hamburgo. En esa ciudad recibimos veinte mil rublos de plata que el emperador Nicolás, que se encontraba de paso en Berlín, nos enviaba por medio de un ayuda de campo. Se reunieron todos los hombres y decidieron que se ofreciera esa suma a las pasajeras, lo que nos resultó extremadamente fácil, pues en esa época todo ruso que iba a Alemania gozaba de un crédito ilimitado. ¡No sucede lo mismo ahora!

El marinero al que había prometido una suma exorbitante en nombre de mi madre si me salvaba la vida vino a reclamar el cumplimiento de mi promesa. Pero, como no estaba seguro de su identidad y además no había hecho nada por mí, solo le ofrecí un tálero, que aceptó agradecido.

En cuanto a la pobre vieja cocinera que había manifestado tanto interés por la salud de mi alma, no volví a verla. No obstante, ya pereciera ahogada o abrasada, estoy seguro de que tiene un lugar reservado en el Paraíso.

LEON TOLSTOI[6]

---

[6] Leon Tolstoi. Lugar y fecha de nacimiento: Nació: 9 de septiembre de 1828 en Yásnaia Poliana, provincia de Tula, Imperio ruso. Falleció: 20 de noviembre de 1910, en Astápovo (actual Lev Tolstói, Rusia). Obras destacadas: Guerra y paz, Anna Karénina, Resurrección, La muerte de Iván Ilich, La sonata a Kreutzer, El diablo, El padre Sergio, Cuánta tierra necesita un hombre y Después del baile.

LA MUERTE DE IVÁN ILICH

I

Durante una pausa en el proceso Melvinski, en el vasto edificio de la Audiencia, los miembros del tribunal y el fiscal se reunieron en el despacho de Iván Yegorovich Shebek y empezaron a hablar del célebre asunto Krasovski. Fyodor Vasilyevich declaró acaloradamente que no entraba en la jurisdicción del tribunal, Iván Yegorovich sostuvo lo contrario, en tanto que Pyotr Ivanovich, que no había entrado en la discusión al principio, no tomó parte en ella y echaba una ojeada a la Gaceta que acababan de entregarle.

—¡Señores! —exclamó— ¡Iván Ilich ha muerto!

—¿De veras?

—Ahí está. Léalo —dijo a Fyodor Vasilyevich, alargándole el periódico que, húmedo, olía aún a tinta reciente.

Enmarcada en una orla negra figuraba la siguiente noticia: «Con profundo pesar Praskovya Fyodorovna Golovina comunica a sus parientes y amigos el fallecimiento de su amado esposo Iván Ilich Golovin, miembro del Tribunal de Justicia, ocurrido el 4 de febrero de este año de 1882. El traslado del cadáver tendrá lugar el viernes a la una de la tarde.»

Iván Ilich había sido colega de los señores allí reunidos y muy apreciado de ellos. Había estado enfermo durante algunas semanas y de una enfermedad que se decía incurable. Se le había reservado el cargo, pero se conjeturaba que, en caso de que falleciera, se nombraría a Alekseyev para ocupar la vacante, y que el puesto de Alekseyev pasaría a Vinnikov o a Shtabel. Así pues, al recibir la noticia de la muerte de Iván Ilich lo primero en que pensaron los señores reunidos en el despacho fue en lo que esa muerte podría acarrear en cuanto a cambios o ascensos entre ellos o sus conocidos.

«Ahora, de seguro, obtendré el puesto de Shtabel o de Vinnikov —se decía Fyodor Vasilyevich—. Me lo tienen prometido desde hace mucho tiempo; y el ascenso me supondrá una subida de sueldo de ochocientos rublos, sin contar la bonificación.»

«Ahora es preciso solicitar que trasladen a mi cuñado de Kaluga —pensaba Pyotr Ivanovich—. Mi mujer se pondrá muy contenta. Ya no podrá decir que no hago una maldita cosa por sus parientes.»

—Yo ya me figuraba que no se levantaría de la cama —dijo en voz alta Pyotr Ivanovich—. ¡Lástima!

—Pero, vamos a ver, ¿qué es lo que tenía?

—Los médicos no pudieron diagnosticar la enfermedad; mejor dicho, sí la diagnosticaron, pero cada uno de manera distinta. La última vez que lo vi pensé que estaba mejor.

—¡Y yo, que no pasé a verlo desde las vacaciones! Aunque siempre estuve por hacerlo.

—Y qué, ¿ha dejado algún capital?

—Por lo visto su mujer tenía algo, pero sólo una cantidad ínfima.

—Bueno, habrá que visitarla. ¡Aunque hay que ver lo lejos que viven!

—O sea, lejos de usted. De usted todo está lejos.

—Ya ve que no me perdona que viva al otro lado del río —dijo sonriendo Pyotr Ivanovich a Shebek. Y hablando de las grandes distancias entre las diversas partes de la ciudad volvieron a la sala del Tribunal.

Aparte de las conjeturas sobre los posibles traslados y ascensos que podrían resultar del fallecimiento de Iván Ilich, el sencillo hecho de enterarse de la muerte de un allegado suscitaba en los presentes, como siempre ocurre, una sensación de complacencia, a saber: «el muerto es él; no soy yo».

Cada uno de ellos pensaba o sentía: «Pues sí, él ha muerto, pero yo estoy vivo.» Los conocidos más íntimos, los amigos de Iván Ilich, por así decirlo, no podían menos de pensar también que ahora habría que cumplir con el muy fastidioso deber, impuesto por el decoro, de asistir al funeral y hacer una visita de pésame a la viuda.

Los amigos más allegados habían sido Fyodor Vasilyevich y Pyotr Ivanovich. Pyotr Ivanovich había estudiado Leyes con Iván Ilich y consideraba que le estaba agradecido.

Habiendo dado a su mujer durante la comida la noticia de la muerte de Iván Ilich y cavilando sobre la posibilidad de trasladar a su cuñado a su partido judicial, Pyotr Ivanovich, sin dormir la siesta, se puso el frac y fue a casa de Iván Ilich.

A la entrada vio una carroza y dos trineos de punto. Abajo, junto a la percha del vestíbulo, estaba apoyada a la pared la tapa del féretro cubierta de brocado y adornada de borlas y galones recién lustrados. Dos señoras de luto se quitaban los abrigos. Pyotr Ivanovich reconoció a una de ellas, hermana de Iván Ilich, pero la otra le era desconocida, Su colega, Schwartz, bajaba en ese momento, pero al ver entrar a Pyotr Ivanovich desde el escalón de arriba, se detuvo e hizo un guiño como para decir: «Valiente lío ha armado Iván Ilich; a usted y a mí no nos pasaría lo mismo.»

El rostro de Schwartz con sus patinas a la inglesa y su cuerpo flaco embutido en el frac, tenía su habitual aspecto de elegante solemnidad que no cuadraba con su carácter jocoso, que ahora y en ese lugar tenía especial enjundia; o así le pareció a Pyotr Ivanovich.

Pyotr Ivanovich dejó pasar a las señoras y tras ellas subió despacio la escalera. Schwartz no bajó, sino que permaneció donde estaba. Pyotr Ivanovich sabía por qué: porque quería concertar con él dónde jugarían a las cartas esa noche. Las señoras subieron a reunirse con la viuda, y Schwartz, con labios severamente apretados y ojos retozones, indicó a Pyotr Ivanovich levantando una ceja el aposento a la derecha donde se encontraba el cadáver.

Como sucede siempre en ocasiones semejantes, Pyotr Ivanovich entró sin saber a punto fijo lo que tenía que hacer. Lo único que sabía era que en tales circunstancias no estaría de más santiguarse. Pero no estaba enteramente seguro de si además de eso había que hacer también una reverencia. Así pues, adoptó un término medio. Al entrar en la habitación empezó a santiguarse y a hacer como si fuera a inclinarse. Al mismo tiempo, en la medida en que se lo permitían los movimientos de la mano y la cabeza, examinó la habitación. Dos jóvenes, sobrinos al parecer —uno de ellos estudiante de secundaria—, salían de ella santiguándose. Una anciana estaba de pie, inmóvil, mientras una señora de cejas curiosamente arqueadas le decía algo al oído. Un sacristán vigoroso y resuelto, vestido de levita, leía algo en alta voz con expresión que excluía toda réplica posible. Gerasim, ayudante del mayordomo, cruzó con paso ingrávido por delante de Pyotr Ivanovich esparciendo algo por el suelo. Al ver tal cosa, Pyotr Ivanovich notó al momento el ligero olor de un cuerpo en descomposición. En su última visita a Iván Ilich, Pyotr Ivanovich había visto a Gerasim en el despacho; hacía el papel de enfermero e Iván Ilich le tenía mucho aprecio. Pyotr Ivanovich continuó santiguándose e inclinando levemente la cabeza en una dirección intermedia entre el cadáver, el sacristán y los iconos expuestos en una mesa en el rincón. Más tarde, cuando le pareció que el movimiento del brazo al hacer la señal de la cruz se había prolongado más de lo conveniente, cesó de hacerlo y se puso a mirar el cadáver.

El muerto yacía, como siempre yacen los muertos, de manera especialmente grávida, con los miembros rígidos hundidos en los blandos cojines del ataúd y con la cabeza sumida para siempre en la almohada. Al igual que suele ocurrir con los muertos, abultaba su frente, amarilla como la cera y con rodales calvos en las sienes hundidas, y sobresalía su nariz como si hiciera presión sobre el labio superior. Había cambiado mucho y enflaquecido aún más desde la última vez que Pyotr Ivanovích lo había visto; pero, como sucede con todos los muertos, su rostro era más agraciado y, sobre todo, más expresivo de lo que había sido en vida. La expresión de ese rostro quería decir que lo que hubo que hacer quedaba hecho y bien hecho. Por añadidura, ese semblante expresaba un reproche y una advertencia para los vivos. A Pyotr Ivanovich esa advertencia le parecía inoportuna o, por lo menos, inaplicable a él. Y como no se sentía a gusto se santiguó de prisa una vez más, giró sobre los talones y se dirigió a la puerta —demasiado a la ligera según él mismo reconocía, y de manera contraria al decoro.

Schwartz, con los pies separados y las manos a la espalda, le esperaba en la habitación de paso jugando con el sombrero de copa. Una simple mirada a esa figura jocosa, pulcra y elegante bastó para refrescar a Pyotr Ivanovích. Diose éste cuenta de que Schwartz estaba por encima de todo aquello y no se rendía a ninguna influencia deprimente. Su mismo aspecto sugería que el incidente del funeral de Iván Ilich no podía ser motivo suficiente para juzgar infringido el orden del día, o, dicho de otro modo, que nada podría impedirle abrir y barajar un mazo de naipes esa noche, mientras un criado colocaba cuatro nuevas bujías en la mesa; que, en realidad, no había por qué suponer que ese incidente pudiera estorbar que pasaran la velada muy ricamente. Dijo esto en un susurro a Pyotr Ivanovich cuando pasó junto a él, proponiéndole que se reuniesen a jugar en casa de Fyodor Vasilyevich. Pero, por lo visto, Pyotr Ivanovich no estaba destinado a jugar al vint esa noche. Praskovya Fyodorovna (mujer gorda y corta de talla que, a pesar de sus esfuerzos por evitarlo, había seguido ensanchándose de los hombros para abajo y tenía las cejas tan extrañamente arqueadas como la señora que estaba junto al féretro), toda de luto, con un velo de encaje en la cabeza, salió de su propio cuarto con otras señoras y, acompañándolas a la habitación en que estaba el cadáver, dijo:

—El oficio comenzará en seguida. Entren, por favor.

Schwartz, haciendo una imprecisa reverencia, se detuvo, al parecer sin aceptar ni rehusar tal invitación. Praskovya Fyodorovna, al reconocer a Pyotr Ivanovich, suspiró, se acercó a él, le tomó una mano y dijo:

—Sé que fue usted un verdadero amigo de Iván Ilich... —y le miró, esperando de él una respuesta apropiada a esas palabras.

Pyotr Ivanovich sabía que, por lo mismo que había sido necesario santiguarse en la otra habitación, era aquí necesario estrechar esa mano, suspirar y decir: «Créame...» Y así lo hizo. Y habiéndolo hecho tuvo la sensación de que se había conseguido el propósito deseado: ambos se sintieron conmovidos.

—Venga conmigo. Necesito hablarle antes de que empiece —dijo la viuda—. Deme su brazo.

Pyotr Ivanovich le dio el brazo y se encaminaron a las habitaciones interiores, pasando junto a Schwartz, que hizo un guiño pesaroso a Pyotr Ivanovich. «Ahí se queda nuestro vint. No se ofenda si encontramos a otro jugador. Quizá podamos ser cinco cuando usted se escape —decía su mirada juguetona.

Pyotr Ivanovich suspiró aún más honda y tristemente y Praskovya Fyodorovna, agradecida, le dio un apretón en el brazo. Cuando llegaron a la sala tapizada de cretona color de rosa y alumbrada por una lámpara mortecina se sentaron a la mesa: ella en un sofá y él en una otomana baja cuyos muelles se resintieron convulsamente bajo su cuerpo. Praskovya Fyodorovna estuvo a punto de advertirle que tomara otro asiento, pero juzgando que tal advertencia no correspondía debidamente a su condición actual cambió de aviso. Al sentarse en la otomana Pyotr Ivanovich recordó que Iván Ilich había arreglado esa habitación y le había consultado acerca de la cretona color de rosa con hojas verdes. Al ir a sentarse en el sofá (la sala entera estaba repleta de muebles y chucherías) el velo de encaje negro de la viuda quedó enganchado en el entallado de la mesa. Pyotr Ivanovich se levantó para desengancharlo, y los muelles de la otomana, liberados de su peso, se levantaron al par que él y le dieron un empellón. La viuda, a su vez, empezó a desenganchar el velo y Pyotr Ivanovich volvió a sentarse, comprimiendo de nuevo la indócil otomana. Pero la viuda no se había desasido por completo y Pyotr volvió a levantarse, con lo que la otomana volvió a sublevarse a incluso a emitir crujidos. Cuando acabó todo aquello la viuda sacó un pañuelo de batista limpio y empezó a llorar. Pero el lance del velo y la lucha con la otomana habían enfriado a Pyotr Ivanovich, quien permaneció sentado con cara de vinagre. Esta situación embarazosa fue interrumpida por Sokolov, el mayordomo de Iván Ilich, quien vino con el aviso de que la parcela que en el cementerio había escogido Praskovya Fyodorovna costaría doscientos rublos. Ella cesó de llorar y mirando a Pyotr Ivanovich con ojos de víctima le hizo saber en francés lo penoso que le resultaba todo aquello. Pyotr Ivanovich, con un ademán tácito, confirmó que indudablemente no podía ser de otro modo.

—Fume, por favor —dijo ella con voz a la vez magnánima y quebrada; y se volvió para hablar con Sokolov del precio de la parcela para la sepultura.

207

Mientras fumaba, Pyotr Ivanovich le oyó preguntar muy detalladamente por los precios de diversas parcelas y decidir al cabo con cuál de ellas se quedaría. Sokolov salió de la habitación.

—Yo misma me ocupo de todo —dijo ella a Pyotr Ivanovich apartando a un lado los álbumes que había en la mesa. Y al notar que con la ceniza del cigarrillo esa mesa corría peligro, le alargó al momento un cenicero al par que decía—: Considero que es afectación decir que la pena me impide ocuparme de asuntos prácticos. Al contrario, si algo puede... no digo consolarme, sino distraerme, es lo concerniente a él.

Volvió a sacar el pañuelo como si estuviera a punto de llorar, pero de pronto, como sobreponiéndose, se sacudió y empezó a hablar con calma:

—Hay algo, sin embargo, de que quiero hablarle.

Pyotr Ivanovich se inclinó, pero sin permitir que se amotinasen los muelles de la otomana, que ya habían empezado a vibrar bajo su cuerpo.

—En estos últimos días ha sufrido terriblemente.

—¿De veras? —preguntó Pyotr Ivanovich.

—¡Oh, sí, terriblemente! Estuvo gritando sin cesar, y no durante minutos, sino durante horas. Tres días seguidos estuvo gritando sin parar. Era intolerable. No sé cómo he podido soportarlo. Se le podía oír con tres puertas de por medio. ¡Ay, cuánto he sufrido!

—¿Pero es posible que estuviera consciente durante ese tiempo? —preguntó Pyotr Ivanovich.

—Sí —murmuró ella—. Hasta el último momento. Se despidió de nosotros un cuarto de hora antes de morir y hasta dijo que nos lleváramos a Volodya de allí.

El pensar en los padecimientos de un hombre a quien había conocido tan íntimamente, primero como chicuelo alegre, luego como condiscípulo y más tarde, ya crecido, como colega, horrorizó de pronto a Pyotr Ivanovich, a pesar de tener que admitir con desgana que tanto él como esa mujer estaban fingiendo. Volvió a ver esa frente y esa nariz que hacía presión sobre el labio, y tuvo miedo.

«¡Tres días de horribles sufrimientos y luego la muerte! ¡Pero si eso puede también ocurrirme a mí de repente, ahora mismo!» —pensó, y durante un momento quedó espantado. Pero en seguida, sin saber por qué, vino en su ayuda la noción habitual, a saber, que eso le había pasado a Iván Ilich y no a él, que eso no debería ni podría pasarle a él, y que pensar de otro modo sería dar pie a la depresión, cosa que había que evitar, como demostraba claramente el rostro de Schwartz. Y habiendo reflexionado de esa suerte, Pyotr Ivanovich se tranquilizó y empezó a pedir con interés detalles de la muerte de Iván Ilich, ni más ni menos que si esa muerte hubiese sido un accidente propio sólo de Iván Ilich, pero en ningún caso de él.

Después de dar varios detalles acerca de los dolores físicos realmente horribles que había sufrido Iván Ilich (detalles que Pyotr Ivanovich pudo calibrar sólo por su efecto en los nervios de Praskovya Fyodorovna), la viuda al parecer juzgó necesario entrar en materia.

—¡Ay, Pyotr Ivanovich, qué angustioso! ¡Qué terriblemente angustioso, qué terriblemente angustioso! —Y de nuevo rompió a llorar.

Pyotr Ivanovich suspiró y aguardó a que ella se limpiase la nariz. Cuando lo hizo, dijo él:

—Créame... —y ella empezó a hablar otra vez de lo que claramente era el asunto principal que con él quería ventilar, a saber, cómo podría obtener dinero del fisco con motivo de la muerte de su marido. Praskovya Fyodorovna hizo como si pidiera a Pyotr Ivanovich consejo acerca de su pensión, pero él vio que ella ya sabía eso hasta en sus más mínimos detalles, mucho más de lo que él sabía; que ella ya sabía todo lo que se le podía sacar al fisco a consecuencia de esa muerte; y que lo que quería saber era si se le podía sacar más. Pyotr Ivanovich trató de pensar en algún medio para lograrlo, pero tras dar vueltas al caso y, por cumplir, criticar al gobierno por su tacañería, dijo que, a su parecer, no se podía obtener más. Entonces ella suspiró y evidentemente empezó a buscar el modo de deshacerse de su visitante. Él se dio cuenta de ello, apagó el cigarrillo, se levantó, estrechó la mano de la señora y salió a la antesala.

En el comedor, donde estaba el reloj que tanto gustaba a Iván Ilich, quien lo había comprado en una tienda de antigüedades, Pyotr Ivanovich encontró a un sacerdote y a unos cuantos conocidos que habían venido para asistir al oficio, y vio también a la hija joven y guapa de Iván Ilich, a quien ya conocía. Estaba de luto riguroso, y su cuerpo delgado parecía aún más delgado que nunca. La expresión de su rostro era sombría, denodada, casi iracunda. Saludó a Pyotr Ivanovich como si él tuviera la culpa de algo. Detrás de ella, con la misma expresión agraviada, estaba un juez de instrucción conocido de Pyotr Ivanovich, un joven rico que, según se decía, era el prometido de la muchacha. Pyotr Ivanovich se inclinó melancólicamente ante ellos y estaba a punto de pasar a la cámara mortuoria cuando de debajo de la escalera surgió la figura del hijo de Iván Ilich, estudiante de instituto, que se parecía increiblemente a su padre. Era un pequeño Iván Ilich, igual al que Pyotr Ivanovich recordaba cuando ambos estudiaban Derecho. Tenía los ojos llorosos, con una expresión como la que tienen los muchachos viciosos de trece o catorce años. Al ver a Pyotr Ivanovich, el muchacho arrugó el ceño con empacho y hosquedad. Pyotr Ivanovich le saludó con una inclinación de cabeza y entró en la cámara mortuoria. Había empezado el oficio de difuntos: velas, gemidos, incienso, lágrimas, sollozos. Pyotr Ivanovich estaba de pie, mirándose sombríamente los zapatos, No miró al muerto una sola vez, ni se rindió a las influencias depresivas, y fue de los primeros en salir de allí. No había nadie en la antesala. Gerasim salió de un brinco de la habitación del muerto, revolvió con sus manos vigorosas entre los amontonados abrigos de pieles, encontró el de Pyotr Ivanovich y le ayudó a ponérselo.

—¿Qué hay, amigo Gerasim? —preguntó Pyotr Ivanovich por decir algo—. ¡Qué lástima! ¿Verdad?

—Es la voluntad de Dios. Por ahí pasaremos todos —contestó Gerasim mostrando sus dientes blancos, iguales, dientes de campesino, y como hombre ocupado en un trabajo urgente abrió de prisa la puerta, llamó al cochero, ayudó a Pyotr Ivanovich a subir al trineo y volvió de un salto a la entrada de la casa, como pensando en algo que aún tenía que hacer.

A Pyotr Ivanovich le resultó especialmente agradable respirar aire fresco después del olor del incienso, el cadáver y el ácido carbólico.

—¿A dónde, señor? —preguntó el cochero.

—No es tarde todavía... Me pasaré por casa de Fyodor Vasilyevich.

Y Pyotr Ivanovich fue allá y, en efecto, los halló a punto de terminar la primera mano; y así, pues, no hubo inconveniente en que entrase en la partida.

II

La historia de la vida de Iván Ilich había sido sencillísima y ordinaria, al par que terrible en extremo.

Había sido miembro del Tribunal de Justicia y había muerto a los cuarenta y cinco años de edad. Su padre había sido funcionario público que había servido en diversos ministerios y negociados y hecho la carrera propia de individuos que, aunque notoriamente incapaces para desempeñar cargos importantes, no pueden ser despedidos a causa de sus muchos años de servicio; al contrario, para tales individuos se inventan cargos ficticios y sueldos nada ficticios de entre seis y diez mil rublos, con los cuales viven hasta una avanzada edad.

Tal era Ilya Yefimovich Golovin, Consejero Privado e inútil miembro de varios organismos inútiles.

Tenía tres hijos y una hija. Iván Ilich era el segundo. El mayor seguía la misma carrera que el padre aunque en otro ministerio, y se acercaba ya rápidamente a la etapa del servicio en que se percibe automáticamente ese sueldo. El tercer hijo era un desgraciado. Había fracasado en varios empleos y ahora trabajaba en los ferrocarriles. Su padre, sus hermanos y, en particular, las mujeres de éstos no sólo evitaban encontrarse con él, sino que olvidaban que existía salvo en casos de absoluta necesidad. La hija estaba casada con el barón Greff, funcionario de Petersburgo del mismo género que su suegro. Iván Ilich era le phénix de la famille, como decía la gente. No era tan frío y estirado como el hermano mayor ni tan frenético como el menor, sino un término medio entre ambos: listo, vivaz, agradable y discreto. Había estudiado en la Facultad de Derecho con su hermano menor, pero éste no había acabado la carrera por haber sido expulsado en el quinto año. Iván Ilich, al contrario, había concluido bien sus estudios. Era ya en la facultad lo que sería en el resto de su vida: capaz, alegre, benévolo y sociable, aunque estricto en el cumplimiento de lo que consideraba su deber; y, según él, era deber todo aquello que sus superiores jerárquicos consideraban como tal. No había sido servil ni de muchacho ni de hombre, pero desde sus años mozos se había sentido atraído, como la mosca a la luz, por las gentes de elevada posición social, apropiándose sus modos de obrar y su filosofía de la vida y trabando con ellos relaciones amistosas. Había dejado atrás todos los entusiasmos de su niñez y mocedad, de los que apenas quedaban restos, se había entregado a la sensualidad y la soberbia y, por último, como en las clases altas, al liberalismo, pero siempre dentro de determinados límites que su instinto le marcaba puntualmente.

En la facultad hizo cosas que anteriormente le habían parecido sumamente reprobables y que le causaron repugnancia de sí mismo en el momento mismo de hacerlas; pero más tarde, cuando vio que tales cosas las hacía también gente de alta condición social que no las juzgaba ruines, no llegó precisamente a darlas por buenas, pero sí las olvidó por completo o se acordaba de ellas sin sonrojo.

Al terminar sus estudios en la facultad y habilitarse para la décima categoría de la administración pública, y habiendo recibido de su padre dinero para equiparse, Iván Ilich se encargó ropa en la conocida sastrería de Scharmer, colgó en la cadena del reloj una medalla con el lema respice finem, se despidió de su profesor y del príncipe patrón de la facultad, tuvo una cena de despedida con sus compañeros en el restaurante Donon, y con su nueva maleta muy a la moda, su ropa blanca, su traje, sus utensilios de afeitar y adminículos de tocador, su manta de viaje, todo ello adquirido en las mejores tiendas, partió para una de las provincias donde, por influencia de su padre, iba a ocupar el cargo de ayudante del gobernador para servicios especiales.

En la provincia Iván Ilich pronto se agenció una posición tan fácil y agradable como la que había tenido en la Facultad de Derecho. Cumplía con sus obligaciones y fue haciéndose una carrera, a la vez que se divertía agradable y decorosamente. De vez en cuando salía a hacer visitas oficiales por el distrito, se comportaba dignamente con sus superiores e inferiores —de lo que no podía menos de enorgullecerse— y desempeñaba con rigor y honradez incorruptible los menesteres que le estaban confiados, que en su mayoría tenían que ver con los disidentes religiosos.

No obstante su juventud y propensión a la jovialidad frívola, era notablemente reservado, exigente y hasta severo en asuntos oficiales; pero en la vida social se mostraba a menudo festivo e ingenioso, y siempre benévolo, correcto y bon enfant, como decían de él el gobernador y su esposa, quienes le trataban como miembro de la familia.

En la provincia tuvo amoríos con una señora deseosa de ligarse con el joven y elegante abogado; hubo también una modista; hubo asimismo juergas con los edecanes que visitaban el distrito y, después de la cena, visitas a calles sospechosas de los arrabales; y hubo, por fin, su tanto de coba al gobernador y su esposa, pero todo ello efectuado con tan exquisito decoro que no cabía aplicarle calificativos desagradables. Todo ello podría colocarse bajo la conocida rúbrica francesa: Il faut que jeunesse se passe. Todo ello se llevaba a cabo con manos limpias, en camisas limpias, con palabras francesas y, sobre todo, en la mejor sociedad y, por ende, con la aprobación de personas de la más distinguida condición.

De ese modo sirvió Iván Ilich cinco años hasta que se produjo un cambio en su situación oficial. Se crearon nuevas instituciones judiciales y hubo necesidad para ellas de nuevos funcionarios. Iván Ilich fue uno de ellos. Se le ofreció el cargo de juez de instrucción y lo aceptó, a pesar de que estaba en otra provincia y le obligaba a abandonar las relaciones que había establecido y establecer otras. Los amigos se reunieron para despedirle, se hicieron con él una fotografía en grupo y le regalaron una pitillera de plata. E Iván Ilich partió para su nueva colocación.

En el cargo de juez de instrucción Iván Ilich fue tan comme il faut y decoroso como lo había sido cuando estuvo de ayudante para servicios especiales: se ganó el respeto general y supo separar sus deberes judiciales de lo atinente a su vida privada. Las funciones mismas de juez de instrucción le resultaban muchísimo más interesantes y atractivas que su trabajo anterior. En ese trabajo anterior lo agradable había sido ponerse el uniforme confeccionado por Scharmer y pasar con despreocupado continente por entre los solicitantes y funcionarios que, aguardando temerosos la audiencia con el gobernador, le envidiaban por entrar directamente en el despacho de éste y tomar el té y fumarse un cigarrillo con él. Pero personas que dependían directamente de él había habido pocas: sólo jefes de policía y disidentes religiosos cuando lo enviaban en misiones especiales, y a esas personas las trataba cortésmente, casi como a camaradas, como haciéndoles creer que, siendo capaz de aplastarlas, las trataba sencilla y amistosamente. Pero ahora, como juez de instrucción, Iván Ilich veía que todas ellas —todas ellas sin excepción—, incluso las más importantes y engreídas, estaban en sus manos, y que con sólo escribir unas palabras en una hoja de papel con cierto membrete tal o cual individuo importante y engreído sería conducido ante él en calidad de acusado o de testigo; y que si decidía que el tal individuo no se sentase lo tendría de pie ante él contestando a sus preguntas. Iván Ilich nunca abusó de esas atribuciones; muy al contrario, trató de suavizarlas; pero la conciencia de poseerlas y la posibilidad de suavizarlas constituían para él el interés cardinal y el atractivo de su nuevo cargo. En su trabajo, especialmente en la instrucción de los sumarios, Iván Ilich adoptó pronto el método de eliminar todas las circunstancias ajenas al caso y de condensarlo, por complicado que fuese, en forma que se presentase por escrito sólo en sus aspectos externos, con exclusión completa de su opinión personal y, sobre todo, respetando todos los formalismos necesarios. Este género de trabajo era nuevo, e Iván Ilich fue uno de los primeros funcionarios en aplicar el nuevo Código de 1864.

Al asumir el cargo de juez de instrucción en una nueva localidad Iván Ilich hizo nuevas amistades y estableció nuevas relaciones, se instaló de forma diferente de la anterior y cambió perceptiblemente de tono. Asumió una actitud de discreto y digno alejamiento de las autoridades provinciales, pero sí escogió el mejor círculo de juristas y nobles ricos de la ciudad y adoptó una actitud de ligero descontento con el gobierno, de liberalismo moderado e ilustrada ciudadanía. Por lo demás, no alteró en lo más mínimo la elegancia de su atavío, cesó de afeitarse el mentón y dejó crecer libremente la barba.

La vida de Iván Ilich en esa nueva ciudad tomó un cariz muy agradable. La sociedad de allí, que tendía a oponerseal gobernador, era buena y amistosa, su sueldo era mayor y empezó a jugar al vint, juego que por aquellas fechas incrementó bastante los placeres de su vida, pues era diestro en el manejo de las cartas, jugaba con gusto, calculaba con rapidez y astucia y ganaba por lo general.

Al cabo de dos años de vivir en la nueva ciudad, Iván Ilich conoció a la que había de ser su esposa. Praskovya Fyodorovna Mihel era la muchacha más atractiva, lista y brillante del círculo que él frecuentaba. Y entre pasatiempos y ratos de descanso de su trabajo judicial Iván Ilich entabló relaciones ligeras y festivas con ella.

Cuando había sido funcionario para servicios especiales Iván Ilich se había habituado a bailar, pero ahora, como juez de instrucción, bailaba sólo muy de tarde en tarde. También bailaba ahora con el fin de demostrar que, aunque servía bajo las nuevas instituciones y había ascendido a la quinta categoría de la administración pública, en lo tocante a bailar podía dar quince y raya a casi todos los demás. Así pues, de cuando en cuando, al final de una velada, bailaba con Praskovya Fyodorovna, y fue sobre todo durante esos bailes cuando la conquistó. Ella se enamoró de él. Iván Ilich no tenía intención clara y precisa de casarse, pero cuando la muchacha se enamoró de él se dijo a sí mismo: «Al fin y al cabo ¿por qué no casarme?»

Praskovya Fyodorovna, de buena familia hidalga, era bastante guapa y tenía algunos bienes. Iván Ilich hubiera podido aspirar a un partido más brillante, pero incluso éste era bueno. Él contaba con su sueldo y ella —así lo esperaba él— tendría ingresos semejantes. Buena familia, ella simpática, bonita y perfectamente honesta. Decir que Iván Ilich se casó por estar enamorado de ella y encontrar que ella simpatizaba con su noción de la vida habría sido tan injusto como decir que se había casado porque el círculo social que frecuentaba daba su visto bueno a esa unión. Iván Ilich se casó por ambas razones: sentía sumo agrado en adquirir semejante esposa, a la vez que hacía lo que consideraban correcto sus más empingorotadas amistades.

Y así, pues, Iván Ilich se casó.

Los preparativos para la boda y el comienzo de la vida matrimonial, con las caricias conyugales, el flamante mobiliario, la vajilla nueva, la nueva lencería... todo ello transcurrió muy gustosamente hasta el embarazo de su mujer; tanto así que Iván Ilich empezó a creer que el matrimonio no sólo no perturbaría el carácter cómodo, placentero, alegre y siempre decoroso de su vida, aprobado por la sociedad y considerado por él como natural, sino que, al contrario, lo acentuaría. Pero he aquí que, desde los primeros meses del embarazo de su mujer, surgió algo nuevo, inesperado, desagradable, penoso e indecoroso, imposible de comprender y evitar.

Sin motivo alguno, en opinión de Iván Ilich —degaieté de coeur como se decía a sí mismo—, su mujer comenzó a perturbar el placer y decoro de su vida. Sin razón alguna comenzó a tener celos de él, le exigía atención constante, le censuraba por cualquier cosa y le enzarzaba en disputas enojosas y groseras.

Al principio Iván Ilich esperaba zafarse de lo molesto de tal situación por medio de la misma fácil y decorosa relación con la vida que tan bien le había servido anteriormente: trató de no hacer caso de la disposición de ánimo de su mujer, continuó viviendo como antes, ligera y agradablemente, invitaba a los amigos a jugar a las cartas en su casa y trató asimismo de frecuentar el club o visitar a sus conocidos. Pero un día su mujer comenzó a vituperarle con tal brío y palabras tan soeces, y siguió injuriándole cada vez que no atendía a sus exigencias, con el fin evidente de no cejar hasta que él cediese, o sea, hasta que se quedase en casa víctima del mismo aburrimiento que ella sufría, que Iván Ilich se asustó. Ahora comprendió que el matrimonio —al menos con una mujer como la suya— no siempre contribuía a fomentar el decoro y la amenidad de la vida, sino que, al contrario, estorbaba el logro de ambas cualidades, por lo que era preciso protegerse de semejante estorbo. Iván Ilich, pues, comenzó a buscar medios de lograrlo. Uno de los que cabía imponer a Praskovya Fyodorovna eran sus funciones judiciales, e Iván Ilich, apelando a éstas y a los deberes anejos a ellas, empezó a bregar con su mujer y a defender su propia independencia.

Con el nacimiento de un niño, los intentos de alimentarlo debidamente y los diversos fracasos en conseguirlo, así como con las dolencias reales e imaginarias del niño y la madre en las que se exigía la compasión de Iván Ilich —aunque él no entendía pizca de ello—, la necesidad que sentía éste de crearse una existencia fuera de la familia se hizo aún más imperiosa.

A medida que su mujer se volvía más irritable y exigente, Iván Ilich fue desplazando su centro de gravedad de la familia a su trabajo oficial. Se encariñaba cada vez más con ese trabajo y acabó siendo aún más ambicioso que antes.

Muy pronto, antes de cumplirse el primer aniversario de su casamiento, Iván Ilich cayó en la cuenta de que el matrimonio, aunque aportaba algunas comodidades a la vida, era de hecho un estado sumamente complicado y difícil, frente al cual —si era menester cumplir con su deber, o sea, llevar una vida decorosa aprobada por la sociedad— habría que adoptar una actitud precisa, ni más ni menos que con respecto al trabajo oficial.

Y fue esa actitud ante el matrimonio la que hizo suya Iván Ilich. Requería de la vida familiar únicamente aquellas comodidades que, como la comida casera, el ama de casa y la cama, esa vida podía ofrecerle y, sobre todo, el decoro en las formas externas que la opinión pública exigía. En todo lo demás buscaba deleite y contento, y quedaba agradecido cuando los encontraba; pero si tropezaba con resistencia y refunfuño retrocedía en el acto al mundo privativo y enclaustrado de su trabajo oficial, en el que hallaba satisfacción.

A Iván Ilich se le estimaba como buen funcionario y al cabo de tres años fue ascendido a Ayudante Fiscal. Sus nuevas obligaciones, la importancia de ellas, la posibilidad de procesar y encarcelar a quien quisiera, la publicidad que se daba a sus discursos y el éxito que alcanzó en todo ello le hicieron aún más agradable el cargo.

Nacieron otros hijos. Su esposa se volvió más quejosa y malhumorada, pero la actitud de Iván Ilich frente a su vida familiar fue barrera impenetrable contra las regañinas de ella.

Después de siete años de servicio en esa ciudad, Iván Ilich fue trasladado a otra provincia con el cargo de Fiscal. Se mudaron a ella, pero andaban escasos de dinero y a su mujer no le gustaba el nuevo domicilio. Aunque su sueldo superaba al anterior, el coste de la vida era mayor; murieron además dos de los niños, por lo que la vida de familia le parecía aún más desagradable.

Praskovya Fyodorovna culpaba a su marido de todas las inconveniencias que encontraban en el nuevo hogar. La mayoría de los temas de conversación entre marido y mujer, sobre todo en lo tocante a la educación de los niños, giraban en torno a cuestiones que recordaban disputas anteriores, y esas disputas estaban a punto de volver a inflamarse en cualquier momento. Quedaban sólo algunos infrecuentes períodos de cariño entre ellos, pero no duraban mucho. Eran islotes a los que se arrimaban durante algún tiempo, pero luego ambos partían de nuevo para el océano de hostilidad secreta que se manifestaba en el distanciamiento entre ellos. Ese distanciamiento hubiera podido afligir a Iván Ilich si éste no hubiese considerado que no debería existir, pero ahora reconocía que su situación no sólo era normal, sino que había llegado a ser el objetivo de su vida familiar. Ese objetivo consistía en librarse cada vez más de esas desazones y darles un barniz inofensivo y decoroso; y lo alcanzó pasando cada vez menos tiempo con la familia y tratando, cuando era preciso estar en casa, de salvaguardar su posición mediante la presencia de personas extrañas. Lo más importante, sin embargo, era que contaba con su trabajo oficial, y en sus funciones judiciales se centraba ahora todo el interés de su vida. La conciencia de su poder, la posibilidad de arruinar a quien se le antojase, la importancia, más aún, la gravedad externa con que entraba en la sala del tribunal o en las reuniones de sus subordinados, su éxito con sus superiores e inferiores y, sobre todo, la destreza con que encauzaba los procesos, de la que bien se daba cuenta —todo ello le procuraba sumo deleite y llenaba su vida, sin contar los coloquios con sus colegas, las comidas y las partidas de whist. Así pues, la vida de Iván Ilich seguía siendo agradable y decorosa, como él juzgaba que debía ser.

Así transcurrieron otros siete años. Su hija mayor tenía ya dieciséis, otro hijo había muerto, y sólo quedaba el pequeño colegial, objeto de disensión. Iván Ilich quería que ingresara en la Facultad de Derecho, pero Praskovya Fyodorovna, para fastidiar a su marido, le matriculó en el instituto. La hija había estudiado en casa y su instrucción había resultado bien; el muchacho tampoco iba mal en sus estudios.

3

Así vivió Iván Ilich durante diecisiete años desde su casamiento. Era ya un fiscal veterano. Esperando un puesto más atrayente, había rehusado ya varios traslados cuando surgió de improviso una circunstancia desagradable que perturbó por completo el curso apacible de su vida. Esperaba que le ofrecieran el cargo de presidente de tribunal en una ciudad universitaria, pero Hoppe de algún modo se le había adelantado y había obtenido el puesto. Iván Ilich se irritó y empezó a quejarse y a reñir con Hoppe y sus superiores inmediatos, quienes comenzaron a tratarle con frialdad y le pasaron por alto en los nombramientos siguientes.

Eso ocurrió en 1880, año que fue el más duro en la vida de Iván Ilich. Por una parte, en ese año quedó claro que su sueldo no les bastaba para vivir, y, por otra, que todos le habían olvidado; peor todavía, que lo que para él era la mayor y más cruel injusticia a otros les parecía una cosa común y corriente. Incluso su padre no se consideraba obligado a ayudarle. Iván Ilich se sentía abandonado de todos, ya que juzgaban que un cargo con un sueldo de tres mil quinientos rublos era absolutamente normal y hasta privilegiado. Sólo él sabía que con el conocimiento de las injusticias de que era víctima, con el sempiterno refunfuño de su mujer y con las deudas que había empezado a contraer por vivir por encima de sus posibilidades, su posición andaba lejos de ser normal.

Con el fin de ahorrar dinero, pidió licencia y fue con su mujer a pasar el verano de ese año a la casa de campo del hermano de ella.

En el campo, Iván Ilich, alejado de su trabajo, sintió por primera vez en su vida no sólo aburrimiento, sino insoportable congoja. Decidió que era imposible vivir de ese modo y que era indispensable tomar una determinación.

Después de una noche de insomnio, que pasó entera en la terraza, decidió ir a Petersburgo y hacer gestiones encaminadas a escarmentar a aquellos que no habían sabido apreciarle y a obtener un traslado a otro ministerio.

Al día siguiente, no obstante las objeciones de su mujer y su cuñado, salió para Petersburgo. Su único propósito era solicitar un cargo con un sueldo de cinco mil rublos. Ya no pensaba en tal o cual ministerio, ni en una determinada clase de trabajo o actividad concreta. Todo lo que ahora necesitaba era otro cargo, un cargo con cinco mil rublos de sueldo, bien en la administración pública, o en un banco, o en los ferrocarriles, o en una de las instituciones creadas por la emperatriz María, o incluso en aduanas, pero con la condición indispensable de cinco mil rublos de sueldo y de salir de un ministerio en el que no se le había apreciado.

Y he aquí que ese viaje de Iván Ilich se vio coronado con notable e inesperado éxito. En la estación de Kursk subió al vagón de primera clase un conocido suyo, F. S. Ilin, quien le habló de un telegrama que hacía poco acababa de recibir el gobernador de Kursk anunciando un cambio importante que en breve se iba a producir en el ministerio: para el puesto de Pyotr Ivanovich se nombraría a Iván Semyonovich.

El cambio propuesto, además de su significado para Rusia, tenía un significado especial para Iván Ilich, ya que el ascenso de un nuevo funcionario, Pyotr Petrovich, y, por consiguiente, el de su amigo Zahar Ivanovich, eran sumamente favorables para Iván Ilich, dado que Zahar Ivanovich era colega y amigo de Iván Ilich.

En Moscú se confirmó la noticia, y al llegar a Petersburgo Iván Ilich buscó a Zahar Ivanovich y recibió la firme promesa de un nombramiento en su antiguo departamento de justicia.

Al cabo de una semana mandó un telegrama a su mujer: «Zahar en puesto de Miller. Recibiré nombramiento en primer informe.»

Gracias a este cambio de personal, Iván Ilich recibió inesperadamente un nombramiento en su antiguo ministerio que le colocaba a dos grados del escalafón por encima de sus antiguos colegas, con un sueldo de cinco mil rublos, más tres mil quinientos de remuneración por traslado. Iván Ilich olvidó todo el enojo que sentía contra sus antiguos enemigos y contra el ministerio y quedó plenamente satisfecho.

Iván Ilich volvió al campo más contento y feliz de lo que lo había estado en mucho tiempo. Praskovya Fyodorovna también se alegró y entre ellos se concertó una tregua. Iván Ilich contó cuánto le había festejado todo el mundo en la capital, cómo todos los que habían sido sus enemigos quedaban avergonzados y ahora le adulaban servilmente, cuánto le envidiaban por su nuevo nombramiento y cuánto le quería todo el mundo en Petersburgo.

Praskovya Fyodorovna escuchaba todo aquello y aparentaba creerlo. No ponía peros a nada y se limitaba a hacer planes para la vida en la ciudad a la que iban a mudarse. E Iván Ilich vio regocijado que tales planes eran los suyos propios, que marido y mujer estaban de acuerdo y que, tras un tropiezo, su vida recobraba el legítimo y natural carácter de proceso placentero y decoroso.

Iván Ilich había vuelto al campo por breves días. Tenía que incorporarse a su nuevo cargo el 10 de septiembre. Por añadidura, necesitaba tiempo para instalarse en su nuevo domicilio, trasladar a éste todos los enseres de la provincia anterior y comprar y encargar otras muchas cosas; en una palabra, instalarse tal como lo tenía pensado, lo cual coincidía casi exactamente con lo que Praskovya Fyodorovna tenía pensado a su vez.

Y ahora, cuando todo quedaba resuelto tan felizmente, cuando su mujer y él coincidían en sus planes y, por añadidura, se veían tan raras veces, se llevaban más amistosamente de lo que había sido el caso desde los primeros días de su matrimonio. Iván Ilich había pensado en llevarse a la familia en seguida, pero la insistencia de su cuñado y la esposa de éste, que de pronto se habían vuelto notablemente afables e íntimos con él y su familia, le indujeron a partir solo.

Y, en efecto, partió solo, y el jovial estado de ánimo producido por su éxito y la buena armonía con su mujer no le abandonó un instante. Encontró un piso exquisito, idéntico a aquel con que habían soñado él y su mujer. Salones grandes altos de techo y decorados al estilo antiguo, un despacho cómodo y amplio, habitaciones para su mujer y su hija, un cuarto de estudio para su hijo —se hubiera dicho que todo aquello se había hecho *ex profeso* para ellos. El propio Iván Ilich dirigió la instalación, atendió al empapelado y tapizado, compró muebles, sobre todo de estilo antiguo, que él consideraba muy comme il faut, y todo fue adelante, adelante, hasta alcanzar el ideal que se había propuesto. Incluso cuando la instalación iba sólo por la mitad superaba ya sus expectativas. Veía ya el carácter comme il faut, elegante y refinado que todo tendría cuando estuviera concluido. A punto de quedarse dormido se imaginaba cómo sería el salón. Mirando la sala, todavía sin terminar, veía ya la chimenea, el biombo, la riconera y las sillas pequeñas colocadas al azar, los platos de adorno en las paredes y los bronces, cuando cada objeto ocupara su lugar correspondiente. Se alegraba al pensar en la impresión que todo ello causaría en su mujer y su hija, quienes también compartían su propio gusto. De seguro que no se lo esperaban. En particular, había conseguido hallar y comprar barato objetos antiguos que daban a toda la instalación un carácter singularmente aristocrático. Ahora bien, en sus cartas lo describía todo peor de lo que realmente era, a fin de dar a su familia una sorpresa. Todo esto cautivaba su atención a tal punto que su nuevo trabajo oficial, aun gustándole mucho, le interesaba menos de lo que había esperado. Durante las sesiones del tribunal había momentos en que se quedaba abstraído, pensando en si los pabellones de las cortinas debieran ser rectos o curvos. Tanto interés ponía en ello que a menudo él mismo hacía las cosas, cambiaba la disposición de los muebles o volvía a colgar las cortinas. Una vez, al trepar por una escalerilla de mano para mostrar al tapicero —que no comprendía cómo quería disponer los pliegues de las cortinas—, perdió pie y resbaló, pero siendo hombre fuerte y ágil, se afianzó y sólo se dio con un costado contra el tirador de la ventana. La magulladura le dolió, pero el dolor se le pasó pronto. Durante todo este tiempo se sentía sumamente alegre y vigoroso. Escribió: «Estoy como si me hubieran quitado quince años de encima.» Había pensado terminar en septiembre, pero esa labor se prolongó hasta octubre. Sin embargo, el resultado fue admirable, no sólo en su opinión sino en la de todos los que lo vieron.

En realidad, resultó lo que de ordinario resulta en las viviendas de personas que quieren hacerse pasar por ricas no siéndolo de veras, y, por consiguiente, acaban pareciéndose a otras de su misma condición: había damascos, caoba, plantas, alfombras y bronces brillantes y mates... en suma, todo aquello que poseen las gentes de cierta clase a fin de asemejarse a otras de la misma clase, y la casa de Iván Ilich era tan semejante a las otras que no hubiera sido objeto de la menor atención; pero a él, sin embargo, se le antojaba original. Quedó sumamente contento cuando fue a recibir a su familia a la estación y la llevó al nuevo piso, ya todo dispuesto e iluminado, donde un criado con corbata blanca abrió la puerta del vestíbulo que había sido adornado con plantas; y cuando luego, al entrar en la sala y el despacho, la familia prorrumpió en exclamaciones de deleite. Los condujo a todas partes, absorbiendo ávidamente sus alabanzas y rebosando de gusto. Esa misma tarde, cuando durante el té Praskovya Fyodorovna le preguntó entre otras cosas por su caída, él rompió a reír y les mostró en pantomima cómo había salido volando y asustado al tapicero.

—No en vano tengo algo de atleta. Otro se hubiera matado, pero yo sólo me di un golpe aquí... mirad. Me duele cuando lo toco, pero ya va pasando... No es más que una contusión.

Así pues, empezaron a vivir en su nuevo domicilio, en el que cuando por fin se acomodaron hallaron, como siempre sucede, que sólo les hacía falta una habitación más. Y aunque los nuevos ingresos, como siempre sucede, les venían un poquitín cortos (cosa de quinientos rublos) todo iba requetebién. Las cosas fueron especialmente bien al principio, cuando aún no estaba todo en su punto y quedaba algo por hacer:

comprar esto, encargar esto otro, cambiar aquello de sitio, ajustar lo de más allá. Aunque había algunas discrepancias entre marido y mujer, ambos estaban tan satisfechos y tenían tanto que hacer que todo aquello pasó sin broncas de consideración. Cuando ya nada quedaba por arreglar hubo una pizca de aburrimiento, como si a ambos les faltase algo, pero ya para entonces estaban haciendo amistades y creando rutinas, y su vida iba adquiriendo consistencia.

Iván Ilich pasaba la mañana en el juzgado y volvía a casa a la hora de comer. Al principio estuvo de buen humor, aunque a veces se irritaba un tanto a causa precisamente del nuevo alojamiento. (Cualquier mancha en el mantel, o en la tapicería, cualquier cordón roto de persiana, le sulfuraban; había trabajado tanto en la instalación que cualquier desperfecto le acongojaba.) Pero, en general, su vida transcurría como, según su parecer, la vida debía ser: cómoda, agradable y decorosa. Se levantaba a las nueve, tomaba café, leía el periódico, luego se ponía el uniforme y se iba al juzgado. Allí ya estaba dispuesto el yugo bajo el cual trabajaba, yugo que él se echaba de golpe encima: solicitantes, informes de cancillería, la cancillería misma y sesiones públicas y administrativas. En ello era preciso saber excluir todo aquello que, siendo fresco y vital, trastorna siempre el debido curso de los asuntos judiciales; era también preciso evitar toda relación que no fuese oficial y, por añadidura, de índole judicial. Por ejemplo, si llegase un individuo buscando informes acerca de algo, Iván Ilich, como funcionario en cuya jurisdicción no entrara el caso, no podría entablar relación alguna con ese individuo; ahora bien, si éste recurriese a él en su capacidad oficial —para algo, pongamos por caso, que pudiera expresarse en papel sellado—, Iván Ilich haría sin duda por él cuanto fuera posible dentro de ciertos límites, y al hacerlo mantendría con el individuo en cuestión la apariencia de amigables relaciones humanas, o sea, la apariencia de cortesía. Tan pronto como terminase la relación oficial terminaría también cualquier otro género de relación. Esta facultad de separar su vida oficial de su vida real la poseía Iván Ilich en grado sumo y, gracias a su larga experiencia y su talento, llegó a refinarla hasta el punto de que a veces, a la manera de un virtuoso, se permitía, casi como jugando, fundir la una con la otra. Se permitía tal cosa porque, de ser preciso, se sentía capaz de volver a separar lo oficial de lo humano, y hacía todo eso no sólo con facilidad, agrado y decoro, sino con virtuosismo. En los intervalos entre las sesiones del tribunal fumaba, tomaba té, charlaba un poco de política, un poco de temas generales, un poco de juegos de naipes, pero más que nada de nombramientos, y cansado, pero con las sensaciones de un virtuoso —uno de los primeros violines que ha ejecutado con precisión su parte en la orquesta— volvía a su casa, donde encontraba que su mujer y su hija habían salido a visitar a alguien, o que allí había algún visitante, y que su hijo había asistido a sus clases, preparaba sus lecciones con ayuda de sus tutores y estudiaba con ahínco lo que se enseña en los institutos. Todo iba a pedir de boca. Después de la comida, si no tenían visitantes, Iván Ilich leía a veces algún libro del que a la sazón se hablase mucho, y al anochecer se sentaba a trabajar, esto es, a leer documentos oficiales, consultar códigos, cotejar declaraciones de testigos y aplicarles la ley correspondiente. Ese trabajo no era ni aburrido ni divertido. Le parecía aburrido cuando hubiera podido estar jugando a las cartas; pero si no había partida, era mejor que estar mano sobre mano, o estar solo, o estar con su mujer. El mayor deleite de Iván Ilich era organizar pequeñas comidas a las que invitaba a hombres y mujeres de alta posición social, y al igual que su sala podía ser copia de otras salas, sus reuniones con tales personas podían ser copia de otras reuniones de la misma índole.

En cierta ocasión dieron un baile. Iván Ilich disfrutó de él y todo resultó bien, salvo que tuvo una áspera disputa con su mujer con motivo de las tartas y los dulces. Praskovya Fyodorovna había hecho sus propios preparativos, pero Iván Ilich insistió en pedirlo todo a un confitero de los caros y había encargado demasiadas tartas; y la disputa surgió cuando quedaron sin consumir algunas tartas y la cuenta del confitero ascendió a cuarenta y cinco rublos. La querella fue violenta y desagradable, tanto así que Praskovya Fyodorovna le llamó «imbécil y mentecato»; y él se agarró la cabeza con las manos y en un arranque de cólera hizo alusión al divorcio. Pero el baile había estado muy divertido. Había asistido gente de postín e Iván Ilich había bailado con la princesa Trufonova, hermana de la fundadora de la conocida sociedad «Comparte mi aflicción». Los deleites de su trabajo oficial eran deleites de la ambición; los deleites de su vida social eran deleites de la vanidad. Pero el mayor deleite de Iván Ilich era jugar al vint. Confesaba que al fin y al cabo, por desagradable que fuese cualquier incidente en su vida, el deleite que como un rayo de luz superaba a todos los demás era sentarse a jugar al vint con buenos jugadores que no fueran chillones, y en partida de cuatro, por supuesto (porque en la de cinco era molesto quedar fuera, aunque fingiendo que a uno no le importaba), y enzarzarse en una partida seria e inteligente (si las cartas lo permitían); y luego cenar y beberse un vaso de vino. Después de la partida, Iván Ilich, sobre todo si había ganado un poco (porque ganar mucho era desagradable), se iba a la cama con muy buena disposición de ánimo.

Así vivían. Se habían rodeado de un grupo social de alto nivel al que asistían personajes importantes y gente joven. En lo tocante a la opinión que tenían de esas amistades, marido, mujer e hija estaban de perfecto acuerdo y, sin disentir en lo más mínimo, se quitaban de encima a aquellos amigos y parientes de medio pelo que, con un sinfín de carantoñas, se metían volando en la sala de los platos japoneses en las paredes. Pronto esos amigos insignificantes cesaron de importunarles; sólo la gente más distinguida permaneció en el círculo de los Golovin.

Los jóvenes hacían la rueda a Liza, y el fiscal Petrischev, hijo de Dmitri Ivanovich Petrischev y heredero único de la fortuna de éste, empezó a cortejarla, al punto que Iván Ilich había hablado ya de ello con Praskovya Fyodorovna para decidir si convendría organizarles una excursión o una función teatral de aficionados.

Así vivían, pues. Y todo iba como una seda, agradablemente y sin cambios.

4

Todos disfrutaban de buena salud, porque no podía llamarse indisposición el que Iván Ilich dijera a veces que tenía un raro sabor de boca y un ligero malestar en el lado izquierdo del estómago.

Pero aconteció que ese malestar fue en aumento y, aunque todavía no era dolor, sí era una continua sensación de pesadez en ese lado, acompañada de mal humor. El mal humor, a su vez, fue creciendo y empezó a menoscabar la existencia agradable, cómoda y decorosa de la familia Golovin. Las disputas entre marido y mujer iban siendo cada vez más frecuentes, y pronto dieron al traste con el desahogo y deleite de esa vida. Aun el decoro mismo sólo a duras penas pudo mantenerse. Menudearon de nuevo los dimes y diretes. Sólo quedaban, aunque cada vez más raros, algunos islotes en que marido y mujer podían juntarse sin dar ocasión a un estallido.

Y Praskovya Fyodorovna se quejaba ahora, y no sin fundamento, de que su marido tenía muy mal genio. Con su típica propensión a exagerar las cosas decía que él había tenido siempre ese genio horrible y que sólo la buena índole de ella había podido aguantarlo veinte años. Cierto que quien iniciaba ahora las disputas era él, siempre al comienzo de la comida, a menudo cuando empezaba a tomar la sopa. A veces notaba que algún plato estaba descantillado, o que un manjar no estaba en su punto, o que su hijo ponía los codos en la mesa, o que el peinado de su hija no estaba como debía, y de todo ello echaba la culpa a Praskovya Fyodorovna. Al principio ella le contradecía y le contestaba con acritud, pero una o dos veces, al principio de la comida, Iván Ilich se encolerizó a tal punto que ella, comprendiendo que se trataba de un estado morboso provocado por la toma de alimentos, se contuvo; no contestó, sino que se apresuró a terminar de comer, considerando que su moderación tenía muchísimo mérito. Habiendo llegado a la conclusión de que Iván Ilich tenía un genio atroz y era la causa de su infortunio, empezó a compadecerse de sí misma; y cuanto más se compadecía, más odiaba a su marido. Empezó a desear que muriera, a la vez que no quería su muerte porque en tal caso cesaría su sueldo; y ello aumentaba su irritación contra él. Se consideraba terriblemente desgraciada porque ni siquiera la muerte de él podía salvarla, y aunque disimulaba su irritación, ese disimulo acentuaba aún más la irritación de él.

Después de una escena en la que Iván Ilich se mostró sobremanera injusto y tras la cual, por vía de explicación, dijo que, en efecto, estaba irritado, pero que ello se debía a que estaba enfermo, ella le dijo que, puesto que era así, tenía que ponerse en tratamiento, e insistió en que fuera a ver a un médico famoso, y él así lo hizo. Todo sucedió como lo había esperado; todo sucedió como siempre sucede. La espera, los aires de importancia que se daba el médico —que le eran conocidos por parecerse tanto a los que él se daba en el juzgado—, la palpación, la auscultación, las preguntas que exigían respuestas conocidas de antemano y evidentemente innecesarias, el semblante expresivo que parecía decir que «si usted, veamos, se somete a nuestro tratamiento, lo arreglaremos todo; sabemos perfecta e indudablemente cómo arreglarlo todo, siempre y del mismo modo para cualquier persona». Lo mismísimo que en el juzgado. El médico famoso se daba ante él los mismos aires que él, en el tribunal, se daba ante un acusado.

El médico dijo que tal—y—cual mostraba que el enfermo tenía tal—y—cual; pero que si el reconocimiento de tal—y—cual no lo confirmaba, entonces habría que suponer tal—o—cual. y que si se suponía tal—o—cual, entonces..., etc. Para Iván Ilich había sólo una pregunta importante, a saber: ¿era grave su estado o no lo era? Pero el médico esquivó esa indiscreta pregunta. Desde su punto de vista era una pregunta ociosa que no admitía discusión; lo importante era decidir qué era lo más probable: si riñón flotante, o catarro crónico o apendicitis. No era cuestión de la vida o la muerte de Iván Ilich, sino de si aquello era un riñón flotante o una apendicitis, y esa cuestión la decidió el médico de modo brillante —o así le pareció a Iván Ilich— a favor de la apendicitis, a reserva de que si el examen de la orina daba otros indicios habría que volver a considerar el caso. Todo ello era cabalmente lo que el propio Iván Ilich había hecho mil veces, y de modo igualmente brillante, con los procesados ante el tribunal. El médico resumió el caso de forma asimismo brillante, mirando al procesado triunfalmente, incluso gozosamente, por encima de los lentes. Del resumen del médico Iván Ilich sacó la conclusión de que las cosas iban mal, pero que al médico, y quizá a los demás, aquello les traía sin cuidado, aunque para él era un asunto funesto, y tal conclusión afectó a Iván Ilich lamentablemente, suscitando en él un profundo sentimiento de lástima hacia sí mismo y de profundo rencor por la indiferencia del médico ante cuestión tan importante. Pero no dijo nada. Se levantó, puso los honorarios del médico en la mesa y comentó suspirando:

—Probablemente nosotros los enfermos hacemos a menudo preguntas indiscretas. Pero dígame: ¿esta enfermedad es, en general, peligrosa o no?

El médico le miró severamente por encima de los lentes como para decirle: «Procesado, si no se atiene usted a las preguntas que se le hacen me veré obligado a expulsarle de la sala.»

—Ya le he dicho lo que considero necesario y conveniente. Veremos qué resulta de un análisis posterior —y el médico se inclinó.

Iván Ilich salió despacio, se sentó angustiado en su trineo y volvió a casa. Durante todo el camino no cesó de repasar mentalmente lo que había dicho el médico, tratando de traducir esas palabras complicadas, oscuras y científicas a un lenguaje sencillo y encontrar en ellas la respuesta a la pregunta: ¿Es grave lo que tengo? ¿Es muy grave o no lo es todavía? Y le parecía que el sentido de lo dicho por el médico era que la dolencia era muy grave. Todo lo que veía en las calles se le antojaba triste: tristes eran los coches de punto, tristes las casas, tristes los transeúntes, tristes las tiendas. El malestar que sentía, ese malestar sordo que no cesaba un momento, le parecía haber cobrado un nuevo y más grave significado a consecuencia de las oscuras palabras del médico. Iván Ilich lo observaba ahora con una nueva y opresiva atención.

Llegó a casa y empezó a contar a su mujer lo ocurrido. Ella le escuchaba, pero en medio del relato entró la hija con el sombrero puesto, lista para salir con su madre. La chica se sentó a regañadientes para oír la fastidiosa historia, pero no aguantó mucho. Su madre tampoco le escuchó hasta el final.

—Pues bien, me alegro mucho —dijo la mujer—. Ahora pon mucho cuidado en tomar la medicina con regularidad. Dame la receta y mandaré a Gerasim a la botica —y fue a vestirse para salir.

«Bueno —se dijo él—. Quizá no sea nada al fin y al cabo.»

Comenzó a tomar la medicina y a seguir las instrucciones del médico, que habían sido alteradas después del análisis de la orina. Pero he aquí que surgió una confusión entre ese análisis y lo que debía seguir a continuación. Fue imposible llegar hasta el médico y resultó, por consiguiente, que no se hizo lo que le había dicho éste. O lo había olvidado, o le había mentido u ocultado algo. Pero, en todo caso, Iván Ilich siguió cumpliendo las instrucciones y al principio obtuvo algún alivio de ello.

La principal ocupación de Iván Ilich desde su visita al médico fue el cumplimiento puntual de las instrucciones de éste en lo tocante a higiene y la toma de la medicina, así como la observación de su dolencia y de todas las funciones de su organismo. Su interés principal se centró en los padecimientos y la salud de otras personas. Cuando alguien hablaba en su presencia de enfermedades, muertes, o curaciones, especialmente cuando la enfermedad se asemejaba a la suya, escuchaba con una atención que procuraba disimular, hacía preguntas y aplicaba lo que oía a su propio caso.

No menguaba el dolor, pero Iván Ilich se esforzaba por creer que estaba mejor, y podía engañarse mientras no tuviera motivo de agitación. Pero tan pronto como surgía un lance desagradable con su mujer o algún fracaso en su trabajo oficial, o bien recibía malas cartas en elvint, sentía al momento el peso entero de su dolencia. Anteriormente podía sobrellevar esos reveses, esperando que pronto enderezaría lo torcido, vencería los obstáculos, obtendría el éxito y ganaría todas las bazas en la partida de cartas. Ahora, sin embargo, cada tropiezo le trastornaba y le sumía en la desesperación. Se decía: «Hay que ver: ya iba sintiéndome mejor, la medicina empezaba a surtir efecto, y ahora surge este maldito infortunio, o este incidente desagradable...» y se enfurecía contra ese infortunio o contra las personas que habían causado el incidente desagradable y que le estaban matando, porque pensaba que esa furia le mataba, pero no podía frenarla. Hubiérase podido creer que se daría cuenta de que esa irritación contra las circunstancias y las personas agravaría su enfermedad y que por lo tanto no debería hacer caso de los incidentes desagradables; pero sacaba una conclusión enteramenté contraria: decía que necesitaba sosiego, vigilaba todo cuanto pudiera estorbarlo y se irritaba ante la menor violación de ello. Su estado empeoraba con la lectura de libros de medicina y la consulta de médicos. Pero el empeoramiento era tan gradual que podía engañarse cuando comparaba un día con otro, ya que la diferencia era muy leve. Pero cuando consultaba a los médicos le parecía que empeoraba, e incluso muy rápidamente. Y, ello no obstante, los consultaba continuamente.

Ese mes fue a ver a otro médico famoso, quien le dijo casi lo mismo que el primero, pero a quien hizo preguntas de modo diferente. y la consulta con ese otro célebre facultativo sólo aumentó la duda y el espanto de Iván Ilich. El amigo de un amigo suyo —un médico muy bueno— facilitó por su parte un diagnóstico totalmente diferente del de los otros, y si bien pronosticó la curación, sus preguntas y suposiciones desconcertaron aún más a Iván Ilich e incrementaron sus dudas. Un homeópata, a su vez, diagnosticó la enfermedad de otro modo y recetó un medicamento que Iván Ilich estuvo tomando en secreto durante ocho días, al cabo de los cuales, sin experimentar mejoría alguna y habiendo perdido la confianza en los tratamientos anteriores y en éste, se sintió aún más deprimido. Un día una señora conocida suya le habló de la eficacia curativa de unas imágenes sagradas. Iván Ilich notó con sorpresa que estaba escuchando atentamente y empezaba a creer en ello. Ese incidente le amedrentó. «¿Pero es posible que esté ya tan débil de la cabeza?» —se preguntó—. «¡Tonterías! Eso no es más que una bobada. No debo ser tan aprensivo, y ya que he escogido a un médico tengo que ajustarme estrictamente a su tratamiento. Eso es lo que haré. Punto final. No volveré a pensar en ello y seguiré rigurosamente ese tratamiento hasta el verano. Luego ya veremos. De ahora en adelante nada de vacilaciones...» Fácil era decirlo, pero imposible llevarlo a cabo. El dolor del costado le atormentaba, parecía agravarse y llegó a ser incesante, el sabor de boca se hizo cada vez más extraño. Le parecía que su aliento tenía un olor repulsivo, a la vez que notaba pérdida de apetito y debilidad física. Era imposible engañarse: algo terrible le estaba ocurriendo, algo nuevo y más importante que lo más importante que hasta entonces había conocido en su vida. Y él era el único que lo sabía; los que le rodeaban no lo comprendían o no querían comprenderlo y creían que todo en este mundo iba como de costumbre. Eso era lo que más atormentaba a Iván Ilich. Veía que las gentes de casa, especialmente su mujer y su hija —quienes se movían en un verdadero torbellino de visitas— no entendían nada de lo que le pasaba y se enfadaban porque se mostraba tan deprimido y exigente, como si él tuviera la culpa de ello. Aunque trataban de disimularlo, él se daba cuenta de que era un estorbo para ellas y que su mujer había adoptado una concreta actitud ante su enfermedad y la mantenía a despecho de lo que él dijera o hiciese. Esa actitud era la siguiente:

—¿Saben ustedes? —decía a sus amistades—. Iván Ilich no hace lo que hacen otras personas, o sea, atenerse rigurosamente al tratamiento que le han impuesto. Un día toma sus gotas, come lo que le conviene y se acuesta a la hora debida; pero al día siguiente, si yo no estoy a la mira, se olvida de tomar la medicina, come esturión —que le está prohibido— y se sienta a jugar a las cartas hasta las tantas.

—¡Vamos, anda! ¿Y eso cuándo fue? —decía Iván Ilich, enfadado—. Sólo una vez, en casa de Pyotr Ivanovich.

—Y ayer en casa de Shebek.

—Bueno, en todo caso el dolor no me hubiera dejado dormir.

—Di lo que quieras, pero así no te pondrás nunca bien y seguirás fastidiándonos.

La actitud evidente de Praskovya Fyodorovna, según la manifestaba a otros y al mismo Iván Ilich, era la de que éste tenía la culpa de su propia enfermedad, con la cual imponía una molestia más a su esposa. Él opinaba que esa actitud era involuntaria, pero no por eso era menor su aflicción.

En los tribunales Iván Ilich notó, o creyó notar, la misma extraña actitud hacia él: a veces le parecía que la gente le observaba como a quien pronto dejaría vacante su cargo. A veces también sus amigos se burlaban amistosamente de su aprensión, como si la cosa atroz, horrible, inaudita, que llevaba dentro, la cosa que le roía sin cesar y le arrastraba irremisiblemente hacia Dios sabe dónde, fuera tema propicio a la broma. Schwartz, en particular, le irritaba con su jocosidad, desenvoltura y agudeza, cualidades que le recordaban lo que él mismo había sido diez años antes.

Llegaron los amigos a echar una partida y tomaron asiento. Dieron las cartas, sobándolas un poco porque la baraja era nueva, él apartó los oros y vio que tenía siete. Su compañero de juego declaró «sin—triunfos» y le apoyó con otros dos oros. ¿Qué más se podía pedir? La cosa iba a las mil maravillas. Darían capote. Pero de pronto Iván Ilich sintió ese dolor agudo, ese mal sabor de boca, y le pareció un tanto ridículo alegrarse de dar capote en tales condiciones.

Miró a su compañero de juego Mihail Mihailovich. Éste dio un fuerte golpe en la mesa con la mano y, en lugar de recoger la baza, empujó cortés y compasivamente las cartas hacia Iván Ilich para que éste pudiera recogerlas sin alargar la mano. «¿Es que se cree que estoy demasiado débil para estirar el brazo?», pensó Iván Ilich, y olvidando lo que hacía sobrepujó los triunfos de su compañero y falló dar capote por tres bazas. Lo peor fue que notó lo molesto que quedó Mihail Mihailovich y lo poco que a él le importaba. Y era atroz darse cuenta de por qué no le importaba.

Todos vieron que se sentía mal y le dijeron: «Podemos suspender el juego si está usted cansado. Descanse.» ¿Descansar? No, no estaba cansado en lo más mínimo; terminarían la mano. Todos estaban sombríos y callados. Iván Ilich tenía la sensación de que era él la causa de esa tristeza y mutismo y de que no podía despejarlas. Cenaron y se fueron. Iván Ilich se quedó solo, con la conciencia de que su vida estaba emponzoñada y empozoñaba la vida de otros, y de que esa ponzoña no disminuía, sino que penetraba cada vez más en sus entrañas.

Y con esa conciencia, junto con el sufrimiento físico y el terror, tenía que meterse en la cama, permaneciendo a menudo despierto la mayor parte de la noche. Y al día siguiente tenía que levantarse, vestirse, ir a los tribunales, hablar, escribir; o si no salía, quedarse en casa esas veinticuatro horas del día, cada una de las cuales era una tortura. Y vivir así, solo, al borde de un abismo, sin nadie que le comprendiese ni se apiadase de él.

5

Así pasó un mes y luego otro. Poco antes de Año Nuevo llegó a la ciudad su cuñado y se instaló en casa de ellos. Iván Ilich estaba en el juzgado. Praskovya Fyodorovna había salido de compras. Cuando Iván Ilich volvió a casa y entró en su despacho vio en él a su cuñado, hombre sano, de tez sanguínea, que estaba deshaciendo su maleta. Levantó la cabeza al oír los pasos de Iván Ilich y le miró un momento sin articular palabra. Esa mirada fue una total revelación para Iván Ilich. El cuñado abrió la boca para lanzar una exclamación de sorpresa, pero se contuvo, gesto que lo confirmó todo.

—Estoy cambiado, ¿eh?
—Sí... hay un cambio.

Y si bien Iván Ilich trató de hablar de su aspecto físico con su cuñado, éste guardó silencio. Llegó Praskovya Fyodorovna y el cuñado salió a verla. Iván Ilich cerró la puerta con llave y empezó a mirarse en el espejo, primero de frente, luego de lado. Cogió un retrato en que figuraban él y su mujer y lo comparó con lo que veía en el espejo. El cambio era enorme. Luego se remangó los brazos hasta el codo, los miró, se sentó en la otomana y se sintió más negro que la noche.

«¡No, no se puede vivir así!» —se dijo, y levantándose de un salto fue a la mesa, abrió un expediente y empezó a leerlo, pero no pudo seguir. Abrió la puerta y entró en el salón. La puerta que daba a la sala estaba abierta. Se acercó a ella de puntillas y se puso a escuchar.

—No. Tú exageras —decía Praskovya Fyodorovna.
—¿Cómo que exagero? ¿Es que no ves que es un muerto? Mírale los ojos... no hay luz en ellos. ¿Pero qué es lo que tiene?
—Nadie lo sabe. Nikolayev (que era otro médico) dijo algo, pero no sé lo que es. Y Leschetitski (otro galeno famoso) dijo lo contrario...

Iván Ilich se apartó de allí, fue a su habitación, se acostó y se puso a pensar: «El riñón, un riñón flotante.» Recordó todo lo que habían dicho los médicos: cómo se desprende el riñón y se desplaza de un lado para otro. Y a fuerza de imaginación trató de apresar ese riñón, sujetarlo y dejarlo fijo en un sitio; «y es tan poco —se decía— lo que se necesita para ello. No. Iré una vez más a ver a Pyotr Ivanovich». (Éste era el amigo cuyo amigo era médico.) Tiró de la campanilla, pidió el coche y se aprestó a salir.

—¿A dónde vas, Jean? —preguntó su mujer con expresión especialmente triste y acento insólitamente bondadoso.

Ese acento insólitamente bondadoso le irritó. Él la miró sombríamente.

—Debo ir a ver a Pyotr Ivanovich.

Fue a casa de Pyotr Ivanovich y, acompañado de éste, fue a ver a su amigo el médico. Lo encontraron en casa e Iván Ilich habló largamente con él. Repasando los detalles anatómicos y fisiológicos de lo que, en opinión del médico, ocurría en su cuerpo, Iván Ilich lo comprendió todo. Había una cosa, una cosa pequeña, en el apéndice vermiforme. Todo eso podría remediarse. Estimulando la energía de un órgano y frenando la actividad de otro se produciría una absorción y todo quedaría resuelto.

Llegó un poco tarde a la comida. Mientras comía, estuvo hablando amigablemente, pero durante largo rato no se resolvió a volver al trabajo en su cuarto. Por fin, volvió al despacho y se puso a trabajar. Estuvo leyendo expedientes, pero la conciencia de haber dejado algo aparte, un asunto importante e íntimo al que tendría que volver cuando terminase su trabajo, no le abandonaba. Cuando terminó su labor recordó que ese asunto íntimo era la cuestión del apéndice vermiforme. Pero no se rindió a ella, sino que fue a tomar el té a la sala. Había visitantes charlando, tocando el piano y cantando; estaba también el juez de instrucción, apetecible novio de su hija. Como hizo notar Praskovya Fyodorovna, Iván Ilich pasó la velada más animado que otras veces, pero sin olvidarse un momento de que había aplazado la cuestión importante del apéndice vermiforme. A las once se despidió y pasó a su habitación. Desde su enfermedad dormía solo en un cuarto pequeño contiguo a su despacho. Entró en él, se desnudó y tomó una novela de Zola, pero no la leyó, sino que se dio a pensar, y en su imaginación efectuó la deseada corrección del apéndice vermiforme. Se produjo la absorción, la evacuación, el restablecimiento de la función normal. «Sí, así es, efectivamente —se dijo—. Basta con ayudar a la naturaleza.» Se acordó de su medicina, se levantó, la tomó, se acostó boca arriba, acechando cómo la medicina surtía sus benéficos efectos y eliminaba el dolor. «Sólo hace falta tomarla con regularidad y evitar toda influencia perjudicial; ya me siento un poco mejor, mucho mejor.» Empezó a palparse el costado; el contacto no le hacía daño. «Sí, no lo siento; de veras que estoy mucho mejor.» Apagó la bujía y se volvió de lado... El apéndice vermiforme iba mejor, se producía la absorción. De repente sintió el antiguo, conocido, sordo, corrosivo dolor, agudo y contumaz como siempre; el consabido y asqueroso sabor de boca. Se le encogió el corazón y se le enturbió la mente. «¡Dios mío, Dios mío! —murmuró entre dientes—. ¡Otra vez, otra vez! ¡Y no cesa nunca!» Y de pronto el asunto se le presentó con cariz enteramente distinto. «¡El apéndice vermiforme! ¡El riñón! —dijo para sus adentros—. No se trata del apéndice o del riñón, sino de la vida y... la muerte. Sí, la vida estaba ahí y ahora se va, se va, y no puedo retenerla. Sí. ¿De qué sirve engañarme? ¿Acaso no ven todos, menos yo, que me estoy muriendo, y que sólo es cuestión de semanas, de días... quizá ahora mismo? Antes había luz aquí y ahora hay tinieblas. Yo estaba aquí, y ahora voy allá. ¿A dónde?» Se sintió transido de frío, se le cortó el aliento, y sólo percibía el golpeteo de su corazón.

«Cuando yo ya no exista, ¿qué habrá? No habrá nada. Entonces ¿dónde estaré cuando ya no exista? ¿Es esto morirse? No, no quiero.» Se incorporó de un salto, quiso encender la bujía, la buscó con manos trémulas, se le escapó al suelo junto con la palmatoria, y él se dejó caer de nuevo sobre la almohada.

«¿Para qué? Da lo mismo —se dijo, mirando la oscuridad con ojos muy abiertos—. La muerte. Sí, la muerte. Y ésos no lo saben ni quieren saberlo, y no me tienen lástima. Ahora están tocando el piano. (Oía a través de la puerta el sonido de una voz y su acompañamiento.) A ellos no les importa, pero también morirán. ¡Idiotas! Yo primero y luego ellos, pero a ellos les pasará lo mismo. Y ahora tan contentos... ¡los muy bestias!» La furia le ahogaba y se sentía atormentado, intolerablemente afligido. Era imposible que todo ser humano estuviese condenado a sufrir ese horrible espanto. Se incorporó.

«Hay algo que no va bien. Necesito calmarme; necesito repasarlo todo mentalmente desde el principio.» Y, en efecto, se puso a pensar. «Sí, el principio de la enfermedad. Me di un golpe en el costado, pero estuve bien ese día y el siguiente. Un poco molesto y luego algo más. Más tarde los médicos, luego tristeza y abatimiento. Vuelta a los médicos, y seguí acercándome cada vez más al abismo. Fui perdiendo fuerzas. Más cerca cada vez. Y ahora estoy demacrado y no tengo luz en los ojos. Pienso en el apéndice, pero esto es la muerte. Pienso en corregir el apéndice, pero mientras tanto aquí está la muerte. ¿De veras que es la muerte?» El espanto se apoderó de él una vez más, volvió a jadear, se agachó para buscar los fósforos, apoyando el codo en la mesilla de noche. Como ésta le estorbaba y le hacía daño, se encolerizó con ella, se apoyó en ella con más fuerza y la volcó. Y desesperado, respirando con fatiga, se dejó caer de espaldas, esperando que la muerte llegase al momento.

Mientras tanto, los visitantes se marchaban. Praskovya Fyodorovna los acompañó a la puerta. Ella oyó caer algo y entró.

—¿Qué te pasa?

—Nada. Que la he derribado sin querer.

Su esposa salió y volvió con una bujía. Él seguía acostado boca arriba, respirando con rapidez y esfuerzo como quien acaba de correr un buen trecho y levantando con fijeza los ojos hacia ella.

—¿Qué te pasa, Jean?

—Na...da. La he de...rri...bado. (¿Para qué hablar de ello? No lo comprenderá —pensó.)

Y, en verdad, ella no comprendía. Levantó la mesilla de noche, encendió la bujía de él y salió de prisa porque otro visitante se despedía. Cuando volvió, él seguía tumbado de espaldas, mirando el techo.

—¿Qué te pasa? ¿Estás peor?

—Sí.

Ella sacudió la cabeza y se sentó.

—¿Sabes, Jean? Me parece que debes pedir a Leschetitski que venga a verte aquí.

Ello significaba solicitar la visita del médico famoso sin cuidarse de los gastos. Él sonrió maliciosamente y dijo: «No.» Ella permaneció sentada un ratito más y luego se acercó a él y le dio un beso en la frente.

Mientras ella le besaba, él la aborrecía de todo corazón; y tuvo que hacer un esfuerzo para no apartarla de un empujón.

—Buenas noches. Dios quiera que duermas.

—Sí.

6

Iván Ilich vio que se moría y su desesperación era continua. En el fondo de su ser sabía que se estaba muriendo, pero no sólo no se habituaba a esa idea, sino que sencillamente no la comprendía ni podía comprenderla.

El silogismo aprendido en la Lógica de Kiezewetter: «Cayo es un ser humano, los seres humanos son mortales, por consiguiente Cayo es mortal», le había parecido legítimo únicamente con relación a Cayo, pero de ninguna manera con relación a sí mismo. Que Cayo —ser humano en abstracto— fuese mortal le parecía enteramente justo; pero él no era Cayo, ni era un hombre abstracto, sino un hombre concreto, una criatura distinta de todas las demás: él había sido el pequeño Vanya para su papá y su mamá, para Mitya y Volodya, para sus juguetes, para el cochero y la niñera, y más tarde para Katenka, con todas las alegrías y tristezas y todos los entusiasmos de la infancia, la adolescencia y la juventud. ¿Acaso Cayo sabía algo del olor de la pelota de cuero de rayas que tanto gustaba a Vanya? ¿Acaso Cayo besaba de esa manera la mano de su madre? ¿Acaso el frufrú del vestido de seda de ella le sonaba a Cayo de ese modo? ¿Acaso se había rebelado éste contra las empanadillas que servían en la facultad? ¿Acaso Cayo se había enamorado así? ¿Acaso Cayo podía presidir una sesión como él la presidía?

Cayo era efectivamente mortal y era justo que muriese, pero «en mi caso —se decía—, en el caso de Vanya, de Iván Ilich, con todas mis ideas y emociones, la cosa es bien distinta. y no es posible que tenga que morirme. Eso sería demasiado horrible».

Así se lo figuraba. «Si tuviera que morir como Cayo, habría sabido que así sería; una voz interior me lo habría dicho; pero nada de eso me ha ocurrido. Y tanto yo como mis amigos entendimos que nuestro caso no tenía nada que ver con el de Cayo. ¡Y ahora se presenta esto! —se dijo—. ¡No puede ser! ¡No puede ser, pero es! ¿Cómo es posible? ¿Cómo entenderlo?»

Y no podía entenderlo. Trató de ahuyentar aquel pensamiento falso, inicuo, morboso, y poner en su lugar otros pensamientos saludables y correctos. Pero aquel pensamiento —y más que pensamiento la realidad misma— volvía una vez tras otra y se encaraba con él.

Y para desplazar ese pensamiento convocó toda una serie de otros, con la esperanza de encontrar apoyo en ellos. Intentó volver al curso de pensamientos que anteriormente le habían protegido contra la idea de la muerte. Pero —cosa rara— todo lo que antes le había servido de escudo, todo cuanto le había ocultado, suprimido, la conciencia de la muerte, no producía ahora efecto alguno. Últimamente Iván Ilich pasaba gran parte del tiempo en estas tentativas de reconstruir el curso previo de los pensamientos que le protegían de la muerte. A veces se decía: «Volveré a mi trabajo, porque al fin y al cabo vivía de él.» Y apartando de sí toda duda, iba al juzgado, entablaba conversación con sus colegas y, según costumbre, se sentaba distraído, contemplaba meditabundo a la multitud, apoyaba los enflaquecidos brazos en los del sillón de roble, y, recogiendo algunos papeles, se inclinaba hacia un colega, también según costumbre, murmuraba algunas palabras con él, y luego, levantando los ojos e irguiéndose en el sillón, pronunciaba las consabidas palabras y daba por abierta la sesión. Pero de pronto, en medio de ésta, su dolor de costado, sin hacer caso en qué punto se hallaba la sesión, iniciaba su propia labor corrosiva. Iván Ilich concentraba su atención en ese dolor y trataba de apartarlo de sí, pero el dolor proseguía su labor, aparecía, se levantaba ante él y le miraba. Y él quedaba petrificado, se le nublaba la luz de los ojos, y comenzaba de nuevo a preguntarse: «¿Pero es que sólo este dolor es verdad?» y sus colegas y subordinados veían con sorpresa y amargura que él, juez brillante y sutil, se embrollaba y equivocaba. Él se estremecía, procuraba volver en su acuerdo, llegar de algún modo al final de la sesión y volverse a casa con la triste convicción de que sus funciones judiciales ya no podían ocultarle, como antes ocurría, lo que él quería ocultar; que esas labores no podían librarle de aquello. y lo peor de todo era que aquello atraía su atención hacia sí, no para que él tomase alguna medida, sino sólo para que él lo mirase fijamente, cara a cara, lo mirase sin hacer nada y sufriese lo indecible.

Y para librarse de esa situación, Iván Ilich buscaba consuelo ocultándose tras otras pantallas, y, en efecto, halló nuevas pantallas que durante breve tiempo parecían salvarle, pero que muy pronto se vinieron abajo o, mejor dicho, se tomaron transparentes, como si aquellolas penetrase y nada pudiese ponerle coto.

En estos últimos tiempos solía entrar en la sala que él mismo había arreglado —la sala en que había tenido la caída y a cuyo acondicionamiento, ¡qué amargamente ridículo era pensarlo!, había sacrificado su vida—, porque él sabía que su dolencia había empezado con aquel golpe. Entraba y veía que algo había hecho un rasguño en la superficie barnizada de la mesa. Buscó la causa y encontró que era el borde retorcido del adorno de bronce de un álbum. Cogía el costoso álbum, que él mismo había ordenado pulcramente, y se enojaba por la negligencia de su hija y los amigos de ésta —bien porque el álbum estaba roto por varios sitios o bien porque las fotografías estaban del revés. Volvía a arreglarlas debidamente y a enderezar el borde del adorno.

Luego se le ocurría colocar todas esas cosas en otro rincón de la habitación, junto a las plantas. Llamaba a un criado, pero quienes venían en su ayuda eran su hija o su esposa. Éstas no estaban de acuerdo, le contradecían, y él discutía con ellas y se enfadaba. Pero eso estaba bien, porque mientras tanto no se acordaba de aquello, aquello era invisible.

Pero cuando él mismo movía algo su mujer le decía: «Deja que lo hagan los criados. Te vas a hacer daño otra vez.» y de pronto aquello aparecía a través de la pantalla y él lo veía. Era una aparición momentánea y él esperaba que se esfumara, pero sin querer prestaba atención a su costado. «Está ahí continuamente, royendo como siempre.» y ya no podía olvidarse de aquello, que le miraba abiertamente desde detrás de las plantas. ¿A qué venía todo eso? «Y es cierto que fue aquí, por causa de esta cortina, donde perdí la vida, como en el asalto a una fortaleza. ¿De veras? ¡Qué horrible y qué estúpido! ¡No puede ser verdad! ¡No puede serlo, pero lo es!»

Fue a su despacho, se acostó y una vez más se quedó solo con aquello: de cara a cara con aquello. Y no había nada que hacer, salvo mirarlo y temblar.

7

Imposible es contar cómo ocurrió la cosa, porque vino paso a paso, insensiblemente, pero en el tercer mes de la enfermedad de Iván Ilich, su mujer, su hija, su hijo, los conocidos de la familia, la servidumbre, los médicos y, sobre todo él mismo, se dieron cuenta de que el único interés que mostraba consistía en si dejaría pronto vacante su cargo, libraría a los demás de las molestias que su presencia les causaba y se libraría a sí mismo de sus padecimientos.

Cada vez dormía menos. Le daban opio y empezaron a ponerle inyecciones de morfina. Pero ello no le paliaba el dolor. La sorda congoja que sentía durante la somnolencia le sirvió de alivio sólo al principio, como cosa nueva, pero luego llegó a ser tan torturante como el dolor mismo, o aún más que éste.

Por prescripción del médico le preparaban una alimentación especial, pero también ésta le resultaba cada vez más insulsa y repulsiva.

Para las evacuaciones también se tomaron medidas especiales, cada una de las cuales era un tormento para él: el tormento de la inmundicia, la indignidad y el olor, así como el de saber que otra persona tenía que participar en ello.

Pero fue cabalmente en esa desagradable función donde Iván Ilich halló consuelo. Gerasim, el ayudante del mayordomo, era el que siempre venía a llevarse los excrementos. Gerasim era un campesino joven, limpio y lozano, siempre alegre y espabilado, que había engordado con las comidas de la ciudad. Al principio la presencia de este individuo, siempre vestido pulcramente a la rusa, que hacía esa faena repugnante perturbaba a Iván Ilich.

En una ocasión en que éste, al levantarse del orinal, sintió que no tenía fuerza bastante para subirse el pantalón, se desplomó sobre un sillón blando y miró con horror sus muslos desnudos y enjutos, perfilados por músculos impotentes.

Entró Gerasim con paso firme y ligero, esparciendo el grato olor a brea de sus botas recias y el fresco aire invernal, con mandil de cáñamo y limpia camisa de percal de mangas remangadas sobre sus fuertes y juveniles brazos desnudos, y sin mirar a Iván Ilich —por lo visto para no agraviarle con el gozo de vivir que brillaba en su rostro— se acercó al orinal.

—Gerasim —dijo Iván Ilich con voz débil.

Gerasim se estremeció, temeroso al parecer de haber cometido algún desliz, y con gesto rápido volvió hacia el enfermo su cara fresca, bondadosa, sencilla y joven, en la que empezaba a despuntar un atisbo de barba.

—¿Qué desea el señor?

—Esto debe de serte muy desagradable. Perdóname. No puedo valerme.

—Por Dios, señor —y los ojos de Gerasim brillaron al par que mostraba sus brillantes dientes blancos—. No es apenas molestia. Es porque está usted enfermo.

Y con manos fuertes y hábiles hizo su acostumbrado menester y salió de la habitación con paso liviano. Al cabo de cinco minutos volvió con igual paso.

Iván Ilich seguía sentado en el sillón.

—Gerasim —dijo cuando éste colocó en su sitio el utensilio ya limpio y bien lavado—, por favor ven acá y ayúdame—. Gerasim se acercó a él.

— Levántame. Me cuesta mucho trabajo hacerlo por mí mismo y le dije a Dmitri que se fuera.

Gerasim fue a su amo, le agarró a la vez con fuerza y destreza —lo mismo que cuando andaba—le alzó hábil y suavemente con un brazo, y con el otro le levantó el pantalón y quiso sentarle, pero Iván Ilich le dijo que le llevara al sofá. Gerasim, sin hacer esfuerzo ni presión al parecer, le condujo casi en vilo al sofá y le depositó en él.

—Gracias. ¡Qué bien y con cuánto tino lo haces todo! Gerasim sonrió de nuevo y se dispuso a salir, pero Iván Ilich se sentía tan a gusto con él que no quería que se fuera.

—Otra cosa. Acerca, por favor, esa silla. No, la otra, y ponmela debajo de los pies. Me siento mejor cuando tengo los pies levantados.

Gerasim acercó la silla, la colocó suavemente en el sitio a la vez que levantaba los pies de Iván Ilich y los ponía en ella. A éste le parecía sentirse mejor cuando Gerasim le tenía los pies en alto.

—Me siento mejor cuando tengo los pies levantados —dijo Iván Ilich—. Ponme ese cojín debajo de ellos.

Gerasim así lo hizo. De nuevo le levantó los pies y volvió a depositarlos. De nuevo Iván Ilich se sintió mejor mientras Gerasim se los levantaba. Cuando los bajó, a Iván Ilich le pareció que se sentía peor.

—Gerasim —dijo—, ¿estás ocupado ahora?

—No, señor, en absoluto —respondió Gerasim, que de los criados de la ciudad había aprendido cómo hablar con los señores.

—¿Qué tienes que hacer todavía?

—¿Que qué tengo que hacer? Ya lo he hecho todo, salvo cortar leña para mañana.

—Entonces levántame las piernas un poco más, ¿puedes?

—¡Cómo no he de poder! —Gerasim levantó aún más las piernas de su amo, y a éste le pareció que en esa postura no sentía dolor alguno.

—¿Y qué de la leña?

—No se preocupe el señor. Hay tiempo para ello.

Iván Ilich dijo a Gerasim que se sentara y le tuviera los pies levantados y empezó a hablar con él. Y, cosa rara, le parecía sentirse mejor mientras Gerasim le tenía levantadas las piernas.

A partir de entonces Iván Ilich llamaba de vez en cuando a Gerasim, le ponía las piernas sobre los hombros y gustaba de hablar con él. Gerasim hacía todo ello con tiento y sencillez, y de tan buena gana y con tan notable afabilidad que conmovía a su amo. La salud, la fuerza y la vitalidad de otras personas ofendían a Iván Ilich; únicamente la energía y la vitalidad de Gerasim no le mortificaban; al contrario, le servían de alivio.

El mayor tormento de Iván Ilich era la mentira, la mentira que por algún motivo todos aceptaban, según la cual él no estaba muriéndose, sino que sólo estaba enfermo, y que bastaba con que se mantuviera tranquilo y se atuviera a su tratamiento para que se pusiera bien del todo. Él sabía, sin embargo, que hiciesen lo que hiciesen nada resultaría de ello, salvo padecimientos aún más agudos y la muerte. Y le atormentaba esa mentira, le atormentaba que no quisieran admitir que todos ellos sabían que era mentira y que él lo sabía también, y que le mintieran acerca de su horrible estado y se aprestaran —más aún, le obligaran— a participar en esa mentira. La mentira —esa mentira perpetrada sobre él en vísperas de su muerte— encaminada a rebajar el hecho atroz y solemne de su muerte al nivel de las visitas, las cortinas, el esturión de la comida... era un horrible tormento para Iván Ilich. Y, cosa extraña, muchas veces cuando se entregaban junto a él a esas patrañas estuvo a un pelo de gritarles: «¡Dejad de mentir! ¡Vosotros bien sabéis, y yo sé, que me estoy muriendo! ¡Conque al menos dejad de mentir!» Pero nunca había tenido arranque bastante para hacerlo. Veía que el hecho atroz, horrible, de su gradual extinción era reducido por cuantos le rodeaban al nivel de un incidente casual, en parte indecoroso (algo así como si un individuo entrase en una sala esparciendo un mal olor), resultado de ese mismo «decoro» que él mismo había practicado toda su vida. Veía que nadie se compadecía de él, porque nadie quería siquiera hacerse cargo de su situación. Únicamente Gerasim se hacía cargo de ella y le tenía lástima; y por eso Iván Ilich se sentía a gusto sólo con él. Se sentía a gusto cuando Gerasim pasaba a veces la noche entera sosteniéndole las piernas, sin querer ir a acostarse, diciendo: «No se preocupe, Iván Ilich, que dormiré más tarde.» O cuando, tuteándole, agregaba: «Si no estuvieras enfermo, sería distinto, ¿pero qué más da un poco de ajetreo?» Gerasim era el único que no mentía, y en todo lo que hacía mostraba que comprendía cómo iban las cosas y que no era necesario ocultarlas, sino sencillamente tener lástima a su débil y demacrado señor. Una vez, cuando Iván Ilich le decía que se fuera, incluso llegó a decide:

—Todos tenemos que morir. ¿Por qué no habría de hacer algo por usted? —expresando así que no consideraba oneroso su esfuerzo porque lo hacía por un moribundo y esperaba que alguien hiciera lo propio por él cuando llegase su hora.

Además de esas mentiras, o a causa de ellas, lo que más torturaba a Iván Ilich era que nadie se compadeciese de él como él quería. En algunos instantes, después de prolongados sufrimientos, lo que más anhelaba —aunque le habría dado vergüenza confesarlo— era que alguien le tuviese lástima como se le tiene lástima a un niño enfermo. Quería que le acariciaran, que le besaran, que lloraran por él, como se acaricia y consuela a los niños. Sabía que era un alto funcionario, que su barba encanecía y que, por consiguiente, ese deseo era imposible; pero, no obstante, ansiaba todo eso, y en sus relaciones con Gerasim había algo semejante a ello, por lo que esas relaciones le servían de alivio. Iván Ilich quería llorar, quería que le mimaran y lloraran por él, y he aquí que cuando llegaba su colega Shebek, en vez de llorar y ser mimado, Iván Ilich adoptaba un semblante serio, severo, profundo y, por fuerza de la costumbre, expresaba su opinión acerca de una sentencia del Tribunal de Casación e insistía porfiadamente en ella. Esa mentira en torno suyo y dentro de sí mismo emponzoñó más que nada los últimos días de la vida de Iván Ilich.

8

Era por la mañana. Sabía que era por la mañana sólo porque Gerasim se había ido y el lacayo Pyotr había entrado, apagado las bujías, descorrido una de las cortinas y empezado a poner orden en la habitación sin hacer ruido. Nada importaba que fuera mañana o tarde, viernes o domingo, ya que era siempre igual: el dolor acerado, torturante, que no cesaba un momento; la conciencia de una vida que se escapaba inexorablemente, pero que no se extinguía; la proximidad de esa horrible y odiosa muerte, única realidad; y siempre esa mentira. ¿Qué significaban días, semanas, horas, en tales circunstancias?

—¿Tomará té el señor? «Necesita que todo se haga debidamente y quiere que los señores tomen su té por la mañana» —pensó Iván Ilich y sólo dijo:

—No.

—¿No desea el señor pasar al sofá? «Necesita arreglar la habitación y le estoy estorbando. Yo soy la suciedad y el desorden» —pensaba, y sólo dijo:

—No. Déjame.

El criado siguió removiendo cosas. Iván Ilich alargó la mano. Pyotr se acercó servicialmente.

—¿Qué desea el señor?

—Mi reloj.

Pyotr cogió el reloj, que estaba al alcance de la mano, y se lo dio a su amo.

—Las ocho y media. ¿No se han levantado todavía?

—No, señor, salvo Vasili Ivanovich (el hijo) que ya se ha ido a clase. Praskovya Fyodorovna me ha mandado despertarla si el señor preguntaba por ella. ¿Quiere que lo haga?

—No. No hace falta. —«Quizá debiera tomar té», se dijo—. Sí, tráeme té.

Pyotr se dirigió a la puerta, pero a Iván Ilich le aterraba quedarse solo. «¿Cómo retenerle aquí? Sí, con la medicina.»

—Pyotr, dame la medicina. —«Quizá la medicina me ayude todavía». Tomó una cucharada y la sorbió. «No, no me ayuda. Todo esto no es más que una bobada, una superchería —decidió cuando se dio cuenta del conocido, empalagoso e irremediable sabor. No, ahora ya no puedo creer en ello. Pero el dolor, ¿por qué este dolor? ¡Si al menos cesase un momento!»

Y lanzó un gemido. Pyotr se volvió para mirarle.

—No. Anda y tráeme el té.

Salió Pyotr. Al quedarse solo, Iván Ilich empezó a gemir, no tanto por el dolor físico, a pesar de lo atroz que era, como por la congoja mental que sentía. «Siempre lo mismo, siempre estos días y estas noches interminables. ¡Si viniera más de prisa! ¿Si viniera qué más de prisa? ¿La muerte, la tiniebla? ¡No, no! ¡Cualquier cosa es mejor que la muerte!»

Cuando Pyotr volvió con el té en una bandeja, Iván Ilich le estuvo mirando perplejo un rato, sin comprender quién o qué era. A Pyotr le turbó esa mirada y esa turbación volvió a Iván Ilich en su acuerdo.

—Sí —dijo—, el té... Bien, ponlo ahí. Pero ayúdame a lavarme y ponerme una camisa limpia.

E Iván Ilich empezó a lavarse. Descansando de vez en cuando se lavó las manos, la cara, se limpió los dientes, se peinó y se miró en el espejo. Le horrorizó lo que vio. Le horrorizó sobre todo ver cómo el pelo se le pegaba, lacio, a la frente pálida.

Cuando le cambiaban de camisa se dio cuenta de que sería mayor su horror si veía su cuerpo, por lo que no lo miró. Por fin acabó aquello. Se puso la bata, se arropó en una manta y se sentó en el sillón para tomar el té. Durante un momento se sintió más fresco, pero tan pronto como empezó a sorber el té volvió el mismo mal sabor y el mismo dolor. Concluyó con dificultad de beberse el té, se acostó estirando las piernas y despidió a Pyotr.

Siempre lo mismo. De pronto brilla una chispa de esperanza, luego se encrespa furioso un mar de desesperación, y siempre dolor, siempre dolor, siempre congoja y siempre lo mismo. Cuando se quedaba solo y horriblemente angustiado sentía el deseo de llamar a alguien, pero sabía de antemano que delante de otros sería peor. «Otra dosis de morfina —y perder el conocimiento—. Le diré al médico que piense en otra cosa. Es imposible, imposible, seguir así.»

De ese modo pasaba una hora, luego otra. Pero entonces sonaba la campanilla de la puerta. Quizá sea el médico. En efecto, es el médico, fresco, animoso, rollizo, alegre, y con ese aspecto que parece decir: «¡Vaya, hombre, está usted asustado de algo, pero vamos a remediarlo sobre la marcha!» El médico sabe que ese su aspecto no sirve de nada aquí, pero se ha revestido de él de una vez por todas y no puede desprenderse de él, como hombre que se ha puesto el frac por la mañana para hacer visitas.

El médico se lava las manos vigorosamente y con aire tranquilizante.

—¡Huy, qué frío! La helada es formidable. Deje que entre un poco en calor —dice, como si bastara sólo esperar a que se calentase un poco para arreglarlo todo—. Bueno, ¿cómo va eso?

Iván Ilich tiene la impresión de que lo que el médico quiere decir es «¿cómo va el negocio?», pero que se da cuenta de que no se puede hablar así, y en vez de eso dice: «¿Cómo ha pasado la noche?»

Iván Ilich le mira como preguntando: «¿Pero es que usted no se avergüenza nunca de mentir?» El médico, sin embargo, no quiere comprender la pregunta, e Iván Ilich dice:

—Tan atrozmente como siempre. El dolor no se me quita ni se me calma. Si hubiera algo...

—Sí, ustedes los enfermos son siempre lo mismo. Bien, ya me parece que he entrado en calor. Incluso Praskovya Fyodorovna, que es siempre tan escrupulosa, no tendría nada que objetar a mi temperatura. Bueno, ahora puedo saludarle —y el médico estrecha la mano del enfermo.

Y abandonando la actitud festiva de antes, el médico empieza con semblante serio a reconocer al enfermo, a tomarle el pulso y la temperatura, y luego a palparle y auscultarle.

Iván Ilich sabe plena y firmemente que todo eso es tontería y pura falsedad, pero cuando el médico, arrodillándose, se inclina sobre él, aplicando el oído primero más arriba, luego más abajo, y con gesto significativo hace por encima de él varios movimientos gimnásticos, el enfermo se somete a ello como antes solía someterse a los discursos de los abogados, aun sabiendo perfectamente que todos ellos mentían y por qué mentían.

De rodillas en el sofá, el médico está auscultando cuando se nota en la puerta el frufrú del vestido de seda de Praskovya Fyodorovna y se oye cómo regaña a Pyotr porque éste no le ha anunciado la llegada del médico.

Entra en la habitación, besa al marido y al instante se dispone a mostrar que lleva ya largo rato levantada y sólo por incomprensión no estaba allí cuando llegó el médico.

Iván Ilich la mira, la examina de pies a cabeza, echándole mentalmente en cara lo blanco, limpio y rollizo de sus brazos y su cuello, lo lustroso de sus cabellos y lo brillante de sus ojos llenos de vida. La detesta con toda el alma y el arrebato de odio que siente por ella le hace sufrir cuando ella le toca.

Su actitud respecto a él y su enfermedad sigue siendo la misma. Al igual que el médico, que adoptaba frente a su enfermo cierto modo de proceder del que no podía despojarse, ella también había adoptado su propio modo de proceder, a saber, que su marido no hacía lo que debía, que él mismo tenía la culpa de lo que le pasaba y que ella se lo reprochaba amorosamente. Y tampoco podía desprenderse de esa actitud.

—Ya ve usted que no me escucha y no toma la medicina a su debido tiempo. Y, sobre todo, se acuesta en una postura que de seguro no le conviene. Con las piernas en alto.

Y ella contó cómo él hacía que Gerasim le tuviera las piernas levantadas.

El médico se sonrió con sonrisa mitad afable mitad despectiva:

—¡Qué se le va a hacer! Estos enfermos se figuran a veces niñerías como ésas, pero hay que perdonarles.

Cuando el médico terminó el reconocimiento, miró su reloj, y entonces Praskovya Fyodorovna anunció a Iván Ilich que, por supuesto, se haría lo que él quisiera, pero que ella había mandado hoy por un médico célebre que vendría a reconocerle y a tener consulta con Mihail Danilovich (que era el médico de cabecera).

—Por favor, no digas que no. Lo hago también por mí misma —dijo ella con ironía, dando a entender que ella lo hacía todo por él y sólo decía eso para no darle motivo de negárselo. Él calló y frunció el ceño. Tenía la sensación de que la red de mentiras que le rodeaba era ya tan tupida que era imposible sacar nada en limpio.

Todo cuanto ella hacía por él sólo lo hacía por sí misma, y le decía que hacía por sí misma lo que en realidad hacía por sí misma, como si ello fuese tan increíble que él tendría que entenderlo al revés.

En efecto, el célebre galeno llegó a las once y media. Una vez más empezó la auscultación y, bien ante el enfermo o en otra habitación, comenzaron las conversaciones significativas acerca del riñón y el apéndice y las preguntas y respuestas, con tal aire de suficiencia que, de nuevo, en vez de la pregunta real sobre la vida y la muerte que era la única con la que Iván Ilich ahora se enfrentaba, de lo que hablaban era de que el riñón y el apéndice no funcionaban correctamente y que ahora Mihail Danilovich y el médico famoso los obligarían a comportarse como era debido.

El médico célebre se despidió con cara seria, pero no exenta de esperanza, y a la tímida pregunta que le hizo Iván Ilich levantando hacia él ojos brillantes de pavor y esperanza, contestó que había posibilidad de restablecimiento, aunque no podía asegurarlo. La mirada de esperanza con la que Iván Ilich acompañó al médico en su salida fue tan conmovedora que, al verla, Praskovya Fyodorovna hasta rompió a llorar cuando salió de la habitación con el médico para entregarle sus honorarios.

El destello de esperanza provocado por el comentario estimulante del médico no duró mucho. El mismo aposento, los mismos cuadros, las cortinas, el papel de las paredes, los frascos de medicina... todo ello seguía allí, junto con su cuerpo sufriente y doliente. Iván Ilich empezó a gemir. Le pusieron una inyección y se sumió en el olvido.

Anochecía ya cuando volvió en sí. Le trajeron la comida. Con dificultad tomó un poco de caldo, y otra vez lo mismo, y llegaba la noche.

Después de comer, a las siete, entró en la habitación Praskovya Fyodorovna en vestido de noche, con el seno realzado por el corsé y huellas de polvos en la cara. Ya esa mañana había recordado a su marido que iban al teatro. Había llegado a la ciudad Sarah Bernhardt y la familia tenía un palco que él había insistido en que tomasen. Iván Ilich se había olvidado de eso y la indumentaria de ella le ofendió, pero disimuló su irritación cuando cayó en la cuenta de que él mismo había insistido en que tomasen el palco y asistiesen a la función porque sería un placer educativo y estético para los niños.

Entró Praskovya Fyodorovna, satisfecha de sí misma pero con una punta de culpabilidad. Se sentó y le preguntó cómo estaba, pero él vio que preguntaba sólo por preguntar y no para enterarse, sabiendo que no había nada nuevo de qué enterarse, y entonces empezó a hablar de lo que realmente quería: que por nada del mundo iría al teatro, pero que habían tomado un palco e iban su hija y Hélene, así como también Petrischev (juez de instrucción, novio de la hija), y que de ningún modo podían éstos ir solos; pero que ella preferiría con mucho quedarse con él un rato. Y que él debía seguir las instrucciones del médico mientras ella estaba fuera.

—¡Ah, sí! Y Fyodor Petrovich (el novio) quisiera entrar. ¿Puede hacerlo? ¿Y Liza?

—Que entren.

Entró la hija, también en vestido de noche, con el cuerpo juvenil bastante en evidencia, ese cuerpo que en el caso de él tanto sufrimiento le causaba. y ella bien que lo exhibía. Fuerte, sana, evidentemente enamorada e irritada contra la enfermedad, el sufrimiento y la muerte porque estorbaban su felicidad.

Entró también Fyodor Petrovich vestido de frac, con el pelo rizado a la Capou, un cuello duro que oprimía el largo pescuezo fibroso, enorme pechera blanca y con los fuertes muslos embutidos en unos pantalones negros muy ajustados. Tenía puesto un guante blanco y llevaba la chistera en la mano.

Tras él, y casi sin ser notado, entró el colegial en uniforme nuevo y con guantes, pobre chico. Tenía enormes ojeras, cuyo significado Iván Ilich conocía bien.

Su hijo siempre le había parecido lamentable, y ahora era penoso ver el aspecto timorato y condolido del muchacho. Aparte de Gerasim, Iván Ilich creía que sólo Vasya le comprendía y compadecía.

Todos se sentaron y volvieron a preguntarle cómo se sentía. Hubo un silencio. Liza preguntó a su madre dónde estaban los gemelos y se produjo un altercado entre madre e hija sobre dónde los habían puesto. Aquello fue desagradable.

Fyodor Petrovich preguntó a Iván Ilich si había visto alguna vez a Sarah Bernhardt. Iván Ilich no entendió al principio lo que se le preguntaba, pero luego contestó:

—No. ¿Usted la ha visto ya?

—Sí, en Adrienne Lecouvreur.

Praskovya Fyodorovna agregó que había estado especialmente bien en ese papel. La hija dijo que no. Iniciose una conversación acerca de la elegancia y el realismo del trabajo de la actriz —una conversación que es siempre la misma.

En medio de la conversación Fyodor Petrovich miró a Iván Ilich y quedó callado. Los otros le miraron a su vez y también guardaron silencio. Iván Ilich miraba delante de sí con ojos brillantes, evidentemente indignado con los visitantes. Era preciso rectificar aquello, pero imposible hacerlo. Había que romper ese silencio de algún modo, pero nadie se atrevía a intentarlo. Les aterraba que de pronto se esfumase la mentira convencional y quedase claro lo que ocurría de verdad. Liza fue la primera en decidirse y rompió el silencio, pero al querer disimular lo que todos sentían se fue de la lengua.

—Pues bien, si vamos a ir ya es hora de que lo hagamos —dijo mirando su reloj, regalo de su padre, y con una tenue y significativa sonrisa al joven Fyodor Petrovich, acerca de algo que sólo ambos sabían, se levantó haciendo crujir la tela de su vestido.

Todos se levantaron, se despidieron y se fueron. Cuando hubieron salido le pareció a Iván Ilich que se sentía mejor: ya no había mentira porque se había ido con ellos, pero se quedaba el dolor: el mismo dolor y el mismo terror de siempre, ni más ni menos penoso que antes. Todo era peor.

Una vez más los minutos se sucedían uno tras otro, las horas una tras otra. Todo seguía lo mismo, todo sin cesar, y lo más terrible de todo era el fin inevitable.

—Sí, dile a Gerasim que venga —respondió a la pregunta de Pyotr.

9

Su mujer volvió cuando iba muy avanzada la noche. Entró de puntillas, pero él la oyó, abrió los ojos y al momento los cerró. Ella quería que Gerasim se fuera para quedarse allí sola con su marido, pero éste abrió los ojos y dijo:

—No. Vete.

—¿Te duele mucho?

—No importa.

—Toma opio.

Él consintió y tomó un poco. Ella se fue. Hasta eso de las tres de la mañana su estado fue de torturante estupor. Le parecía que a él y a su dolor los metían a la fuerza en un saco estrecho, negro y profundo, pero por mucho que empujaban no podían hacerlos llegar hasta el fondo, y esta circunstancia, terrible ya en sí, iba acompañada de padecimiento físico. Él estaba espantado, quería meterse más dentro en el saco y se esforzaba por hacerlo, al par que ayudaba a que lo metieran. Y he aquí que de pronto desgarró el saco, cayó y volvió en sí. Gerasim estaba sentado a los pies de la cama, dormitando tranquila y pacientemente, con las piernas flacas de su amo, enfundadas en calcetines, apoyadas en los hombros. Allí estaba la misma bujía con su pantalla y allí estaba también el mismo incesante dolor.

—Vete, Gerasim —murmuró.

—No se preocupe, señor. Estaré un ratito más.

—No. Vete.

Retiró las piernas de los hombros de Gerasim, se volvió de lado sobre un brazo y sintió lástima de sí mismo. Sólo esperó a que Gerasim pasase a la habitación contigua y entonces, sin poder ya contenerse, rompió a llorar como un niño. Lloraba a causa de su impotencia, de su terrible soledad, de la crueldad de la gente, de la crueldad de Dios, de la ausencia de Dios.

«¿Por qué has hecho Tú esto? ¿Por qué me has traído aquí? ¿Por qué, dime, por qué me atormentas tan atrozmente?»

Aunque no esperaba respuesta lloraba porque no la había ni podía haberla. El dolor volvió a agudizarse, pero él no se movió ni llamó a nadie. Se dijo: «¡Hala, sigue! ¡Dame otro golpe! ¿Pero con qué fin? ¿Yo qué te he hecho? ¿De qué sirve esto?»

Luego se calmó y no sólo cesó de llorar, sino que retuvo el aliento y todo él se puso a escuchar; pero era como si escuchara, no el sonido de una voz real, sino la voz de su alma, el curso de sus pensamientos que fluía dentro de sí.

—¿Qué es lo que quieres? —fue el primer concepto claro que oyó, el primero capaz de traducirse en palabras—. ¿Qué es lo que quieres? ¿Qué es lo que quieres? —se repitió a sí mismo—. ¿Qué quiero? Quiero no sufrir. Vivir —se contestó.

Y volvió a escuchar con atención tan reconcentrada que ni siquiera el dolor le distrajo.

—¿Vivir? ¿Cómo vivir? —preguntó la voz del alma.

—Sí, vivir como vivía antes: bien y agradablemente.

—¿Como vivías antes? ¿Bien y agradablemente? —preguntó la voz. y él empezó a repasar en su magín los mejores momentos de su vida agradable. Pero, cosa rara, ninguno de esos mejores momentos de su vida agradable le parecían ahora lo que le habían parecido entonces; ninguno de ellos, salvo los primeros recuerdos de su infancia. Allí, en su infancia, había habido algo realmente agradable, algo con lo que sería posible vivir si pudiese volver. Pero el niño que había conocido ese agrado ya no existía; era como un recuerdo de otra persona.

Tan pronto como empezó la época que había resultado en el Iván Ilich actual, todo lo que entonces había parecido alborozo se derretía ahora ante sus ojos y se trocaba en algo trivial y a menudo mezquino.

Y cuanto más se alejaba de la infancia y más se acercaba al presente, más triviales y dudosos eran esos alborozos. Aquello empezó con la Facultad de Derecho, donde aún había algo verdaderamente bueno: había alegría, amistad, esperanza. Pero en las clases avanzadas ya eran raros esos buenos momentos. Más tarde, cuando en el primer período de su carrera estaba al servicio del gobernador, también hubo momentos agradables: eran los recuerdos del amor por una mujer. Luego todo eso se tornó confuso y hubo menos de lo bueno, menos más adelante, y cuanto más adelante menos todavía.

Su casamiento... un suceso imprevisto y un desengaño, el mal olor de boca de su mujer, la sensualidad y la hipocresía. Y ese cargo mortífero y esas preocupaciones por el dinero... y así un año, y otro, y diez, y veinte, y siempre lo mismo. Y cuanto más duraba aquello, más mortífero era. «Era como si bajase una cuesta a paso regular mientras pensaba que la subía. Y así fue, en realidad. Iba subiendo en la opinión de los demás, mientras que la vida se me escapaba bajo los pies... Y ahora todo ha terminado, ¡Y a morir!»

«Y eso qué quiere decir? ¿A qué viene todo ello? No puede ser. No puede ser que la vida sea tan absurda y mezquina. Porque si efectivamente es tan absurda y mezquina, ¿por qué habré de morir, y morir con tanto sufrimiento? Hay algo que no está bien.»

«Quizá haya vivido como no debía —se le ocurrió de pronto—. ¿Pero cómo es posible, cuando lo hacía todo como era menester?» se contestó a sí mismo, y al momento apartó de sí, como algo totalmente imposible, esta única explicación de todos los enigmas de la vida y la muerte.

«Entonces ¿qué quieres ahora? ¿Vivir? ¿Vivir cómo? ¿Vivir como vivías en los tribunales cuando el ujier del juzgado anunciaba: "¡Llega el juez!" Llega el juez, llega el juez? —se repetía a sí mismo—. Aquí está ya. ¡Pero si no soy culpable! —exclamó enojado—. ¿Por qué?» Y dejó de llorar, pero volviéndose de cara a la pared siguió haciéndose la misma y única pregunta: ¿Por qué, a qué viene todo este horror?

Pero por mucho que preguntaba no daba con la respuesta. Y cuando surgió en su mente, como a menudo acontecía, la noción de que todo eso le pasaba por no haber vivido como debiera, recordaba la rectitud de su vida y rechazaba esa peregrina idea.

10

Pasaron otros quince días. Iván Ilich ya no se levantaba del sofá. No quería acostarse en la cama, sino en el sofá, con la cara vuelta casi siempre hacia la pared, sufriendo los mismos dolores incesantes y rumiando siempre, en su soledad, la misma cuestión irresoluble: «¿Qué es esto? ¿De veras que es la muerte?» Y la voz interior le respondía: «Sí, es verdad.» «¿Por qué estos padecimientos?» Y la voz respondía: «Pues porque sí.» Y más allá de esto, y salvo esto, no había otra cosa.

Desde el comienzo mismo de la enfermedad, desde que Iván Ilich fue al médico por primera vez, su vida se había dividido en dos estados de ánimo contrarios y alternos: uno era la desesperación y la expectativa de la muerte espantosa e incomprensible; el otro era la esperanza y la observación agudamente interesada del funcionamiento de su cuerpo. Una de dos: ante sus ojos había sólo un riñón o un intestino que de momento se negaban a cumplir con su deber, o bien se presentaba la muerte horrenda e incomprensible de la que era imposible escapar.

Estos dos estados de ánimo habían alternado desde el comienzo mismo de la enfermedad; pero a medida que ésta avanzaba se hacía más dudosa y fantástica la noción de que el riñón era la causa, y más real la de una muerte inminente.

Le bastaba recordar lo que había sido tres meses antes y lo que era ahora; le bastaba recordar la regularidad con que había estado bajando la cuesta para que se desvaneciera cualquier esperanza.

Últimamente, durante la soledad en que se hallaba, con la cara vuelta hacia el respaldo del sofá, esa soledad en medio de una ciudad populosa y de sus numerosos conocidos y familiares —soledad que no hubiera podido ser más completa en ninguna parte, ni en el fondo del mar ni en la tierra—, durante esa terrible soledad Iván Ilich había vivido sólo en sus recuerdos del pasado. Uno tras otro, aparecían en su mente cuadros de su pasado. Comenzaban siempre con lo más cercano en el tiempo y luego se remontaban a lo más lejano, a su infancia, y allí se detenían. Si se acordaba de las ciruelas pasas que le habían ofrecido ese día, su memoria le devolvía la imagen de la ciruela francesa de su niñez, cruda y acorchada, de su sabor peculiar y de la copiosa saliva cuando chupaba el hueso; y junto con el recuerdo de ese sabor surgían en serie otros recuerdos de ese tiempo: la niñera, el hermano, los juguetes. «No debo pensar en eso... Es demasiado penoso» —se decía Iván Ilich; y de nuevo se desplazaba al presente: al botón en el respaldo del sofá y a las arrugas en el cuero de éste. «Este cuero es caro y se echa a perder pronto. Hubo una disputa acerca de él. Pero hubo otro cuero y otra disputa cuando rompimos la cartera de mi padre y nos castigaron, y mamá nos trajo unos pasteles.» Y una vez más sus recuerdos se afincaban en la infancia, y una vez más aquello era penoso e Iván Ilich procuraba alejarlo de sí y pensar en otra cosa.

Y de nuevo, junto con ese rosario de recuerdos, brotaba otra serie en su mente que se refería a cómo su enfermedad había progresado y empeorado. También en ello cuanto más lejos miraba hacia atrás, más vida había habido. Más vida y más de lo mejor que la vida ofrece, y una y otra cosa se fundían. «Al par que mis dolores iban empeorando, también iba empeorando mi vida» —pensaba. Sólo un punto brillante había allí atrás, al comienzo de su vida, pero luego todo fue ennegreciéndose y acelerándose cada vez más. «En razón inversa al cuadrado de la distancia de la muerte» —se decía. Y el ejemplo de una piedra que caía con velocidad creciente apareció en su conciencia. La vida, serie de crecientes sufrimientos, vuela cada vez más velozmente hacia su fin, que es el sufrimiento más horrible. «Estoy volando...» Se estremeció, cambió de postura, quiso resistir, pero sabía que la resistencia era imposible; y otra vez, con ojos cansados de mirar, pero incapaces de no mirar lo que estaba delante de él, miró fijamente el respaldo del sofá y esperó —esperó esa caída espantosa, el choque y la destrucción. «La resistencia es imposible —se dijo—. ¡Pero si pudiera comprender por qué! Pero eso, también, es imposible. Se podría explicar si pudiera decir que no he vivido como debía. Pero es imposible decirlo» —se declaró a sí mismo, recordando la licitud, corrección y decoro de toda su vida—. «Eso es absolutamente imposible de admitir —pensó, con una sonrisa irónica en los labios como si alguien pudiera verla y engañarse—. ¡No hay explicación! Sufrimiento, muerte... ¿Por qué?»

11

Así pasaron otros quince días, durante los cuales sucedió algo que Iván Ilich y su mujer venían deseando: Petrischev hizo una petición de mano en debida forma. Ello ocurrió ya entrada una noche. Al día siguiente Praskovya Fyodorovna fue a ver a su marido, pensando en cuál sería el mejor modo de hacérselo saber, pero esa misma noche había habido otro cambio, un empeoramiento en el estado de éste. Praskovya

Fyodorovna le halló en el sofá, pero en postura diferente. Yacía de espaldas, gimiendo y mirando fijamente delante de sí.

Praskovya Fyodorovna empezó a hablarle de las medicinas, pero él volvió los ojos hacia ella y esa mirada —dirigida exclusivamente a ella— expresaba un rencor tan profundo que Praskovya Fyodorovna no acabó de decirle lo que a decirle había venido.

—¡Por los clavos de Cristo, déjame morir en paz! —dijo él.

Ella se dispuso a salir, pero en ese momento entró la hija y se acercó a dar los buenos días. Él miró a la hija igual que había mirado a la madre, y a las preguntas de aquélla por su salud contestó secamente que pronto quedarían libres de él. Las dos mujeres callaron, estuvieron sentadas un ratito y se fueron.

—¿Tenemos nosotras la culpa? —preguntó Liza a su madre—. ¡Es como si nos la echara! Lo siento por papá, ¿pero por qué nos atormenta así?

Llegó el médico a la hora de costumbre. Iván Ilich contestaba «sí» y «no» sin apartar de él los ojos cargados de inquina, y al final dijo:

—Bien sabe usted que no puede hacer nada por mí; conque déjeme en paz.

—Podemos calmarle el dolor —respondió el médico.

—Ni siquiera eso. Déjeme.

El médico salió a la sala y explicó a Praskovya Fyodorovna que la cosa iba mal y que el único recurso era el opio para disminuir los dolores, que debían de ser terribles.

Era cierto lo que decía el médico, que los dolores de Iván Ilich debían de ser atroces; pero más atroces que los físicos eran los dolores morales, que eran su mayor tormento.

Esos dolores morales resultaban de que esa noche, contemplando el rostro soñoliento y bonachón de Gerasim, de pómulos salientes, se le ocurrió de pronto: «¿Y si toda mi vida, mi vida consciente, ha sido de hecho lo que no debía ser?»

Se le ocurrió ahora que lo que antes le parecía de todo punto imposible, a saber, que no había vivido su vida como la debía haber vivido, podía en fin de cuentas ser verdad. Se le ocurrió que sus tentativas casi imperceptibles de bregar contra lo que la gente de alta posición social consideraba bueno —tentativas casi imperceptibles que había rechazado inmediatamente— hubieran podido ser genuinas y las otras falsas, y que su carrera oficial, junto con su estilo de vida, su familia, sus intereses sociales y oficiales... todo eso podía haber sido fraudulento. Trataba de defender todo ello ante su conciencia. Y de pronto se dio cuenta de la debilidad de lo que defendía. No había nada que defender.

«Pero si es así —se dijo—, si salgo de la vida con la conciencia de haber destruido todo lo que me fue dado, y es imposible rectificarlo, ¿entonces qué?» Se volvió de espaldas y empezó de nuevo a pasar revista a toda su vida. Por la mañana, cuando había visto primero a su criado, luego a su mujer, más tarde a su hija y por último al médico, cada una de las palabras de ellos, cada uno de sus movimientos le confirmaron la horrible verdad que se le había revelado durante la noche. En esas palabras y esos movimientos se vio a sí mismo, vio todo aquello para lo que había vivido, y vio claramente que no debía haber sido así, que todo ello había sido una enorme y horrible superchería que le había ocultado la vida y la muerte. La conciencia de ello multiplicó por diez sus dolores físicos. Gemía y se agitaba, y tiraba de su ropa, que parecía sofocacle y oprimirle. Y por eso los odiaba a todos.

Le dieron una dosis grande de opio y perdió el conocimiento, pero a la hora de la comida los dolores comenzaron de nuevo. Expulsó a todos de allí y se volvía continuamente de un lado para otro...

Su mujer se acercó a él y le dijo:

—Jean, cariño, hazlo por mí (¿por mí?). No puede perjudicarte y con frecuencia sirve de ayuda. ¡Si no es nada! Hasta la gente que está bien de salud lo hace a menudo...

Él abrió los ojos de par en par.

—¿Qué? ¿Comulgar? ¿Para qué? ¡No es necesario! Pero por otra parte...

Ella rompió a llorar.

—Sí, hazlo, querido. Mandaré por nuestro sacerdote. Es un hombre tan bueno...

—Muy bien. Estupendo —contestó él.

Cuando llegó el sacerdote y le confesó, Iván Ilich se calmó y le pareció sentir que se le aligeraban las dudas y con ello sus dolores, y durante un momento tuvo una punta de esperanza. Volvió a pensar en el apéndice y en la posibilidad de corregirlo, y comulgó con lágrimas en los ojos.

Cuando volvieron a acostarle después de la comunión tuvo un instante de alivio y de nuevo brotó la esperanza de vivir. Empezó a pensar en la operación que le habían propuesto. «Vivir, quiero vivir» —se dijo. Su mujer vino a felicitarle por la comunión con las palabras habituales y agregó:

—¿Verdad que estás mejor?

Él, sin mirarla, dijo «sí».

El vestido de ella, su talle, la expresión de su cara, el timbre de su voz… todo ello le revelaba lo mismo: «Esto no está como debiera. Todo lo que has vivido y sigues viviendo es mentira, engaño, ocultando de ti la vida y la muerte.» Y tan pronto como pensó de ese modo se dispararon de nuevo su rencor y sus dolores físicos, y con ellos la conciencia del fin próximo e ineludible, y a ello vino a agregarse algo nuevo: un dolor punzante, agudísimo, y una sensación de ahogo.

La expresión de su rostro cuando pronunció ese «sí» era horrible. Después de pronunciarlo, miró a su mujer fijamente, se volvió boca abajo con energía inusitada en su débil condición, y gritó:

—¡Vete de aquí, vete! ¡Déjame en paz!

12

A partir de ese momento empezó un aullido que no se interrumpió durante tres días, un aullido tan atroz que no era posible oírlo sin espanto a través de dos puertas. En el momento en que contestó a su mujer Iván Ilich comprendió que estaba perdido, que no había retorno posible, que había llegado el fin, el fin de todo, y que sus dudas estaban sin resolver, seguían siendo dudas.

—¡Oh, oh, oh! —gritaba en varios tonos. Había empezado por gritar «¡No quiero!» y había continuado gritando con la letra O.

Esos tres días, durante los cuales el tiempo no existía para él, estuvo resistiendo en ese saco negro hacia el interior del cual le empujaba una fuerza invisible e irresistible. Resistía como resiste un condenado a muerte en manos del verdugo, sabiendo que no puede salvarse; y con cada minuto que pasaba sentía que, a despecho de todos sus esfuerzos, se acercaba cada vez más a lo que tanto le aterraba. Tenía la sensación de que su tormento se debía a que le empujaban hacia ese agujero negro y, aún más, a que no podía entrar sin esfuerzo en él. La causa de no poder entrar de ese modo era el convencimiento de que su vida había sido buena. Esa justificación de su vida le retenía, no le dejaba pasar adelante, y era el mayor tormento de todos.

De pronto sintió que algo le golpeaba en el pecho y el costado, haciéndole aún más difícil respirar; fue cayendo por el agujero y allá, en el fondo, había una luz. Lo que le ocurría era lo que suele ocurrir en un vagón de ferrocarril cuando piensa uno que va hacia atrás y en realidad va hacia delante, y de pronto se da cuenta de la verdadera dirección.

«Sí, no fue todo como debía ser —se dijo—, pero no importa. Puede serlo. ¿Pero cómo debía ser?» —se preguntó y de improviso se calmó.

Esto sucedía al final del tercer día, un par de horas antes de su muerte. En ese momento su hijo, el colegial, había entrado calladamente y se había acercado a su padre. El moribundo seguía gritando desesperadamente y agitando los brazos. Su mano cayó sobre la cabeza del muchacho. Éste la cogió, la apretó contra su pecho y rompió a llorar.

En ese mismo momento Iván Ilich se hundió, vio la luz y se le reveló que, aunque su vida no había sido como debiera haber sido, se podría corregir aún. Se preguntó: «¿Cómo debe ser?» y calló, oído atento. Entonces notó que alguien le besaba la mano. Abrió los ojos y miró a su hijo. Tuvo lástima de él. Su mujer se le acercó. Le miraba con los ojos abiertos, con huellas de lágrimas en la nariz y las mejillas y un gesto de desesperación en el rostro. Tuvo lástima de ella también.

«Sí, los estoy atormentando a todos —pensó—. Les tengo lástima, pero será mejor para ellos cuando me muera.» Quería decirles eso, pero no tenía fuerza bastante para articular las palabras. «¿Pero, en fin de cuentas, para qué hablar? Lo que debo es hacer» —pensó. Con unamirada a su mujer apuntó a su hijo y dijo:

—Llévatelo... me da lástima... de ti también... —Quiso decir asimismo «perdóname», pero dijo «perdido», y sin fuerzas ya para corregirlo hizo un gesto de desdén con la mano, sabiendo que Aquél cuya comprensión era necesaria lo comprendería.

Y de pronto vio claro que lo que le había estado sujetando y no le soltaba le dejaba escapar sin más por ambos lados, por diez lados, por todos los lados. Les tenía lástima a todos, era menester hacer algo para no hacerles daño: liberarlos y liberarse de esos sufrimientos. «¡Qué hermoso y qué sencillo! —pensó—. ¿Y el dolor? —se preguntó—. ¿A dónde se ha ido? A ver, dolor, ¿dónde estás?»

Y prestó atención.

«Sí, aquí está. Bueno, ¿y qué? Que siga ahí. Y la muerte... ¿dónde está?»

Buscaba su anterior y habitual temor a la muerte y no lo encontraba. «¿Dónde está? ¿Qué muerte?» No había temor alguno porque tampoco había muerte.

En lugar de la muerte había luz.

—¡Conque es eso! —dijo de pronto en voz alta—. ¡Qué alegría!

Para él todo esto ocurrió en un solo instante, y el significado de ese instante no se alteró. Para los presentes la agonía continuó durante dos horas más. Algo borbollaba en su pecho, su cuerpo extenuado se crispó bruscamente, luego el borbolleo y el estertor se hicieron menos frecuentes.

—¡Es el fin! —dijo alguien a su lado.

Él oyó estas palabras y las repitió en su alma. «Éste es el fin de la muerte» —se dijo—. «La muerte ya no existe.» Tomó un sorbo de aire, se detuvo en medio de un suspiro, dio un estirón y murió.

DESPUÉS DEL BAILE

—Usted sostiene que un hombre no puede comprender por sí mismo lo que está bien y lo que está mal, que todo es resultado del ambiente y que éste absorbe al ser humano. Yo creo, en cambio, que todo depende de las circunstancias. Me refiero a mí mismo.

Así habló el respetable Iván Vasilevich, después de una conversación en que habíamos sostenido que, para perfeccionarse, es necesario, ante todo, cambiar las condiciones del ambiente en que se vive. En realidad, nadie había dicho que uno mismo no puede comprender lo que está bien y lo que está mal; pero Iván Vasilevich tenía costumbre de contestar a las ideas que se le ocurrían y, con ese motivo, relatar episodios de su propia vida. A menudo, se apasionaba tanto, que llegaba a olvidar por qué había empezado el relato. Solía hablar con gran velocidad. Así lo hizo también estaba vez.

—Hablaré de mí mismo. Si mi vida ha tomado este rumbo no es por el ambiente, sino por algo muy distinto.

—¿Por qué? —preguntamos.

—Es una historia muy larga. Para comprenderla habría que contar muchas cosas.

—Pues, cuéntelas.

Iván Vasilevich movió la cabeza, sumiéndose en reflexiones.

—Mi vida entera ha cambiado por una noche, o mejor dicho, por un amanecer.

—¿Qué le ocurrió?

—Estaba muy enamorado. Antes ya lo había estado muchas veces; pero aquél fue mi gran amor. Esto pertenece al pasado. Ella tiene ya hijas casadas. Se trata de B***. Sí, de Varenka V***... —Iván Vasilevich nos dijo el apellido—. A los quince años era ya una belleza notable, y a los dieciocho esta encantadora era esbelta, llena de gracia y majestad, sobre todo de majestad. Se mantenía muy erguida, como si no pudiera tener otra actitud. Llevaba la cabeza alta, lo que, unido a su belleza y a su estatura, a pesar de su extremada delgadez, le daba un aire regio que hubiera infundido respeto, a no ser por la sonrisa, alegre y afectuosa, de sus labios y de sus encantadores y brillantes ojos. Todo su ser emanaba juventud y dulzura.

—Qué bien la describe, Iván Vasilevich.

255

—Por mucho que me esmere, nunca podré hacerlo de modo que comprendan ustedes cómo era. Lo que voy a contarles ocurrió entre los años 1840 y 1850. En aquella época, yo era estudiante de una universidad de provincia. No sé si eso estaba bien o mal; pero el caso es que, por aquel entonces, los estudiantes no tenían círculos ni teoría política alguna. Éramos jóvenes y vivíamos como le es propio a la juventud: estudiábamos y nos divertíamos. Yo era un muchacho alegre y vivaracho y, además, tenía dinero. Poseía un magnífico caballo, paseaba en trineo con las muchachas —aún no estaba de moda patinar—, me divertía con mis camaradas y bebía champaña. Si no había dinero, no bebíamos nada; pero no como ahora, que se bebe vodka. Las veladas y los bailes constituían mi mayor placer. Bailaba perfectamente y era un hombre bien parecido.

—No se haga el modesto —lo interrumpió una dama, que estaba entre nosotros—. Hemos visto su fotografía de aquella época. No es que estuviera bastante bien; era un hombre muy guapo.

—Bueno, como quiera; pero no se trata de eso. Por aquel entonces estaba muy enamorado de Varenka. El último día de carnaval asistí a un baile en casa del mariscal de la nobleza de la provincia, un viejo chambelán de la corte, rico, bondadoso y muy hospitalario. Su mujer, tan amable como él, recibió a los invitados luciendo una diadema de brillantes y un vestido de terciopelo, que dejaba al descubierto su pecho y sus hombros, blancos y gruesos, que recordaban los retratos de la emperatriz Elizaveta Petrovna. Fue un baile magnífico. En la espléndida sala había un coro, una célebre orquesta compuesta por los siervos de un propietario aficionado a la música, un buffet exquisito y un mar de champaña. No bebía, a pesar de ser aficionado al champaña, porque estaba ebrio de amor. Pero, en cambio, bailé cuadrillas, valses y polkas hasta extenuarme; y, como es natural, siempre que era posible, con Varenka. Llevaba un vestido blanco con cinturón rosa y guantes blancos de cabritilla, que le llegaban hasta los codos agudos, y escarpines de satín blancos. Un antipático ingeniero, llamado Anisimov, me birló la mazurca —aún no he podido perdonárselo— invitando a Varenka en cuanto entró en la sala; yo me había entretenido en la peluquería y en comprar un par de guantes. Bailé esa mazurca con una muchachita alemana, a la que antaño había cortejado un poco. Me figuro que aquella noche fui muy descortés con ella; no le hablé ni la miré, siguiendo constantemente la esbelta figura de Varenka, vestida de blanco, y su resplandeciente rostro encendido con hoyuelos en las mejillas y sus bellos ojos cariñosos. Y no era el único. Todos la contemplaban, tanto los hombres como las mujeres, a pesar de que las eclipsaba. Era imposible no admirarla.

"Según las reglas, no bailé con Varenka aquella mazurca; pero, en realidad, bailamos juntos casi todo el tiempo. Sin turbarse atravesaba la sala, dirigiéndose a mí y yo me levantaba de un salto, antes que me invitara. Varenka me agradecía mi perspicacia con una sonrisa. Cuando no adivinaba mi "cualidad", mientras daba la mano a otro, se encogía de hombros y me sonreía con expresión compasiva, como si quisiera consolarme.

"Cuando bailábamos algún vals, Varenka sonreía diciéndome, con respiración entrecortada: *Encore*. Y yo seguía dando vueltas y más vueltas sin sentir mi propio cuerpo."

—¿Cómo no lo iba a sentir? Supongo que, al enlazar el talle de Varenka, hasta sentiría el cuerpo de ella —dijo uno de los presentes.

Súbitamente, Iván Vasilevich enrojeció y exclamó, casi a voz en grito:

—¡Así son ustedes, los jóvenes de hoy día! No ven nada excepto el cuerpo. En nuestros tiempos era distinto. Cuanto más enamorado estaba, tanto más inmaterial era Varenka para mí. Ustedes sólo ven los tobillos, las piernas y otras cosas; suelen desnudar a la mujer de la que están enamorados. En cambio, para mí, como decía Alfonso Karr —¡qué buen escritor era!— el objeto de mi amor se me aparecía con vestiduras de bronce. En vez de desnudar a la mujer, tratábamos de cubrir su desnudez, lo mismo que el buen hijo de Noé. Ustedes no pueden comprender esto...

—No le haga caso; siga usted —intervino uno de nosotros.

—Bailé casi toda la noche, sin darme cuenta de cómo pasaba el tiempo. Los músicos ya repetían sin cesar el mismo tema de una mazurca, como suele suceder al final de un baile. Los papás y las mamás, que jugaban a las cartas en los salones, se habían levantado ya, en espera de la cena; y los lacayos pasaban, cada vez con mayor frecuencia, llevando cosas. Eran más de las dos de la madrugada. Era preciso aprovechar los últimos momentos. Volví a invitar a Varenka y bailamos por centésima vez.

"—¿Bailará conmigo la primera cuadrilla, después de cenar? —le pregunté, mientras la acompañaba a su sitio.

"—Desde luego, si mis padres no deciden irse en seguida —me replicó, con una sonrisa.

"—No lo permitiré —exclamé.

"—Devuélvame el abanico —dijo Varenka.

"—Me da pena dárselo —contesté, tendiéndole su abanico blanco, de poco valor.

"—Tenga; para que no le dé pena —exclamó Varenka, arrancando una pluma, que me entregó.

"La cogí; pero únicamente pude expresarle mi agradecimiento y mi entusiasmo con una mirada. No sólo estaba alegre y satisfecho, sino que me sentía feliz y experimentaba una sensación de beatitud. En aquel momento, yo no era yo, sino un ser que no pertenecía a la tierra, que desconocía el mal y sólo era capaz de hacer el bien.

"Guardé la pluma en un guante; y permanecí junto a Varenka, sin fuerzas para alejarme.

"—Fíjese; quieren que baile papá —me dijo señalando la alta figura de su padre, un coronel con charreteras plateadas, que se hallaba en la puerta de la sala con la dueña de la casa y otras damas.

"—Varenka, ven aquí —oímos decir a aquélla.

"Varenka se acercó a la puerta y yo la seguí.

"—*Ma chère*, convence a tu padre para que baile contigo. Ande, haga el favor, Piotr Vasilevich —añadió la dueña de la casa, dirigiéndose al coronel.

"El padre de Varenka era un hombre erguido, bien conservado, alto y apuesto, de mejillas sonrosadas. Llevaba el canoso bigote *à lo Nicolás I*, y tenía las patillas blancas y el cabello de las sienes peinado hacia delante. Una sonrisa alegre, igual que la de su hija, iluminaba tanto su boca como sus ojos. Estaba muy bien formado; su pecho —en el que ostentaba algunas condecoraciones— y sus hombros eran anchos, y sus piernas, largas y delgadas. Era un representante de ese tipo de militar que ha producido la disciplina del emperador Nicolás.

"Cuando nos acercamos a la puerta, el coronel se negaba diciendo que había perdido la costumbre de bailar. Sin embargo, pasando la mano al costado izquierdo, desenvainó la espada, que entregó a un joven servicial y, poniéndose el guante en la mano derecha, —en aquel momento dijo con una sonrisa: 'Todo debe hacerse según las reglas'—, tomó la mano de su hija, se volvió de medio lado y esperó para entrar al compás.

"A las primeras notas del aire de la mazurca, dio un golpe con un pie, avanzó el otro y su alta figura giró en torno a la sala, ora despacio y en silencio, ora ruidosa e impetuosamente. Varenka giraba y tan pronto acortaba, tan pronto alargaba los pasos, para adaptarlos a los de su padre. Todos los asistentes seguían los movimientos de la pareja. En cuanto a mí, no sólo los admiraba, sino que sentía un enternecimiento lleno de entusiasmo. Me gustaron sobre todo las botas del coronel, que no eran puntiagudas, como las de moda, sino antiguas, de punta cuadrada y sin tacones. Por lo visto, habían sido fabricadas por el zapatero del batallón.

'Para poder vestir a su hija y hacerla alternar, se conforma con unas botas de fabricación casera y no se compra las que están de moda', pensé, particularmente enternecido por aquellas puntas cuadradas. Sin duda, el coronel había bailado bien en sus tiempos; pero entonces era pesado y sus piernas no tenían bastante agilidad para los bellos y rápidos pasos que quería realizar. Sin embargo, dio dos vueltas a la sala. Finalmente separó las piernas, volvió a juntarlas y, aunque con cierta dificultad, hincó una rodilla en tierra y Varenka pasó graciosamente junto a él con una sonrisa, mientras se arreglaba el vestido, que se le había enganchado. Entonces todos aplaudieron con entusiasmo. Haciendo un esfuerzo, el coronel se levantó; y, cogiendo delicadamente a su hija por las orejas, la besó en la frente y la acercó a mí, creyendo que me tocaba bailar con ella. Le dije que yo no era su pareja.

"—Es igual, baile con Varenka —replicó, con una sonrisa llena de afecto, mientras colocaba la espada en la vaina.

"Lo mismo que el contenido de un frasco sale a borbotones después de haber caído la primera gota, mi amor por Varenka parecía haber desencadenado la capacidad de amar, oculta en mi alma. En aquel momento, mi amor abarcaba al mundo entero, Quería a la dueña de la casa con su diadema y su busto semejante al de la emperatriz Elizaveta, a su marido, a los invitados, a los lacayos e incluso al ingeniero Anisimov, que estaba resentido conmigo. Y el padre de Varenka, con sus botas y su sonrisa afectuosa parecida a la de ella, me provocaba un sentimiento lleno de ternura y entusiasmo.

"Terminó la mazurca; los dueños de la casa invitaron a los presentes a cenar; pero el coronel B*** no aceptó, diciendo que tenía que madrugar al día siguiente. Me asusté, creyendo que se llevaría a Varenka; pero ésta se quedó con su madre.

"Después de cenar, bailamos la cuadrilla que me había prometido. Me sentía infinitamente dichoso; y, sin embargo, mi dicha aumentaba sin cesar. No hablamos de amor, no pregunté a Varenka ni me pregunté a mí mismo si me amaba. Me bastaba quererla a ella. Lo único que temía era que algo echase a perder mi felicidad.

"Al volver a mi casa, pensé acostarme; pero comprendí que era imposible. Tenía en la mano la pluma de su abanico y uno de sus guantes, que me había dado al marcharse, cuando la ayudé a subir al coche, tras de su madre. Miraba estos objetos y, sin cerrar los ojos, veía a Varenka ante mí. Me la representaba en el momento en que, eligiéndome entre otros hombres, adivinaba mi 'cualidad', diciendo con su voz agradable: '¿El orgullo? ¿No es eso?', mientras me daba la mano con expresión alegre; o bien, cuando se llevaba la copa de champaña a los labios y me miraba de reojo, con afecto. Pero, sobre todo, la veía bailando con su padre, con sus movimientos graciosos, mirando, orgullosa y satisfecha, a los espectadores que los admiraban. E, involuntariamente, los unía en aquel sentimiento tierno y delicado que me embargaba.

"Vivía solo con mi difunto hermano. No le gustaba la sociedad y no asistía a los bailes; además, en aquella época preparaba su licenciatura y hacía una vida muy metódica. Estaba durmiendo. Contemplé su cabeza, hundida en la almohada, casi cubierta con una manta de franela, y sentí pena porque no conociera ni compartiera mi felicidad. Nuestro criado Petroshka, un siervo, me salió al encuentro con una vela y quiso ayudarme a los preparativos de la noche; pero lo despedí. Su cara adormilada y sus cabellos revueltos me emocionaron. Procurando no hacer ruido, me dirigí, de puntillas, a mi habitación, donde me senté en la cama. No podía dormir; era demasiado feliz. Además, tenía calor en aquella habitación, tan bien caldeada. Sin pensarlo más, me dirigí silenciosamente a la antesala, me puse el gabán y salí a la calle.

"El baile había terminado después de las cuatro. Y ya habían transcurrido dos horas, de manera que ya era de día. Hacía un tiempo típico de Carnaval; había niebla, la nieve se deshelaba por doquier, y caían gotas de los tejados. Los B*** vivían entonces en un extremo de la ciudad, cerca de una gran plaza, en la que a un lado había paseos y al otro un instituto de muchachas. Atravesé nuestra callejuela, completamente desierta, desembocando en una gran calle, donde me encontré con algunos peatones y algunos trineos que transportaban leña. Tanto los caballos que avanzaban con paso regular, balanceando sus cabezas mojadas bajo las dugas brillantes, como los cocheros cubiertos con harpilleras, que chapoteaban en la nieve deshelada, con sus enormes botas, y las casas, que daban la impresión de ser muy altas entre la niebla, me parecieron importantes y agradables.

"Cuando llegué a la plaza, al otro extremo, en dirección a los paseos, distinguí una gran masa negra y oí sones de una flauta y de un tambor. En mi fuero interno oía constantemente el tema de la mazurca. Pero estos sones eran distintos; se trataba de una música ruda y desagradable.

"'¿Qué es eso?', pensé, mientras me dirigía por el camino resbaladizo en dirección a aquellos sones. Cuando hube recorrido unos cien pasos, vislumbré a través de la niebla muchas siluetas negras. Debían de ser soldados. 'Probablemente están haciendo la instrucción', me dije, acercándome a ellos en pos de un herrero con pelliza y delantal mugrientos, que llevaba algo en la mano. Los soldados, con sus uniformes negros, formaban dos filas, una frente a la otra, con los fusiles en descanso. Tras de ellos, el tambor y la flauta repetían sin cesar una melodía desagradable y chillona.

"—¿Qué hacen? —pregunté al herrero que estaba junto a mí.

"—Están castigando a un tártaro, por desertor —me contestó, con expresión de enojo, mientras fijaba la vista en un extremo de la filas.

"Miré en aquella dirección y vi algo horrible que se acercaba entre las dos filas de soldados. Era un hombre con el torso desnudo, atado a los fusiles de dos soldados que lo conducían. A su lado avanzaba un militar alto, con gorra y capote, que no me fue desconocido. Debatiéndose con todo el cuerpo chapoteando en la nieve, deshelada, la víctima venía hacia mí bajo una lluvia de golpes que le caían encima por ambos lados. Tan pronto se echaba hacia atrás y entonces los soldados lo empujaban, tan pronto hacia delante y, entonces, tiraban de él. El militar alto seguía, con sus andares firmes, sin rezagarse. Era el padre de Varenka, con sus mejillas sonrosadas y sus bigotes blancos.

"A cada vergajazo, el tártaro se volvía con expresión de dolor y de asombro hacia el lado de donde provenía, repitiendo unas palabras y enseñando sus dientes blancos. Cuando estuvo más cerca, pude distinguirlas. Exclamaba sollozando: '¡Hermanos, tengan compasión!, ¡Hermanos, tengan compasión!' Pero sus hermanos no se apiadaban de él. Cuando la comitiva llegó a la altura en que me encontraba, el soldado que estaba frente a mí dio un paso con gran decisión y, blandiendo con energía el vergajo, que silbó, lo dejó caer sobre la espalda del tártaro. Éste se echó hacia delante, pero los soldados lo retuvieron y recibió un golpe igual desde el otro lado. De nuevo llovieron los vergajos, ora desde la derecha, ora desde la izquierda… El coronel seguía andando, a ratos miraba a la víctima, a ratos bajo sus propios pies; aspiraba el aire y lo expelía, despacio, por encima de su labio inferior. Cuando hubieron pasado, vislumbré la espalda de la víctima entre la fila de soldados. La tenía magullada, húmeda y tan roja que me resistí a creer que pudiera ser la espalda de un hombre.

"—¡Oh, Dios mío! —pronunció el herrero.

"La comitiva se iba alejando. Los golpes seguían cayendo por ambos lados sobre aquel hombre, que se encogía y tropezaba. El tambor redoblaba lo mismo que antes y se oía el son de la flauta. Y lo mismo que antes, la apuesta figura del coronel avanzaba junto a la víctima. Pero, de pronto, se detuvo; y, acercándose apresuradamente a uno de los soldados, exclamó:

"—¡Ya te enseñaré! ¿Aún no sabes azotar como es debido?

"Vi cómo abofeteaba con su mano enguantada a aquel soldado atemorizado, enclenque y bajito, porque no había dejado caer el vergajo con bastante fuerza sobre la espalda enrojecida del tártaro.

"—¡Que traigan vergajos nuevos! —ordenó.

"Al volverse se fijó en mí y, fingiendo que no me había conocido, frunció el ceño, con expresión severa e iracunda, y me dio la espalda. Me sentí tan avergonzado como si me hubiesen sorprendido haciendo algo reprensible. Sin saber dónde mirar, bajé la vista y me dirigí apresuradamente a casa. Durante el camino, no cesaba de oír el redoble del tambor, el son de la flauta, las palabras de la víctima 'Hermanos, tengan compasión', y la voz irritada y firme del coronel gritando. '¿Aún no sabes azotar como es debido?' Una angustia casi física, que llegó a provocarme náuseas, me obligó a detenerme varias veces. Me parecía que iba a devolver todo el horror que me había producido aquel espectáculo. No recuerdo cómo llegué a casa ni cómo me acosté. Pero en cuanto empecé a conciliar el sueño, volví a oír y a ver aquello y tuve que levantarme.

"'El coronel debe de saber algo que yo ignoro —pensé—. Si supiera lo que él sabe, podría comprender y no sufriría por lo que acabo de ver.' Pero, por más que reflexioné, no pude descifrar lo que sabía el coronel. Me quedé dormido por la noche, y sólo después de haber estado en casa de un amigo, donde bebí hasta emborracharme.

"¿Creen ustedes que entonces llegué a la conclusión de que había presenciado un acto reprensible? ¡Nada de eso! 'Si esto se hace con tal seguridad, y todos admiten que es necesario, es que saben algo que yo ignoro', me decía, procurando averiguar lo que era. Sin embargo, nunca lo conseguí. Por tanto, no pude ser militar como había sido mi deseo. Tampoco pude desempeñar ningún cargo público, ni he servido para nada, como ustedes saben."

—¡Bien conocemos su inutilidad! —exclamó uno de nosotros—. Es mejor que nos diga cuántos seres inútiles existirían, a no ser por usted.

—¡Qué tonterías! —replicó Iván Vasilevich con sincero enojo.

—¿Y qué pasó con su amor? —preguntamos.

—¿Mi amor? Desde aquel día empezó a decrecer. Cuando Varenka y yo íbamos por la calle y se quedaba pensativa, con una sonrisa, cosa que le ocurría a menudo, inmediatamente recordaba al coronel en la plaza; y me sentía violento y a disgusto. Empecé a visitarla con menos frecuencia. Así fue como se extinguió mi amor. Ya ven ustedes cómo las circunstancias pueden cambiar el rumbo de la vida de un hombre. Y usted dice... —concluyó.

CUÁNTA TIERRA NECESITA UN HOMBRE

Érase una vez un campesino llamado Pahom, que había trabajado dura y honestamente para su familia, pero que no tenía tierras propias, así que siempre permanecía en la pobreza. "Ocupados como estamos desde la niñez trabajando la madre tierra —pensaba a menudo— los campesinos siempre debemos morir como vivimos, sin nada propio. Las cosas serían diferentes si tuviéramos nuestra propia tierra."

Ahora bien, cerca de la aldea de Pahom vivía una dama, una pequeña terrateniente, que poseía una finca de ciento cincuenta hectáreas. Un invierno se difundió la noticia de que esta dama iba a vender sus tierras. Pahom oyó que un vecino suyo compraría veinticinco hectáreas y que la dama había consentido en aceptar la mitad en efectivo y esperar un año por la otra mitad.

"Qué te parece —pensó Pahom— Esa tierra se vende, y yo no obtendré nada."

Así que decidió hablar con su esposa.

—Otras personas están comprando, y nosotros también debemos comprar unas diez hectáreas. La vida se vuelve imposible sin poseer tierras propias.

Se pusieron a pensar y calcularon cuánto podrían comprar. Tenían ahorrados cien rublos. Vendieron un potrillo y la mitad de sus abejas; contrataron a uno de sus hijos como peón y pidieron anticipos sobre la paga. Pidieron prestado el resto a un cuñado, y así juntaron la mitad del dinero de la compra. Después de eso, Pahom escogió una parcela de veinte hectáreas, donde había bosques, fue a ver a la dama e hizo la compra.

Así que ahora Pahom tenía su propia tierra. Pidió semilla prestada, y la sembró, y obtuvo una buena cosecha. Al cabo de un año había logrado saldar sus deudas con la dama y su cuñado. Así se convirtió en terrateniente, y talaba sus propios árboles, y alimentaba su ganado en sus propios pastos. Cuando salía a arar los campos, o a mirar sus mieses o sus prados, el corazón se le llenaba de alegría. La hierba que crecía allí y las flores que florecían allí le parecían diferentes de las de otras partes. Antes, cuando cruzaba esa tierra, le parecía igual a cualquier otra, pero ahora le parecía muy distinta.

Un día Pahom estaba sentado en su casa cuando un viajero se detuvo ante su casa. Pahom le preguntó de dónde venía, y el forastero respondió que venía de allende el Volga, donde había estado trabajando. Una palabra llevó a la otra, y el hombre comentó que había muchas tierras en venta por allá, y que muchos estaban viajando para comprarlas. Las tierras eran tan fértiles, aseguró, que el centeno era alto como un caballo, y tan tupido que cinco cortes de guadaña formaban una avilla. Comentó que un campesino había trabajado sólo con sus manos, y ahora tenía seis caballos y dos vacas.

El corazón de Pahom se colmó de anhelo.

"¿Por qué he de sufrir en este agujero —pensó— si se vive tan bien en otras partes? Venderé mi tierra y mi finca, y con el dinero comenzaré allá de nuevo y tendré todo nuevo".

Pahom vendió su tierra, su casa y su ganado, con buenas ganancias, y se mudó con su familia a su nueva propiedad. Todo lo que había dicho el campesino era cierto, y Pahom estaba en mucha mejor posición que antes. Compró muchas tierras arables y pasturas, y pudo tener las cabezas de ganado que deseaba.

Al principio, en el ajetreo de la mudanza y la construcción, Pahom se sentía complacido, pero cuando se habituó comenzó a pensar que tampoco aquí estaba satisfecho. Quería sembrar más trigo, pero no tenía tierras suficientes para ello, así que arrendó más tierras por tres años. Fueron buenas temporadas y hubo buenas cosechas, así que Pahom ahorró dinero. Podría haber seguido viviendo cómodamente, pero se cansó de arrendar tierras ajenas todos los años, y de sufrir privaciones para ahorrar el dinero.

"Si todas estas tierras fueran mías —pensó—, sería independiente y no sufriría estas incomodidades."

Un día un vendedor de bienes raíces que pasaba le comentó que acababa de regresar de la lejana tierra de los bashkirs, donde había comprado seiscientas hectáreas por sólo mil rublos.

—Sólo debes hacerte amigo de los jefes —dijo— Yo regalé como cien rublos en vestidos y alfombras, además de una caja de té, y di vino a quienes lo bebían, y obtuve la tierra por una bicoca.

"Vaya —pensó Pahom—, allá puedo tener diez veces más tierras de las que poseo. Debo probar suerte."

Pahom encomendó a su familia el cuidado de la finca y emprendió el viaje, llevando consigo a su criado. Pararon en una ciudad y compraron una caja de té, vino y otros regalos, como el vendedor les había aconsejado. Continuaron viaje hasta recorrer más de quinientos kilómetros, y el séptimo día llegaron a un lugar donde los bashkirs habían instalado sus tiendas.

En cuanto vieron a Pahom, salieron de las tiendas y se reunieron en torno al visitante. Le dieron té y kurniss, y sacrificaron una oveja y le dieron de comer. Pahom sacó presentes de su carromato y los distribuyó, y les dijo que venía en busca de tierras. Los bashkirs parecieron muy satisfechos y le dijeron que debía hablar con el jefe. Lo mandaron a buscar y le explicaron a qué había ido Pahom.

El jefe escuchó un rato, pidió silencio con un gesto y le dijo a Pahom:

—De acuerdo. Escoge la tierra que te plazca. Tenemos tierras en abundancia.

—¿Y cuál será el precio? —preguntó Pahom.

—Nuestro precio es siempre el mismo: mil rublos por día.

Pahom no comprendió.

—¿Un día? ¿Qué medida es ésa? ¿Cuántas hectáreas son?

—No sabemos calcularlo —dijo el jefe—. La vendemos por día. Todo lo que puedas recorrer a pie en un día es tuyo, y el precio es mil rublos por día.

Pahom quedó sorprendido.

—Pero en un día se puede recorrer una vasta extensión de tierra —dijo.

El jefe se echó a reír.

—¡Será toda tuya! Pero con una condición. Si no regresas el mismo día al lugar donde comenzaste, pierdes el dinero.

—¿Pero cómo debo señalar el camino que he seguido?

—Iremos a cualquier lugar que gustes, y nos quedaremos allí. Puedes comenzar desde ese sitio y emprender tu viaje, llevando una azada contigo. Donde lo consideres necesario, deja una marca. En cada giro, cava un pozo y apila la tierra; luego iremos con un arado de pozo en pozo. Puedes hacer el recorrido que desees, pero antes que se ponga el sol debes regresar al sitio de donde partiste. Toda la tierra que cubras será tuya.

Pahom estaba alborozado. Decidió comenzar por la mañana. Charlaron, bebieron más kurniss, comieron más oveja y bebieron más té, y así llegó la noche. Le dieron a Pahom una cama de edredón, y los bashkirs se dispersaron, prometiendo reunirse a la mañana siguiente al romper el alba y viajar al punto convenido antes del amanecer.

Pahom se quedó acostado, pero no pudo dormirse. No dejaba de pensar en su tierra.

"¡Qué gran extensión marcaré! —pensó—. Puedo andar fácilmente cincuenta kilómetros por día. Los días ahora son largos, y un recorrido de cincuenta kilómetros representará gran cantidad de tierra. Venderé las tierras más áridas, o las dejaré a los campesinos, pero yo escogeré la mejor y la trabajaré. Compraré dos yuntas de bueyes y contrataré dos peones más. Unas noventa hectáreas destinaré a la siembra y en el resto criaré ganado."

Por la puerta abierta vio que estaba rompiendo el alba.

—Es hora de despertarlos —se dijo—. Debemos ponernos en marcha.

Se levantó, despertó al criado (que dormía en el carromato), le ordenó uncir los caballos y fue a despertar a los bashkirs.

—Es hora de ir a la estepa para medir las tierras —dijo.

Los bashkirs se levantaron y se reunieron, y también acudió el jefe. Se pusieron a beber más kurniss, y ofrecieron a Pahom un poco de té, pero él no quería esperar.

—Si hemos de ir, vayamos de una vez. Ya es hora.

Los bashkirs se prepararon y todos se pusieron en marcha, algunos a caballo, otros en carros. Pahom iba en su carromato con el criado, y llevaba una azada. Cuando llegaron a la estepa, el cielo de la mañana estaba rojo. Subieron una loma y, apeándose de carros y caballos, se reunieron en un sitio. El jefe se acercó a Pahom y extendió el brazo hacia la planicie.

—Todo esto, hasta donde llega la mirada, es nuestro. Puedes tomar lo que gustes.

A Pahom le relucieron los ojos, pues era toda tierra virgen, chata como la palma de la mano y negra como semilla de amapola, y en las hondonadas crecían altos pastizales.

El jefe se quitó la gorra de piel de zorro, la apoyó en el suelo y dijo:

—Ésta será la marca. Empieza aquí y regresa aquí. Toda la tierra que rodees será tuya.

Pahom sacó el dinero y lo puso en la gorra. Luego se quitó el abrigo, quedándose con su chaquetón sin mangas. Se aflojó el cinturón y lo sujetó con fuerza bajo el vientre, se puso un costal de pan en el pecho del jubón y, atando una botella de agua al cinturón, se subió la caña de las botas, empuñó la azada y se dispuso a partir. Tardó un instante en decidir el rumbo. Todas las direcciones eran tentadoras.

—No importa —dijo al fin—. Iré hacia el sol naciente.

Se volvió hacia el este, se desperezó y aguardó a que el sol asomara sobre el horizonte.

"No debo perder tiempo —pensó—, pues es más fácil caminar mientras todavía está fresco."

Los rayos del sol no acababan de chispear sobre el horizonte cuando Pahom, azada al hombro, se internó en la estepa.

Pahom caminaba a paso moderado. Tras avanzar mil metros se detuvo, cavó un pozo y apiló terrones de hierba para hacerlo más visible. Luego continuó, y ahora que había vencido el entumecimiento apuró el paso. Al cabo de un rato cavó otro pozo.

Miró hacia atrás. La loma se veía claramente a la luz del sol, con la gente encima, y las relucientes llantas de las ruedas del carromato. Pahom calculó que había caminado cinco kilómetros. Estaba más cálido; se quitó el chaquetón, se lo echó al hombro y continuó la marcha. Ahora hacía más calor; miró el sol; era hora de pensar en el desayuno.

—He recorrido el primer tramo, pero hay cuatro en un día, y todavía es demasiado pronto para virar. Pero me quitaré las botas —se dijo.

Se sentó, se quitó las botas, se las metió en el cinturón y reanudó la marcha. Ahora caminaba con soltura.

"Seguiré otros cinco kilómetros —pensó—, y luego giraré a la izquierda. Este lugar es tan promisorio que sería una pena perderlo. Cuanto más avanzo, mejor parece la tierra."

Siguió derecho por un tiempo, y cuando miró en torno, la loma era apenas visible y las personas parecían hormigas, y apenas se veía un destello bajo el sol.

"Ah —pensó Pahom—, he avanzado bastante en esta dirección, es hora de girar. Además estoy sudando, y muy sediento."

Se detuvo, cavó un gran pozo y apiló hierba. Bebió un sorbo de agua y giró a la izquierda. Continuó la marcha, y la hierba era alta, y hacía mucho calor.

Pahom comenzó a cansarse. Miró el sol y vio que era mediodía.

"Bien —pensó—, debo descansar."

Se sentó, comió pan y bebió agua, pero no se acostó, temiendo quedarse dormido. Después de estar un rato sentado, siguió andando. Al principio caminaba sin dificultad, y sentía sueño, pero continuó, pensando: "Una hora de sufrimiento, una vida para disfrutarlo".

Avanzó un largo trecho en esa dirección, y ya iba a girar de nuevo a la izquierda cuando vio un fecundo valle. "Sería una pena excluir ese terreno —pensó—. El lino crecería bien aquí.". Así que rodeó el valle y cavó un pozo del otro lado antes de girar. Pahom miró hacia la loma. El aire estaba brumoso y trémulo con el calor, y a través de la bruma apenas se veía a la gente de la loma.

"¡Ah! —pensó Pahom—. Los lados son demasiado largos. Este debe ser más corto." Y siguió a lo largo del tercer lado, apurando el paso. Miró el sol. Estaba a mitad de camino del horizonte, y Pahom aún no había recorrido tres kilómetros del tercer lado del cuadrado. Aún estaba a quince kilómetros de su meta.

"No —pensó—, aunque mis tierras queden irregulares, ahora debo volver en línea recta. Podría alejarme demasiado, y ya tengo gran cantidad de tierra.".

Pahom cavó un pozo de prisa.

Echó a andar hacia la loma, pero con dificultad. Estaba agotado por el calor, tenía cortes y magulladuras en los pies descalzos, le flaqueaban las piernas. Ansiaba descansar, pero era imposible si deseaba llegar antes del poniente. El sol no espera a nadie, y se hundía cada vez más.

"Cielos —pensó—, si no hubiera cometido el error de querer demasiado. ¿Qué pasará si llego tarde?"

Miró hacia la loma y hacia el sol. Aún estaba lejos de su meta, y el sol se aproximaba al horizonte.

Pahom siguió caminando, con mucha dificultad, pero cada vez más rápido. Apuró el paso, pero todavía estaba lejos del lugar. Echó a correr, arrojó la chaqueta, las botas, la botella y la gorra, y conservó sólo la azada que usaba como bastón.

"Ay de mí. He deseado mucho, y lo eché todo a perder. Tengo que llegar antes de que se ponga el sol."

El temor le quitaba el aliento. Pahom siguió corriendo, y la camisa y los pantalones empapados se le pegaban a la piel, y tenía la boca reseca. Su pecho jadeaba como un fuelle, su corazón batía como un martillo, sus piernas cedían como si no le pertenecieran. Pahom estaba abrumado por el terror de morir de agotamiento.

Aunque temía la muerte, no podía detenerse. "Después que he corrido tanto, me considerarán un tonto si me detengo ahora", pensó. Y siguió corriendo, y al acercarse oyó que los bashkirs gritaban y aullaban, y esos gritos le inflamaron aún más el corazón. Juntó sus últimas fuerzas y siguió corriendo.

El hinchado y brumoso sol casi rozaba el horizonte, rojo como la sangre. Estaba muy bajo, pero Pahom estaba muy cerca de su meta. Podía ver a la gente de la loma, agitando los brazos para que se diera prisa. Veía la gorra de piel de zorro en el suelo, y el dinero, y al jefe sentado en el suelo, riendo a carcajadas.

"Hay tierras en abundancia —pensó—, ¿pero me dejará Dios vivir en ellas? ¡He perdido la vida, he perdido la vida! ¡Nunca llegaré a ese lugar!"

Pahom miró el sol, que ya desaparecía, ya era devorado. Con el resto de sus fuerzas apuró el paso, encorvando el cuerpo de tal modo que sus piernas apenas podían sostenerlo. Cuando llegó a la loma, de pronto oscureció. Miró el cielo. ¡El sol se había puesto! Pahom dio un alarido.

"Todo mi esfuerzo ha sido en vano", pensó, y ya iba a detenerse, pero oyó que los bashkirs aún gritaban, y recordó que aunque para él, desde abajo, parecía que el sol se había puesto, desde la loma aún podían verlo. Aspiró una buena bocanada de aire y corrió cuesta arriba. Allí aún había luz. Llegó a la cima y vio la gorra. Delante de ella el jefe se reía a carcajadas. Pahom soltó un grito. Se le aflojaron las piernas, cayó de bruces y tomó la gorra con las manos.

—¡Vaya, qué sujeto tan admirable! —exclamó el jefe—. ¡Ha ganado muchas tierras!

El criado de Pahom se acercó corriendo y trató de levantarlo, pero vio que le salía sangre de la boca. ¡Pahom estaba muerto!

Los pakshirs chasquearon la lengua para demostrar su piedad.

Su criado empuñó la azada y cavó una tumba para Pahom, y allí lo sepultó. Dos metros de la cabeza a los pies era todo lo que necesitaba.

EL PRISIONERO DEL CAUCASO

1

Servía en el Cáucaso como oficial un noble llamado Zhilin.

Una vez recibió una carta de casa. Le escribía su anciana madre: «Me he hecho vieja, y antes de morir querría ver a mi querido hijo. Ven a despedirte de mí, entiérrame, y después vuelve con Dios al servicio. Incluso te he buscado una novia: inteligente, buena y con hacienda. Puede ser que te enamore, te cases y te quedes para siempre».

Zhilin reflexionó: «En efecto, la anciana está mal; es posible que no tenga ocasión de volver a verla. Iré, y si la novia es buena, incluso puede que me case».

Fue a donde el coronel, consiguió un permiso, se despidió de los compañeros, invitó a sus soldados a cuatro jarras de vodka para la despedida y se dispuso a partir.

El Cáucaso por aquel entonces estaba en guerra. No había tránsito por los caminos ni de día ni de noche. Apenas algún ruso se alejaba a pie o a caballo de la fortaleza, los tártaros lo mataban o se lo llevaban a las montañas. Era sabido que dos veces por semana soldados de escolta iban de una fortaleza a otra. Delante y detrás iban soldados, y en medio, la gente.

Era verano. Al amanecer, se reunieron los convoyes detrás de la fortaleza, salieron los exploradores y emprendieron la marcha por el camino. Zhilin iba a caballo y la telega con sus cosas en el convoy. Debían recorrer veinticinco verstas. El convoy avanzaba despacio, tan pronto se paraban los soldados, como a alguien del convoy se le salía una rueda, o un caballo se detenía y todos se paraban para esperarse.

Por el sol, pasaba ya del mediodía, y el convoy solo había cubierto la mitad del camino. Polvo, calor, un sol abrasador y ningún lugar donde refugiarse. Estepa desnuda, ni un árbol, ni una mata en el camino.

Zhilin iba en vanguardia, se paró y esperó a ser alcanzado por el convoy. Oyó que atrás tocaban la corneta, que otra vez se paraban. Zhilin pensó: «¿Y si me voy solo, sin soldados? Llevo un buen caballo. Si me asaltan los tártaros me escapo al galope. ¿O será mejor que no me vaya…?».

Se paró a pensar. Entonces lo alcanzó a caballo otro oficial, Kostylin, con un fusil, y le dijo:

—Vámonos solos, Zhilin. No puedo más, tengo hambre y hace un calor sofocante. Llevo la camisa empapada. —Kostylin era un hombre triste, gordo, colorado y sudoroso.

Zhilin se lo pensó y dijo:

—¿Está cargado el fusil?

—Cargado.

—Pues entonces vámonos. Solo una condición: no separarse.

Y siguieron adelante por el camino. Iban por la estepa charlando y mirando a todos lados. Se podía ver hasta muy lejos alrededor.

En cuanto se acabó la estepa, el camino se metió entre dos montañas por un desfiladero. Entonces Zhilin dijo:

—Hay que subir a la montaña y mirar, por aquí ya es posible que se escondan tras las montañas y no los veamos.

Pero Kostylin dijo:

—Qué vas a mirar. Sigamos adelante.

Zhilin no le escuchó.

—No —dijo— tú espera abajo, echo una mirada y vuelvo.

Y lanzó el caballo a la izquierda, hacia la montaña. El caballo que montaba Zhilin era de caza (había pagado cien rublos por él en una potrada y él mismo lo había domado), lo llevó pendiente arriba como si tuviera alas. Nada más alcanzar la cumbre, miró y vio que delante de él, a una desiatina, había unos treinta tártaros a caballo. Los vio, y volvió grupas; los tártaros lo vieron y se lanzaron hacia él al galope, desenfundando violentamente las armas. Zhilin dio rienda suelta al caballo por la pendiente, y gritó a Kostylin:

—¡Desenfunda el fusil! —Y mientras, pensaba en su caballo: «Padrecito, llévame, que no se te enreden las patas, si das un traspiés es el fin. Llegaré como sea hasta el fusil, no pienso entregarme».

Pero Kostylin, en lugar de esperar, en cuanto vio a los tártaros huyó a toda prisa hacia la fortaleza. Con el látigo fustigaba al caballo a un flanco y a otro. En la polvareda solo se veía cómo el caballo movía la cola.

Zhilin se dio cuenta de que las cosas pintaban mal. El fusil había huido y con un sable no había nada que hacer. Lanzó el caballo hacia atrás, hacia los soldados, con intención de huir. Vio que media docena corrían a cortarle el paso. Llevaba un buen caballo pero los de ellos eran aún mejores, y galopaban campo a través. Comenzó a volver grupas, con intención de dar la vuelta hacia atrás, pero el caballo se desbocó, no se dejaba sujetar, voló directamente hacia ellos. Vio acercarse hacia él a un tártaro con barba rojiza sobre un caballo gris. Chillaba, enseñaba los dientes, llevaba la escopeta preparada.

«Os conozco, diablos —pensó Zhilin—. Si me cogen vivo, me meterán en un pozo y me azotarán con un látigo. No permitiré que me cojan con vida».

Zhilin, aunque no era corpulento, era osado. Desenvainó el sable y lanzó el caballo directamente contra el tártaro pelirrojo, pensando: «O arrollo al caballo, o lo tumbo con el sable».

Zhilin no pudo llegar galopando hasta el caballo, le dispararon desde atrás y dieron a su caballo. El caballo se desplomó sobre la tierra, atrapando una pierna de Zhilin.

Quería levantarse pero tenía encima a dos tártaros apestosos que le retorcían el brazo. Se desprendió de los tártaros, llegaron cabalgando tres más, comenzaron a golpearle con las culatas en la cabeza. Se le nubló la vista y se tambaleó. Lo cogieron los tártaros, quitaron la sobrecincha de la silla de reserva, le pusieron las manos a la espalda, las ataron con un nudo tártaro y lo arrastraron a la silla. Le tiraron la gorra, le quitaron las botas, le cogieron el dinero y el reloj y le destrozaron el uniforme. Zhilin echó una mirada a su querido caballo. Seguía tal y como había caído, de costado, movía las patas intentando levantarse del suelo pero no lo conseguía, tenía un agujero en la cabeza y del agujero brotaba sangre negra, había empapado el polvo de un arshín en torno suyo.

Un tártaro se acercó al caballo y se puso a quitarle la silla. Aún se revolvía, él sacó el puñal y lo degolló. De su garganta se escapó vaho y un silbido, y sufrió un espasmo antes de morir.

Los tártaros le quitaron la silla y el arnés. El tártaro de la barba roja se montó en su caballo y los otros sentaron a Zhilin con él; para que no se cayera, lo ataron con una correa al cinturón del tártaro. Y lo llevaron hacia las montañas.

Zhilin iba sentado tras el tártaro, se balanceaba, chocaba con la cara en la espalda del apestoso tártaro. Lo único que veía ante sí era la enorme espalda tártara, un cuello fibroso y una nuca afeitada que azuleaba bajo el gorro. Zhilin tenía la cabeza abierta, la sangre se le coagulaba sobre los ojos. No podía enderezarse sobre el caballo, ni limpiarse la sangre. Tenía los brazos tan retorcidos que le dolía la clavícula.

Cabalgaron durante mucho tiempo de montaña en montaña, vadearon un río, salieron al camino y fueron por un valle.

Zhilin quería observar el camino, ver adónde lo llevaban, pero tenía los ojos cubiertos de sangre, y le resultaba imposible volverse.

Comenzó a anochecer. Vadearon todavía otro río, empezaron a subir por una montaña pedregosa, olía a humo, ladraban los perros.

Llegaron a una aldea tártara. Los tártaros desmontaron, se acercaron muchachos tártaros y rodearon a Zhilin, silbaban alegres y le tiraban piedras.

Un tártaro echó a los muchachos, bajó a Zhilin del caballo y llamó a un criado. Llegó un nogayo de pómulos salientes, vestido solo con una camisa. Una camisa harapienta que le dejaba el pecho al descubierto. El tártaro le ordenó algo. El criado trajo un cepo: dos troncos de roble ensartados en argollas de hierro, y en una argolla una aldabilla y un candado.

Desataron las manos a Zhilin, le pusieron el cepo y lo condujeron al granero, lo empujaron dentro y cerraron la puerta. Zhilin cayó sobre el estiércol. Estuvo un rato tumbado, en la oscuridad buscó a tientas un lugar más blando y se acostó.

2

Zhilin apenas durmió en toda la noche. Las noches eran cortas. Al ver por una rendija que comenzaba a clarear, Zhilin se levantó, excavó en la rendija para hacerla mayor y se puso a mirar.

Por la rendija veía el camino que bajaba de la montaña, a la derecha una saklya tártara, detrás de ella dos árboles. A la puerta, un perro negro tumbado, y una cabra deambulando con sus cabritillas, moviendo el rabo. Vio que por la cuesta de la montaña subía una tártara joven, vestida con camisa de colores, sin cinturón, con pantalones y botas, la cabeza cubierta por un caftán y, en la cabeza, un cántaro metálico con agua. Caminaba, se contoneaba, se inclinaba, llevaba de la mano a un pelón vestido únicamente con una camisa. La tártara entró en la saklya con el agua, salió el tártaro de barba roja de la víspera, en beshmet de seda, con un puñal plateado en el cinturón y borceguíes sobre los pies desnudos. En la cabeza, un gorro alto, de piel de carnero, negro, echado hacia atrás. Salió, se desperezó, se atusó su roja barba. Siguió de pie, mandó algo al criado y éste se fue a algún lado.

Después pasaron dos muchachos a caballo hacia el abrevadero. Los caballos tenían el belfo inferior mojado. Salieron corriendo más muchachos con la cabeza afeitada, en camisa, sin calzones, se reunieron un montón, se acercaron al granero, cogieron una rama seca y se pusieron a escarbar en la rendija. En cuanto Zhilin les gritó, los muchachos echaron a correr, se alejaron corriendo, solo brillaban sus rodillas desnudas.

Zhilin tenía sed, sentía la garganta reseca, pensaba que por lo menos podrían ir a verlo. Oyó la llave en el cerrojo del granero. Entró el tártaro pelirrojo, y con él venía otro, más bajo, moreno. Ojos negros, luminosos, rubicundo, barba corta, recortada; de rostro alegre, no hacía más que reírse. Vestía de oscuro, todavía mejor: beshmet de seda azul, galoneado. En el cinturón, un puñal grande, plateado; borceguíes rojos, de cordobán, adornados también en plata, y sobre los finos borceguíes otros más gruesos. Gorro alto de carnero blanco.

El tártaro pelirrojo entró y dijo algo, evidentemente enfadado, y se acomodó. Acodado en el dintel de la puerta, jugaba con el puñal, miraba de reojo a Zhilin, como un lobo. Y el moreno, que se movía como si tuviera resortes, rápido, vivo, fue directamente hacia Zhilin, se acuclilló, enseñó los dientes, le dio palmadas en los hombros y empezó a repetir algo muchas veces en su barboteo, guiñó los ojos, chasqueó la lengua, y sentenció: «¡Fienuruso! ¡Fienuruso!».

Zhilin no entendía nada y dijo: «Beber, ¡dadme agua para beber!».

El moreno se rió. «Fuen uruso», continuó diciendo en su barboteo.

Zhilin pidió con las manos y los labios que le dieran de beber.

El moreno lo entendió, se rió, miró hacia la puerta, llamó a alguien: «¡Dina!».

Llegó corriendo una muchacha fina, delgada, de unos trece años, parecida de cara al moreno. Evidentemente, su hija. También de ojos negros, luminosos, y cara bonita. Vestía una camisa larga, azul, con mangas anchas y sin cinturón, ribeteada de rojo en los faldones, el escote y los puños. En las piernas, pantalones y borceguíes, y sobre los borceguíes otros de altos tacones; en el cuello, un collar de monedas rusas de cincuenta kopeks. La cabeza descubierta, una trenza negra, y en la trenza una cinta de la que cuelgan chapas y un rublo de plata.

El padre le ordenó algo. Salió corriendo y regresó trayendo una jarra metálica. Le dio el agua, se acuclilló y se encorvó de tal manera que tenía los hombros más bajos que las rodillas. Permaneció sentada, con los ojos muy abiertos, mirando cómo bebía Zhilin, de la misma manera que miraría a un animal salvaje cualquiera.

Al devolverle Zhilin la jarra metálica, dio un salto hacia atrás, como una cabra salvaje. Hasta el padre se rió. La mandó a algún otro sitio. Cogió el cántaro y echó a correr, volvió con pan ácimo en una tabla redonda y se sentó de nuevo, se encorvó y no le quitó los ojos de encima.

Se fueron los tártaros y cerraron otra vez la puerta.

Al poco tiempo, se acerca el nogayo a Zhilin y dice:

—¡Ea, patrón, ea!

Tampoco sabe ruso. Zhilin solo entiende que lo manda ir a alguna parte.

Zhilin va con el cepo, cojea, no puede pisar, pone el pie de lado. Zhilin sale detrás del nogayo. Mira la aldea tártara, hay diez casas y una iglesia de las suyas, con una torrecilla. Al lado de una casa hay tres caballos ensillados. Unos muchachos sujetan las riendas. Sale de esa casa el tártaro moreno, hace señas con las manos para que se le acerque Zhilin. Se ríe, dice algo en su lengua y desaparece tras la puerta. Zhilin entra en la casa. Es una buena vivienda, las paredes son lisas cubiertas de arcilla. Contra la pared del fondo hay apoyados colchones de plumón multicolores, a los lados cuelgan caros tapices y sobre los tapices escopetas, pistolas, puñales, todo de plata. En una de las paredes hay una pequeña estufa a ras de suelo. El suelo es de tierra, limpio, como un tocado femenino, y todo el rincón del fondo está cubierto de fieltros; sobre los fieltros, alfombras; y sobre las alfombras, cojines de plumón. Y en las alfombras, en borceguíes, están sentados los tártaros: el moreno, el pelirrojo y tres más. Todos tienen colocados detrás cojines de plumón y delante de ellos, en una tablilla redonda, blinis de maíz, una taza de mantequilla batida y cerveza tártara, buza, en una jarra. Comen con las manos, y las tienen llenas de grasa.

Se levanta el moreno y ordena sentar a Zhilin a un lado. No en la alfombra, en el suelo desnudo. Vuelve a la alfombra y convida a sus invitados a blinis y buza. El criado sienta a Zhilin en el lugar indicado, se quita los borceguíes superiores, los deja cerca de la puerta, donde están los otros borceguíes en fila, y se sienta en el fieltro cerca del anfitrión; viendo cómo comen, se le hace la boca agua.

Cuando los tártaros terminaron de comer blinis, entró una tártara vestida con una camisa como la de la muchacha y en pantalones, con la cabeza cubierta con un pañuelo. Se llevó la mantequilla y los blinis, y les dio una buena jofaina y un aguamanil de cuello estrecho. Los tártaros se lavaron las manos, las colocaron para la oración, se arrodillaron, soplaron a todos los lados y rezaron. Hablaron en su lengua. Después, uno de los invitados se volvió hacia Zhilin y empezó a hablar en ruso.

—A ti te cogió Kazi—Mohamed —le dice, y señala al tártaro pelirrojo—, y te dio a Abdul—Murat —señala al moreno—. Abdul—Murat es ahora tu dueño.

Zhilin permanece en silencio.

Comenzó a hablar Abdul—Murat y, señalando a Zhilin, se ríe y sentencia: «Soldado uruso, fien uruso».

El intérprete dice: «Te ordena escribir una carta a casa, para que envíen un rescate. En cuanto envíen el dinero, te suelta».

Zhilin lo piensa y dice: «¿Y quiere un rescate alto?».

Los tártaros hablaron entre ellos, y dice el intérprete:

—Tres mil monedas.

—No —dice Zhilin—, yo no puedo pagar tanto.

Se levanta Abdul, comienza a gesticular con las manos, le dice algo a Zhilin, como si lo entendiera todo, y el intérprete traduce: «¿Cuánto das?».

Zhilin reflexiona, y dice: «Quinientos rublos».

Entonces, los tártaros empezaron a hablar todos a la vez. Abdul comenzó a gritar al pelirrojo, hablaba a tal velocidad que escupía. El pelirrojo se limita a fruncir el ceño y chascar la lengua.

Se callaron, y dice el intérprete:

—Al amo le parece poco rescate quinientos rublos. Él mismo pagó por ti doscientos. Kazi—Mohamed se los debía. Te cogió como pago de la deuda. Tres mil rublos, por menos no te suelta. Si no la escribes, te encerrará en un pozo y te azotará.

«Con estos —piensa Zhilin— si te dejas intimidar es peor». Se puso de pie y dijo:

—Tú dile a ese perro que si trata de asustarme no le daré ni un kopek y no escribiré la carta. ¡No os tuve miedo y no voy a teneros miedo ahora, perros!

El intérprete lo transmitió y otra vez se pusieron a hablar todos a la vez.

Barbotearon durante un buen rato, se puso de pie el moreno y se acercó a Zhilin.

—¡Uruso, dzhigit, dzhigit uruso! —dice.

Dzhigit, en su idioma significa «valiente». Y se ríe, le dice algo al intérprete y el intérprete dice:

—Mil rublos.

Zhilin se mantiene firme: «Más de quinientos rublos no doy. Y si me matáis, no veréis ni un kopek».

Hablaron los tártaros, mandaron a algún sitio al criado, y no dejaban de mirar ora a Zhilin ora a la puerta. Llegó el criado, y detrás de él un hombre gordo, descalzo y harapiento, también con un cepo en los pies.

Al reconocer a Kostylin, Zhilin se quedó de una pieza. También lo habían cogido a él. Los sentaron cerca uno del otro; empezaron a hablar entre ellos, los tártaros permanecían en silencio, observándolos. Zhilin le contó lo que le había pasado; Kostylin le contó que su caballo se había parado, el fusil había fallado y que el propio Abdul lo había alcanzado y cogido.

Abdul se puso de pie y señalando a Kostylin dijo algo.

El intérprete tradujo que ahora los dos pertenecían al mismo dueño y que soltaría primero al que primero pagara el rescate.

—Ya ves —le dice a Zhilin—, tú te enfadas por todo, sin embargo, tu compañero es dócil, él ya escribió la carta a casa, enviarán cinco mil monedas. Así que le alimentarán bien y no le molestarán.

Zhilin dice:

—Mi compañero que haga lo que quiera, puede que él sea rico, pero yo no soy rico. Conmigo será como dije. Si queréis, matadme, no obtendréis ningún beneficio, pero más de quinientos rublos no pido.

Callaron. De pronto Abdul se puso de pie, cogió un cofre, sacó una pluma, un trozo de papel y tinta, se lo dio a Zhilin, le golpeó en el hombro, y señaló: «Escribe». Había aceptado los quinientos rublos.

—Espera aún —dice Zhilin al intérprete—, dile que tendrá que darnos bien de comer, vestirnos y calzarnos como corresponde, y mantenernos juntos, así nos será más llevadero. Y que nos quite el cepo. —Mira al amo y se ríe. Se ríe también el amo. Escuchó y dijo:

—Les daremos la mejor vestimenta: cherkeska y botas, como si se fueran a casar. Los alimentaré como a príncipes. Y si quieren vivir juntos, dejad que vivan en el granero. Pero el cepo no se les puede quitar, se escaparían. Solo se lo quitaré de noche. —Se levantó, le dio unas manotadas en el hombro—. ¡Tuya buena, mía buena!

Zhilin escribió la carta, pero no puso bien las señas, para que no llegara. Pensó: «Me escaparé».

Condujeron a Zhilin y Kostylin al granero, les llevaron paja de maíz, un cántaro de agua, pan, dos viejas cherkeskas y unas botas gastadas, de soldado. Evidentemente se las habían quitado a soldados asesinados. Por la noche les quitaron el cepo y los encerraron en el granero.

3

Así vivió Zhilin con su compañero durante todo un mes. El amo no hacía más que reírse: «Tuya, Iván, buena, mía, Abdul, buena». Pero los alimentaba mal, solo les daba pan ácimo de harina de maíz en forma de tortas cocidas, e incluso con la masa sin cocer.

Kostylin escribió otra vez a casa, esperaba impaciente el envío del dinero y sentía nostalgia. Se pasaba el día entero en el granero contando los días que faltaban para que llegara la carta, o durmiendo. Zhilin sabía que su carta no llegaría y no escribió otra.

«¿De dónde va a sacar mi madre tanto dinero para pagar por mí? —pensaba—. Es más, ella vivía con lo que yo le mandaba. Si se viera obligada a reunir quinientos rublos, se arruinaría definitivamente. Si Dios quiere, saldré de ésta por mí mismo».

Se dedicaba a mirarlo todo, a tirar de la lengua, trataba de averiguar cómo podía fugarse. Caminaba por el aul, silbaba, o se sentaba y cosía algo, o modelaba una muñeca de arcilla o tejía una cesta de mimbre. A Zhilin se le daba bien todo tipo de trabajos manuales.

Una vez modeló una muñeca con nariz, brazos y piernas, la vistió con camisa tártara y la dejó en el tejado.

Pasaron las tártaras a por agua. Dinka, la hija del amo, vio la muñeca y llamó a las demás. Posaron los cántaros, miraban, se reían. Zhilin cogió la muñeca y se la ofreció. Se reían, pero no se atrevían a cogerla. Zhilin dejó la muñeca, volvió al granero y miró a ver qué pasaba.

Se acercó Dina corriendo, echó un vistazo, agarró la muñeca y se alejó corriendo.

A la mañana siguiente, miró y vio que al amanecer Dina había salido al umbral con la muñeca. Había envuelto la muñeca con un trapo rojo, la acunaba como si fuera un bebé y, en su lengua, le cantaba una nana. Salió una vieja, comenzó a lanzarle improperios, agarró la muñeca, la rompió y mandó a Dina a trabajar.

Zhilin hizo otra muñeca aún mejor y se la dio a Dina.

Una vez Dina trajo una jarra, la posó, se sentó, le miró y empezó a reírse señalando la jarra.

«¿Qué le hace tanta gracia?», pensó Zhilin. Cogió la jarra y se puso a beber. Pensaba que era agua, pero allí había leche. Bebió la leche. «Bueno», dice. ¡Cómo se alegra Dina!

—¡Bueno, Iván, bueno! —Y se puso de pie de un salto, empezó a dar palmadas, recogió la jarra y echó a correr.

Y desde entonces, a hurtadillas, cada día le llevaba leche. Los tártaros hacen de la leche de cabra tortas de queso que secan en los tejados, también le llevaba a escondidas esas tortas. La vez que el amo mató un cordero, le llevó un trozo en la manga. Lo lanzó y salió corriendo.

Una vez hubo una fuerte tormenta y llovió a cántaros durante una hora. Se desbordaron todos los ríos, en los vados el agua alcanzó tres arshines, arrastró piedras. Por doquier corrían riachuelos, un ruido sordo cubría la montaña. Cuando pasó la tormenta, en la aldea corrían riachuelos por todas partes. Zhilin pidió al amo un cuchillo; de una tablilla sacó un eje, puso en marcha una rueda y para cada uno de los dos extremos hizo una muñeca.

Las muchachas le trajeron trozos de tela y vistió a las muñecas: una como un hombre, otra como una mujer, las fijó y puso la rueda en el riachuelo. Al dar vueltas la rueda, las muñecas saltaban.

Se reunió toda la aldea: niños, niñas, mujeres y también los tártaros, que chasqueaban la lengua.

—¡Ay, uruso! ¡Ay, Iván!

Abdul tenía relojes rusos estropeados. Llamó a Zhilin, se los enseñó mientras chasqueaba la lengua. Zhilin dijo:

—Trae, te los arreglo.

Los cogió, los abrió con el cuchillo, los desmontó, colocó las piezas de nuevo, se los dio. Los relojes echaron a andar. Tanto se alegró el amo que le trajo un viejo beshmet suyo, todo deshilachado, y se lo regaló. No le quedó más remedio que cogerlo y alegrarse de poder taparse con él por la noche.

Desde entonces corrió la voz de que Zhilin era un maestro artesano. Empezaron a venir a verle desde aldeas lejanas: uno traía a arreglar el seguro de la escopeta o de la pistola, otro traía relojes. El amo le proporcionó herramientas: pinzas, taladros, limas.

Una vez enfermó un tártaro y llamaron a Zhilin: «Ven, cúralo». Zhilin no tenía ni idea de cómo curar. Fue, lo examinó y pensó: «Quizá se cure solo». Se fue al granero, cogió agua y arena, y las mezcló. Ante los tártaros pronunció unas palabras mágicas dirigidas al agua y se la dio a beber. Por suerte para él, el tártaro sanó. Zhilin comenzó a entender un poco su idioma. Algunos tártaros se habían acostumbrado a él, y cuando lo necesitaban lo llamaban: «¡Iván, Iván!»; otros, aun con todo, lo miraban de reojo, como si fuera una fiera salvaje.

Al tártaro pelirrojo no le gustaba Zhilin. En cuanto lo veía, ponía mala cara, se alejaba dándole la espalda o refunfuñaba. Además, había un anciano que no vivía en el aul, que procedía del pie de la montaña. Zhilin solo lo veía cuando venía a rezar a la mezquita. Era de baja estatura, sobre el gorro llevaba enrollada una toalla blanca, la barba y los bigotes recortados, blancos, como pelusa, y el rostro rojo y arrugado como un ladrillo. Nariz ganchuda, como la de los gavilanes, y los ojos grises, fieros. Y no tenía más dientes que dos colmillos. Solía ir ataviado con su turbante, apoyado en su cayado miraba a todos lados, como un lobo. En cuanto veía a Zhilin, comenzaba a gruñir y volvía la cabeza.

Una vez Zhilin bajó la montaña, para ver dónde vivía el anciano. Descendió por el camino, vio un jardín con un cerco de piedra, tras el cerco había cerezos, albaricoques secos y una pequeña isba de tejado plano. Se acercó y vio que había colmenas de paja y enjambres de abejas que volaban, zumbaban. El anciano estaba de rodillas trabajando en las colmenas. Zhilin se subió más alto para mirar e hizo ruido con el cepo. El anciano volvió la cabeza, lanzó un grito, sacó la pistola del cinturón y disparó a Zhilin. A éste apenas le dio tiempo a recostarse tras las piedras.

El viejo fue a quejarse al amo. El amo llamó a Zhilin, y riéndose le preguntó:

—¿Para qué fuiste adónde el anciano?

—Yo —dijo— no le hice ningún mal. Quería ver cómo vive.

El amo se lo transmitió, pero el anciano se enfadó, chillaba, barboteaba algo, mostraba sus caninos, gesticulaba con las manos señalando a Zhilin.

Zhilin no lo entendió todo, pero comprendió que el anciano ordenaba al amo matar a los rusos y no retenerlos en el aul. El anciano se fue.

Zhilin le preguntó al amo: ¿Quién es este anciano? El amo dice:

—¡Es un hombre importante! Fue el primer dzhigit, mató a muchos rusos, y era rico. Tenía tres mujeres y ocho hijos. Todos vivían en la misma aldea. Vinieron los rusos, quemaron la aldea y mataron a siete de sus hijos. Solo quedó un hijo y se entregó a los rusos. El anciano se fue y también se entregó a los rusos. Vivió con ellos tres meses, encontró allí a su hijo, lo mató con sus propias manos y huyó. Entonces dejó de batallar, se fue a la Meca a rezar. Por eso lleva turbante. Los que estuvieron en la Meca se llaman hadji y llevan turbante. No le gustan tus hermanos. Ordena que se te mate, pero yo no te puedo matar, pagué dinero por ti, y sí, Iván, te he cogido cariño. Ya no es matarte, ni siquiera te dejaría ir si no hubiera dado la palabra. —Se ríe—. ¡Tuya, Iván, buena, mía, Abdul, buena!

4

Así vivió Zhilin durante un mes. Por el día caminaba por el aul o hacía trabajos manuales, y en cuanto llegaba la noche, y se calmaba el aul, excavaba en el granero. Era difícil excavar por culpa de las piedras, las piedras las deshacía con la lima, y excavaba un agujero por debajo de la pared, para pasar holgadamente. «Lo único que necesito —pensaba— es averiguar el lugar correcto, la dirección que debo tomar. Pero ningún tártaro me lo va a decir».

Escogió un momento en el que el amo se había ido; y después de la comida salió a las afueras del aul, a la montaña, quería mirar el terreno desde allí. Pero el amo, al irse, había ordenado a su hijo menor vigilar a Zhilin, no perderlo de vista. El pequeño corrió detrás de Zhilin gritando:

—¡Detente! Padre no lo permite. ¡Ahora mismo llamo a la gente!

Zhilin se puso a convencerlo.

—No me voy lejos, solo subiré a esa montaña, necesito una hierba para curar a vuestra gente. Ven conmigo, con el cepo no me puedo escapar. Y mañana te hago un arco y flechas.

Convenció al pequeño y se fueron. Miró a la montaña, no estaba lejos, pero con el cepo era difícil; anduvo, y anduvo, y con esfuerzo escaló la montaña. Zhilin se sentó y comenzó a examinar el lugar. Al sur, detrás de la montaña, había un valle, vagaba una caballada, y abajo se veía otro aul. Detrás del aul había otra montaña, todavía más escarpada; y detrás de esa montaña, otra montaña más. Entre ellas azuleaba un bosque y allí todavía había más montañas más y más altas. Y por encima de todas, blancas como el azúcar, cumbres nevadas. Una de las montañas nevadas, más alta que las otras, permanecía cubierta. A levante y poniente, las mismas montañas, aquí y allí ahumaban aules en los desfiladeros. «Bien —piensa— todo esto es su territorio». Miró hacia el lado ruso: a sus pies, un río, su aul, jardincillos alrededor. En el río, como pequeñas muñecas, se veían aldeanas lavando. En las afueras del aul, más abajo, una montaña, y más allá otras dos montañas, y en ellas, bosque, y entre las dos montañas azuleaba una llanura, y en la llanura, lejos—lejos, subía humo. Zhilin se puso a hacer memoria de por dónde salía y por dónde se ponía el sol cuando él vivía en la casa de la fortaleza. Estaba convencido de que en ese valle debía estar nuestra fortaleza. Había que ir entre esas dos montañas, y era preciso correr.

Empezó a ponerse el sol. Las montañas nevadas tornaron de blancas a coloradas, las montañas negras se oscurecieron; de la hondonada subió vaho, y el valle donde debía estar nuestra fortaleza se iluminó como incendiado por la puesta del sol. Zhilin miró con atención: algo se vislumbraba en el valle, sin duda humo de una chimenea. Pensó que sería la fortaleza rusa.

Se hizo tarde. Se oyó al mulá gritar. Arreaban al ganado, las vacas mugían. El pequeño insistió: «Vamos», pero a Zhilin no le apetecía irse.

Volvieron a casa. «Bien —pensó Zhilin—, ahora conozco el lugar; hay que escapar». Quería irse esa misma noche. Las noches eran oscuras, estaban en cuarto menguante. Por desgracia, al atardecer regresaron los tártaros. Solían venir arreando su ganado y llegaban alegres. Pero esta vez no arreaban nada, traían en la silla a un tártaro de los suyos muerto, un hermano del pelirrojo. Llegaron enfadados, se reunieron todos para el entierro. Hasta Zhilin salió a mirar. Envolvieron al muerto en una tela, sin caja lo llevaron bajo los plátanos a las afueras de la aldea, lo posaron sobre la hierba. Llegó el mulá, se reunieron los ancianos, se cubrieron los gorros con toallas, se quitaron los zapatos, se sentaron sobre los talones, unos al lado de otros, ante el muerto.

Delante, el mulá; detrás, tres ancianos con turbante, juntos; tras ellos, más tártaros. Se sentaron, bajaron la vista y callaron. Estuvieron en silencio mucho tiempo. El mulá levantó la cabeza y dijo:

—¡Alá! (significa Dios). —Dijo esta palabra, y otra vez bajaron los ojos y estuvieron callados durante mucho tiempo. Están sentados, no se mueven. Otra vez levantó la cabeza el mulá:

—¡Alá! —Y todos repitieron «¡Alá!» y otra vez se callaron. El muerto reposaba sobre la hierba, inmóvil, y ellos estaban sentados como muertos. No se movía ni uno. Solo se escuchaba el movimiento de las hojas de los plátanos agitadas por el viento. Después leyó el mulá una oración, todos se pusieron de pie, levantaron al muerto en brazos, lo llevaron. Lo trajeron a la fosa. La fosa cavada no era una fosa cualquiera, estaba excavada bajo la tierra como una bodega. Cogieron al muerto por debajo de los brazos, por los tobillos, se inclinaron, lo depositaron con cuidado, lo deslizaron sentado bajo la tierra, le colocaron las manos sobre el vientre.

Trajo el nogayo un junco verde, cubrieron la fosa con el junco, con presteza la llenaron de tierra, la aplanaron, y pusieron a la cabecera del muerto una piedra. Pisotearon la tierra, se sentaron de nuevo juntos delante de la tumba. Estuvieron callados largo rato.

—¡Alá! ¡Alá! ¡Alá! —Suspiraron y se pusieron de pie.

El pelirrojo repartió dinero entre los ancianos, después se puso de pie, cogió un látigo, se golpeó la frente tres veces y se fue a casa.

Por la mañana, Zhilin vio que el pelirrojo llevaba una yegua roja a las afueras de la aldea, y detrás de él iban tres tártaros. Salieron de la aldea, el pelirrojo se quitó el beshmet, se remangó, sus brazos eran fuertes, sacó el puñal, lo afiló con la piedra de amolar. Los tártaros levantaron la cabeza de la yegua, se acercó el pelirrojo, la degolló, la tumbó y comenzó a escorchar, a separar con los puños la piel. Llegaron las aldeanas, las muchachas, y se pusieron a lavar los intestinos y las vísceras. Después despedazaron la yegua y la llevaron a la isba. Y todo el pueblo se reunió en casa del pelirrojo a recordar al muerto.

Durante tres días comieron yegua, bebieron buza y recordaron al muerto. Todos los tártaros permanecieron en casa. Al cuarto día, Zhilin vio que a la hora de la comida se disponían a ir a algún sitio. Trajeron los caballos, se ataviaron y se fueron diez personas, el pelirrojo también se marchó, solo Abdul se quedó en casa. Apenas comenzaba la luna nueva, las noches eran aún más oscuras.

«Bien —piensa Zhilin—, hay que escapar», y se lo dijo a Kostylin. Pero Kostylin se acobardó.

—Sí, escapar, ¿cómo? No sabemos el camino.

—Yo sé el camino.

—Pero en una noche no llegaremos.

—Si no llegamos, hacemos noche en el bosque. Hice provisión de tortas. Entonces, ¿te quedas? Vale, es posible que envíen el dinero, pero ¿y si no lo reúnen? Ahora los tártaros están furiosos porque los rusos mataron a uno de los suyos. Se rumorea que quieren matarnos.

Kostylin le dio mil vueltas.
—Venga, vamos.

5

Zhilin se metió en el agujero y excavó para hacerlo más ancho, para que Kostylin también pudiera pasar, y ambos se sentaron a esperar que cesara la actividad en el aul.

En cuanto la gente del aul se sosegó, Zhilin se deslizó bajo el muro y salió. Le susurró a Kostylin: «Métete». Kostylin se metió y, al tropezar con la pierna en una piedra, hizo ruido. En la caseta del amo había un perro abigarrado y muy muy malo, Uliashin, al que Zhilin había dado de comer con anterioridad. Uliashin lo oyó, comenzó a ladrar y salió corriendo, y tras él otros perros. Zhilin silbó suavemente, lanzó un trozo de torta y Uliashin lo reconoció, movió el rabo y dejó de ladrar.

El amo que lo oyó, comenzó a gritar desde la saklya: «¡Gayt! ¡Gayt! ¡Uliashin!».

Zhilin rascó a Uliashin tras las orejas y el perro se calló, se restregó contra las piernas de Zhilin y movió el rabo.

Se sentaron detrás de una esquina. Se calmó todo, solo se escuchaba a una oveja balar en el establo y, abajo, el correr del agua por las piedras. Estaba oscuro, las estrellas estaban altas en el cielo, sobre la montaña la luna nueva rojea, asomaba con los cuernos hacia arriba. En los valles, la niebla se hacía blanca como la leche.

Zhilin se puso de pie y le dijo a su compañero: «¡Hala, hermano!».

Se pusieron en marcha. En cuanto se alejaron, oyeron al mulá que comenzaba a cantar sobre el tejado: «¡Alá! ¡Besmillah! ¡Ilrahman!». Lo que significaba que la gente iría a la mezquita. Se sentaron de nuevo, ocultándose tras una pared. Estuvieron sentados durante un buen rato, esperaron a que pasara la gente. Otra vez se hizo el silencio.

—¡Venga, que Dios nos acompañe! —Se persignaron y se fueron. Pasaron a través del corral pendiente abajo hacia el río, lo cruzaron, pasaron el valle. La niebla era espesa, permanecía baja, y sobre las cabezas eran visibles las estrellas. Zhilin observaba las estrellas para decidir hacia dónde ir. En la niebla hacía fresco, se caminaba con facilidad; pero las botas eran incómodas, tenían rotos los tacones. Zhilin se quitó las suyas, las tiró, y echó a andar descalzo. Saltaba de piedra en piedra y examinaba las estrellas. Kostylin empezó a rezagarse.

—Ve despacio —dijo—. Malditas botas, me destrozaron los pies.

—Quítatelas, irás mejor.

Kostylin se descalzó, lo cual fue todavía peor: se cortó los pies con las piedras y se detuvo completamente. Zhilin le dijo:

—Si desgarras la piel de los pies, cicatrizarán; pero si nos alcanzan, nos matan, y eso será peor.

Kostylin no dijo nada, caminaba, gimoteaba. Descendieron durante bastante tiempo. Oyeron perros que ladraban a la derecha. Zhilin se paró, miró a su alrededor, subió la montaña a tientas.

—Vaya —dijo—, nos equivocamos, nos fuimos hacia la derecha. Ahí hay un aul extraño, lo vi desde la montaña, tenemos que volver atrás y coger a la izquierda de la montaña. Allí debe haber un bosque.

Kostylin dijo:

—Espera aunque solo sea un momento, déjame respirar, tengo los pies ensangrentados.

—Eh, hermano, cicatrizarán, tú salta con ligereza. ¡Así!

Y Zhilin echó a correr hacia atrás, a la izquierda, por la montaña, por el bosque. Kostylin no hacía más que pararse y quejarse. Zhilin le decía «shhh, shhh», y seguía avanzando.

Subieron a la montaña. Y tal y como esperaba había un bosque. Se adentraron en el bosque, y los pinchos de las plantas destrozaron lo que les quedaba de la ropa. Encontraron un camino. Lo siguieron.

—¡Para! —Comenzó a oírse patalear por el camino. Se pararon, escucharon. Sonaba como si viniera un caballo, pero se detuvo.

Echaron a andar, y otra vez se oyó patalear. Se pararon y cesó el ruido. Zhilin se acercó lentamente, miró hacia un claro en el camino, y vio que había algo parado. Un caballo que no era caballo, y sobre el caballo algo extraño, que no se parecía a una persona. Se oyó un resoplido. «¿Qué demonios es?». Zhilin le silbó suavemente e inmediatamente saltó del camino al bosque. Por cómo se oía crujir por el bosque, parecía que había una tormenta rompiendo ramas.

Kostylin se cayó del susto. Zhilin se rió y dijo:

—Es un ciervo. ¿Oyes cómo rompe las ramas con los cuernos? Nosotros le tenemos miedo a él y él nos tiene miedo a nosotros.

Siguieron avanzando. Comenzaron a descender las constelaciones, no faltaba mucho para el amanecer. ¿Por aquí? ¿Por allí? No sabían qué dirección tomar. Zhilin pensaba que le habían traído por ese mismo camino y que les separaban de los suyos unas diez verstas; pero no estaba seguro, y de noche era difícil distinguir. Salieron a la llanura. Kostylin se sentó y dijo:

—Haz lo que quieras, pero yo no voy, no me responden las piernas.

Zhilin intentó convencerlo.

—No —dijo—, no lo conseguiré, no puedo.

Zhilin se enfadó, escupió y lo mandó a freír espárragos.

—Está bien, me voy solo. ¡Adiós!

Kostylin se puso en pie y empezó a caminar. Anduvieron unas cuatro verstas. La niebla en el bosque todavía era densa, no veían nada a un palmo de sus narices, y las estrellas apenas eran visibles.

De pronto, oyeron que por delante de ellos pataleaba un caballo. Se oía cómo se agarraba a las piedras con los cascos. Zhilin se tiró bocabajo y se puso a escuchar con el oído pegado a la tierra.

—Así es, viene un caballo hacia nosotros.

Se salieron corriendo del camino, se sentaron en los arbustos y esperaron. Zhilin se arrastró sigilosamente hacia el camino, miró y vio que sobre el caballo iba un tártaro, llevaba una vaca, iba refunfuñando algo. El tártaro pasó de largo. Zhilin volvió a donde Kostylin.

—Gracias a Dios ya ha pasado. Levántate, vamos.

Kostylin se fue a levantar y cayó.

—No puedo, por Dios que no puedo, no tengo fuerzas.

Hombre triste, blando, sudoroso, no soportó caminar con los pies destrozados por la fría niebla del bosque. Zhilin trató de levantarlo a la fuerza. Kostylin se puso a gritar:

—¡Ay, me duele!

A Zhilin se le paró el corazón.

—¡No grites! El tártaro está cerca y puede oírnos. —Y pensó: «Realmente está débil. ¿Qué hago con él? No se puede dejar tirado a un compañero».

—Está bien —dijo—, levántate, si no puedes caminar te llevo a cuestas.

Subió a Kostylin sobre su espalda, lo cogió con las manos por debajo de las caderas, salió al camino y tiró por él.

—Por Jesucristo —dijo—, no me aprietes la garganta con las manos. Agárrate a los hombros.

A Zhilin le pesaba, él también tenía los pies heridos y estaba cansado. Hacía fuerza, lo recolocaba, lo echaba hacia arriba para que Kostylin estuviera sentado más alto sobre sus espaldas, cargaba con él por el camino.

Estaba claro que el tártaro había oído gritar a Kostylin. Zhilin oyó que alguien venía por detrás lanzando gritos de guerra en su lengua. Zhilin se tiró a los arbustos. El tártaro cogió la escopeta, disparó, no acertó, empezó a gritar en su lengua y se alejó galopando por el camino.

—¡Estamos perdidos, hermano! —dijo Zhilin—. El muy perro ahora reunirá a más tártaros para perseguirnos. Si no conseguimos avanzar unas tres verstas estamos perdidos. —Y pensó en Kostylin: «¡Por qué demonios habré unido mi suerte a la suya! Si hubiera estado solo hace mucho que me habría ido».

—Vete solo, no tiene sentido que perezcas por mi culpa —dijo Kostylin.

—No, no me voy, no está bien abandonar a un compañero.

Se lo echó otra vez sobre los hombros. Anduvo más de una versta. Recorrió el bosque y no encontraba la salida. La niebla empezaba a disiparse, parecía que salían nubecillas, no se veían las estrellas. Zhilin estaba extenuado.

Llegó a un punto del camino donde había una fuente hecha con piedras. Se paró, bajó a Kostylin.

—Déjame descansar, beber —dijo—. Comamos torta. Ya deberíamos estar cerca.

No hizo más que inclinarse a beber cuando oyó que venían caballos detrás. Otra vez se lanzaron a la derecha, a los setos, pendiente abajo, y se tumbaron.

Oía las voces de los tártaros; los tártaros se pararon en el mismo lugar en el que ellos se habían salido del camino. Hablaron, después se alejaron al galope al tiempo que azuzaban a los perros. Se oyó el crujir de unas ramas, un perro desconocido venía directamente hacia ellos. Se paró, se puso a alborotar.

Y descendieron también los tártaros; eran también desconocidos. Los cogieron, los ataron, los sentaron en el caballo, se los llevaron.

Anduvieron unas tres verstas y les salió al encuentro el amo Abdul que venía con dos tártaros más. Habló algo con los tártaros, los cambiaron a sus caballos, y los llevó de vuelta al aul.

Abdul no se reía y no cruzó una palabra con ellos.

Al amanecer llegaron con ellos al aul, los sentaron en la calle. Vinieron corriendo los muchachos. Los golpean con piedras y fustas, y gritaban.

Los tártaros se reunieron alrededor y llegó el anciano que vivía al pie de la montaña. Se pusieron a hablar. Zhilin comprendió que estaban deliberando qué hacer con ellos. Uno dijo: «Hay que mandarlos más allá de las montañas», y el anciano dijo: «Hay que matarlos». Abdul discutía, dijo: «Pagué por ellos, cobraré un rescate por ellos». Y el anciano dijo: «No van a pagar nada, solo traerán desgracia. Y es pecado alimentar a los rusos. Se les mata y se acabó».

Se dispersaron. El amo se acercó a Zhilin y le dijo:

—Si no me envían el rescate por vosotros, dentro de dos semanas os mato a golpes. Y si intentas huir otra vez, te mato como a un perro. ¡Escribe una carta, escribe bien!

Les trajeron papel, escribieron las cartas. Les pusieron los cepos, los llevaron detrás de la mezquita. Allí había un pozo de unos cinco arshines y los metieron en él.

6

La vida se convirtió en algo realmente duro para ellos. No les quitaban los cepos y no les dejaban salir al aire libre. Les tiraban masa sin cocer, como a los perros, y les bajaban agua en una jarra. Hedor en el pozo, calor, humedad. Kostylin enfermó definitivamente, estaba hinchado y le dolían los huesos; lo único que hacía era quejarse o dormir. Y Zhilin, desanimado, veía que las cosas pintaban mal. Y no sabía cómo salir de allí.

Empezó a excavar, pero no había dónde tirar la tierra; el amo lo vio y le amenazó con matarlo.

Una vez estaba en el pozo sentado en cuclillas, pensando en la vida en libertad, aburrido, cuando de pronto le cayó directamente en las rodillas una torta diferente y le echaron cerezas. Levantó la vista y allí estaba Dina. Le miró, se rió y salió corriendo. Zhilin pensó: «¿No nos ayudaría Dina?».

Limpió una zona del pozo, sacó barro y comenzó a modelar muñecos. Hizo personas, caballos, perros, y pensaba: «En cuanto venga Dina se los lanzo».

Pero al día siguiente Dina no apareció. Zhilin oyó cascos de caballos, pasaron unos cuantos, y los tártaros se reunieron en la mezquita, discutían, gritaban y mencionaban a los rusos. Oyó la voz del anciano. No entendía con claridad, pero supuso que los rusos se habían acercado y los tártaros temían que entraran en el aul, y no sabían qué hacer con los prisioneros.

Charlaron y se fueron. De pronto oyó susurros que procedían de arriba. Miró y vio a Dina que había traído patatas, las rodillas sobresalían por encima de la cabeza, se inclinó hacia abajo y los collares colgaban, se movían sobre el pozo. Los ojos le brillaban como pequeñas estrellas; sacó de la manga dos tortas de queso y se las tiró. Zhilin las cogió y dijo:

—¿Por qué hace tanto que no vienes? Te hice unos juguetes. ¡Mira!
—Y comenzó a tirárselos de uno en uno. Ella movía la cabeza, no miraba.

—No hace falta —dijo. Se calló, se sentó y dijo—: ¡Iván! Te quieren matar. —Ella misma hizo el gesto de degüello con la mano sobre el cuello.

—¿Quién me quiere matar?
—Mi padre, se lo ordenaron los viejos. Me da pena de ti.

Dice Zhilin:

—Si te da pena de mí, tráeme un palo largo —dijo Zhilin.

Movió la cabeza para decirle que «era imposible». Él levantó las manos y le suplicó:

—¡Dina, por favor! ¡Dinushka, tráelo!

—Imposible —dijo—, se darán cuenta, están todos en casa. —Y se fue.

Al atardecer, Zhilin estaba sentado y pensaba: «¿Qué pasará?». No hacía más que mirar hacia arriba. Se veían las estrellas, todavía no había salido la luna. Gritó el mulá, todo quedó en silencio. Zhilin empezó a temblar, pensó: «No va a atreverse».

De pronto cayó barro sobre su cabeza; miró hacia arriba, una vara larga sobresalía por el borde del pozo. Se metió más y más, comenzó a bajar y se deslizó en el pozo. Zhilin se alegró, la cogió con la mano, y tiró de la pértiga, que era hermosa. Ya había visto antes esa pértiga, en el tejado del amo.

Miró hacia arriba, las estrellas brillaban alto en el cielo; y sobre el pozo, los ojos de Dina brillaban en la oscuridad como los de un gato. Con la cabeza inclinada sobre el borde del pozo, susurraba: «¡Iván! ¡Iván!». Y movía las manos delante de la cara para indicarle que hablara bajo.

—¿Qué? —dijo Zhilin.

—Se fueron todos, en casa solo están dos.

—Venga, Kostylin, vamos, intentémoslo por última vez; yo te ayudo —dijo Zhilin.

Kostylin no quería ni oír hablar de ello.

—No —dijo—, es evidente que yo de aquí no puedo salir, ¿a dónde voy a ir, si no tengo fuerza ni para darme la vuelta?

—Está bien, entonces adiós, no me guardes rencor —y se despidieron con un beso.

Se agarró a la pértiga, pidió a Dina que sujetara, subió. Por dos veces se cayó, el cepo molestaba. Kostylin lo sostuvo, y por fin salió a la superficie. Dina tiró de él por la camisa con todas sus fuerzas y se rió.

Zhilin cogió la pértiga y dijo:

—Ponla otra vez donde estaba, Dina, si no se darán cuenta y te zurrarán.

Ella arrastró la pértiga y Zhilin se fue montaña abajo. Descendió por la pendiente, cogió una piedra afilada y trató de quitar el candado del cepo. Pero el candado era fuerte y no hubo manera de romperlo. Oyó que alguien bajaba corriendo la montaña, alguien que saltaba con ligereza.

Pensó: «Seguramente es Dina otra vez». Llegó corriendo Dina, cogió la piedra y dijo:

—Déjame a mí.

Se arrodilló y comenzó a arrancarlo. Tenía los brazos delgados, como varillas, no tenía ninguna fuerza. Tiró la piedra y empezó a llorar. Se aplicó otra vez Zhilin con el candado y Dina se sentó en cuclillas detrás de él y le sujetó por los hombros. Zhilin echó una mirada y vio que a la izquierda, detrás de la montaña, el cielo comenzó a enrojecer, estaba saliendo la luna. «Bien —pensó—, antes de que salga la luna debo cruzar el valle, tengo que alcanzar el bosque». Se puso de pie, tiró la piedra. Aunque sea con cepo, tenía que irse.

—Adiós, Dinhuska. No te olvidaré mientras viva.

Dina se aferró a él: con las manos lo registraba buscando dónde meterle tortas. Él cogió las tortas.

—Gracias —dijo—, eres un cielo. ¿Quién te va a hacer una muñeca cuando yo no esté? —Y le acarició la cabeza.

Dina rompió a llorar desconsoladamente, se tapó la cara con las manos y echó a correr montaña arriba, saltaba como una cabra. En la oscuridad solo se oía el collar de la trenza, tintineando sobre la espalda.

Zhilin se persignó, sujetó con la mano el candado del cepo para que no hiciera ruido, y tomó el camino arrastrando los pies y mirando al lugar del cielo por el que iba a salir la luna. Reconoció el camino. Debía ir recto unas ocho verstas. Tenía que llegar al bosque antes de que saliera la luna. Vadeó el río, y vio que clareaba detrás de la montaña. Entró en el valle, avanzó y miró: todavía no se veía la luna. El resplandor iluminaba desde un extremo del valle y todo se volvía más y más claro. La sombra se deslizaba por la montaña y cada vez se le acercaba más.

Zhilin avanzaba manteniéndose en la sombra. Tenía prisa, la luna estaba a punto de salir; a la derecha clareaba la cima. Comenzó a ir hacia el bosque, salió la luna, blanca, de detrás de la montaña, había tanta claridad como si fuera de día. Se veían todas las hojas de los árboles. Suavemente, se iluminaron las montañas, como si todo estuviera muerto. Solo se escuchaba abajo correr un riachuelo.

Llegó al bosque, no se encontró con nadie. Zhilin escogió un lugar oscuro y se sentó a descansar.

Descansó y comió torta. Encontró una piedra y se puso otra vez a golpear el cepo. Se machacó las manos y no lo rompió. Se puso de pie y se fue por el camino. Había andado mucho, apenas tenía fuerzas, le dolían los pies. Anduvo unos diez pasos y se paró. «No tengo más remedio que arrastrarme mientras tenga fuerza —pensó—. Si me siento no me levanto. A la fortaleza no llego, así que cuando amanezca me tumbo en el bosque, paso el día, y por la noche me pongo a caminar de nuevo».

Caminó durante toda la noche. Solo encontró a dos tártaros a caballo, pero Zhilin los oyó desde lejos y se escondió detrás de un árbol.

La luna palideció, cayó rocío, estaba a punto de amanecer y Zhilin no alcanzaba la linde del bosque. «Vale —pensó—, doy treinta pasos más, me meto en el bosque y me siento». Anduvo los treinta pasos y vio que el bosque se acababa. Salió al borde, era totalmente de día; como si lo tuviera en la palma de la mano, delante estaba la estepa y la fortaleza, y a la izquierda, cerca de la montaña, ardían fuegos, se extinguían, el humo se extendía y había gente junto a las hogueras.

Miró y vio que brillaban fusiles, cosacos, soldados.

Zhilin se alegró, hizo acopio de las últimas fuerzas y bajó la montaña. Y pensó: «¡Que sea lo que Dios quiera! Aquí, en campo abierto, si me ven los tártaros que van a caballo, aunque esté cerca, no podré escapar». En cuanto lo pensó, miró y vio a la izquierda, en la loma, tres tártaros parados a unas dos desiatinas. Lo detectaron y se lanzaron hacia él. El corazón se le salía por la boca. Agitó los brazos y gritó con todas sus fuerzas:

—¡Hermanos! ¡Ayudadme! ¡Hermanos!

Lo oyeron los nuestros, los cosacos se lanzaron al galope. Se fueron hacia él para cortar el paso a los tártaros.

Los cosacos, lejos y los tártaros, cerca. Zhilin, haciendo acopio de sus últimas fuerzas, cogió el cepo con la mano, corrió hacia los cosacos, estaba fuera de sí, se persignaba y gritaba:

—¡Hermanos! ¡Hermanos! ¡Hermanos!

Los cosacos eran unos quince.

Los tártaros se asustaron y se detuvieron antes de acercarse. Y Zhilin llegó corriendo adonde los cosacos.

Los cosacos lo rodearon y le preguntaron quién era, qué era, de dónde venía. Zhilin estaba fuera de sí, lloraba y balbuceaba:

—¡Hermanos! ¡Hermanos!

Los soldados echaron a correr, rodearon a Zhilin; uno le traía pan, otro gacha, otro vodka, otro le tapaba con un capote, otro rompía el cepo.

Los oficiales lo reconocieron y lo llevaron a la fortaleza. Los soldados se alegraron y los amigos se reunieron en torno a Zhilin.

Zhilin contó cómo le había ido y dijo:

—¡Y yo que iba a casa, a casarme! Es evidente que no era mi destino.

Y se quedó a servir en el Cáucaso. Y a Kostylin lo rescataron pasado un mes, por cinco mil. Lo trajeron medio muerto.

CONTENIDO

RESUMEN DE CUENTOS 5
ALEXANDR PUSCHKIN 9
LA DAMA DE LAS ESPADAS 11
EL DISPARO 35
LA TORMENTA DE NIEVE 47
EL JEDE DE ESTACIÓN 59
NICOLAI GOGOL 69
LA NARIZ 71
DIARIO DE UN LOCO 95
LA AVENIDA NEVSKI 115
LA TERRIBLE VENGANZA 147
IVÁN TURGUÉNEV 155
MUMÚ 157
LA MUERTE 183
UN INCENDIO EN EL MAR 193
LEON TOLSTOI 201
LA MUERTE DE IVÁN ILICH 203
DESPUÉS DEL BAILE 255
CUÁNTA TIERRA NECESITA UN HOMBRE 263
EL PRISIONERO DEL CAUCASO 271

296